幕后产品

打造突破式产品思维

王诗沐 著

电子工业出版社

Publishing House of Electronics Industry

北京·BEIJING

内 容 简 介

网易云音乐在激烈的竞争中实现了红海突围，获得了很好的口碑，实现了用户量行业前三，这一切离不开背后的核心人物王诗沐。在本书中作者（王诗沐）将自己做产品过程的心路历程、细节决策、思维模式等鞭辟入里地分享出来，阅读本书就像高手手把手地教你做产品。

本书不仅是一部严谨的用户型产品经理全阶段成长指南，还深度解读了网易云音乐等产品的经典案例，讨论和分享了优秀的产品经理应该具备的素质、能力、方法与思维方式等。通过本书一窥优秀产品幕后，感受与它们一起成长和进化的体验，带你打造突破式产品思维。

本书不仅适合产品经理阅读，也适合从事互联网产品相关工作的人阅读。

图书在版编目（CIP）数据

幕后产品：打造突破式产品思维 / 王诗沐著. —北京：电子工业出版社，2019.4 (2025. 9重印)
ISBN 978-7-121-29556-0

Ⅰ．①幕… Ⅱ．①王… Ⅲ．①企业管理－产品管理 Ⅳ．①F273.2

中国版本图书馆CIP数据核字（2019）第029462号

责任编辑：付　睿
印　　刷：天津千鹤文化传播有限公司
装　　订：天津千鹤文化传播有限公司
出版发行：电子工业出版社
　　　　　北京市海淀区万寿路173信箱　　邮编：100036
开　　本：720×1000　　1/16　　印张：14　　字数：296千字
版　　次：2019年4月第1版
印　　次：2025年9月第19次印刷
定　　价：69.00元

六 尺 巷

少年时看过一部港产武装剧，濒死的剑魔须发皆舞，在六尺窄巷中使出毕生绝学。三尺青锋掠过墙面，留下或深或浅的道道剑痕。后世剑客若能在这条窄巷中走出七步，便可称高手。

诗沐的这本小书就是这样一条六尺巷（当然，他很健康），很少有顶尖级别的产品经理会将自己做产品过程中的心路历程、细节决策、思维模式如此鞭辟入里地分享出来。不管你处于产品经理的哪个阶段，这种"高手手把手教剑"的经验都是非常珍贵的。我从事游戏发行工作多年，半路出家转做产品，把我领上这条路的人就是诗沐。我向他请益最多，讨教最多，但也不曾聊到这么多翔实、深入的内容。

没有佶屈聱牙的新概念，也没有体系庞大的理论，本书只是以非常平实的语言和简约的逻辑去阐述产品设计的方法。所不同的是，每一招一式都加入了诗沐自己做产品过程中的实战经验和背后的思考，这不仅告诉了读者"是什么"，更重要的是传达了"为什么"，以及如何正确地提出"为什么"。

任何一个矢志成为产品经理的人，都很容易找到各种用户洞察探究、产品需求分析、数据驱动验证的方法论，但本书所告诉你的，是如何将这些方法论落实为每一个切实、具体的行动，并以实际经历亲身为你演示了一遍。本书不仅包括网易云音乐产品设计和运营过程中的经验和思考，还包括实战中对其他互联网产品触类旁通的思考过程和案例分析。字里行间处处可以看到作者对他自己提出的产品经理四要诀的践行——"创业、求知、联想、善断"。

本书的第一部分论述的是如何在执行层面做好产品工作，精通基础战术；第二部分涉及产品的顶层设计：寻找产品定位与架构产品；而最后一部分则上升到了整个商业模式的层面，本质上是在触及这样一个问题：如何建立一个新的商业模式／开辟一个新业务？即使不是从事产品工作的人，看到此处也会有一种豁然贯通的感觉，因为每一个深处商业市场中的人，或早或晚都会遇到这个问题。

产品经理是一个综合型职业，所需能力范围涵盖美学、心理学、经济学、市场营销、管理学等诸多方面，对人的认知模式、学习能力、思考能力和密度有极高的要求，顶尖的产品经理必须是一个顶尖的商业问题解决者、一个深度思考和善于自我迭代进化的人。

我们不妨把此书当作一次漫谈：午后的小阳台上，炉子里的水冒着热气，与诗沐沏着茶，你胡乱丢出一个个问题：成功产品有几道坎？现在进入某个垂直领域还有机会吗？做产品的最高境界是什么？……他温和地回答你，知无不言，言无不尽。这些话语就像龙井山上新摘的茶叶，沁脾入味，还带着采茶人的余温。

是为序。

网易游戏发行总经理　杠杠

有一次我去网易杭州研究院交流学习，初次结识了诗沐兄，在与他探讨社交/社区领域未来的可能性时，产生了很深的共鸣。短短的几句对话，我感受到他在这个方向上有极高纬度的思考框架，对用户需求的把握和对行业的理解超越了我见过的所有产品经理。后来得知诗沐兄是网易云音乐的幕后缔造者，感佩之心更甚。

网易云音乐是我个人最爱的产品之一。很多产品在塑造品牌时，往往会不遗余力地为自己装裱更高的价值，小到创造美好的生活，大到改变人们的生活方式，即使那不是现状，也不是初心，更不是事实。而网易云音乐才是真正地把音乐的力量表达了出来，在没有网易云音乐之前，无数的年轻人可能无法享受到音乐对世界丰富性的还原，无法感受这种宇宙、自然赋予我们的自我仪式。从听歌，到发现喜爱的歌单，到创建自己的歌单，到发现音乐，再到通过评论更加理解音乐和与其他用户产生共鸣，我自然且直觉地不断感受到网易云音乐为我创造的价值。而对于音乐的创造者来说，我相信网易云音乐也给他们提供了更多持续创造音乐的力量。感谢网易和诗沐兄创造了这样一款产品。

当我启动最新的创业项目音遇时，找诗沐兄交流了很多次关于音乐产品、用户关系构建，以及与版权相关的问题，也常常交流网易云音乐接下来的版本迭代。在偶尔聊到一些产品交互的细节和一些功能入口的位置时，诗沐兄总可以快速且精确地讲出如此设计的目的。网易云音乐到了现在这个阶段，相信诗沐兄会把更多的精力放在对商业和行业的思考与调研上，而他能对产品细节依旧关注、对用户很小的需求依旧在意，只能说他是天生的产品经理，一直在有意识地提升自己作为产品经理的基础能力，就像本书中所说的"终身成长"。

我自认为自己的产品能力和思考能力都不差，也有几分灵性，但在精读完本书后，发现自己需要学习和补充的知识还有很多。从分析用户需求，到设计产品框架，再到打磨产品细节，本书都带给我诸多启发。当然最重要的，还是要有一颗谦卑之心，谦卑于用户，谦卑于产品，谦卑于这个创造价值的职业。本书适合每一位 C 端互联网从业者，它能帮助你更好地理解你的用户、理解你的工作、理解你的目标。

希望每一位从业者都坚信为用户创造价值比一切都重要，也希望在读本书的你可以真正为用户创造价值，享受解决问题的乐趣。最后用一句话总结：读了这本书，留存就涨了！

音遇创始人　Albert

推荐序三

产品经理在最近十年里从不为人知，到"人人皆是"，而真正优秀的产品人才依然一将难求，期间对产品经理核心能力的定义也一直在演化、升级。撰写产品经理技能和能力的书有很多，但系统化梳理产品经理成长之路的书不多，深度剖析一款成功产品的书就更少了，本书就是其中之一。本书不仅是一部严谨的用户型产品经理全阶段成长指南，还是网易云音乐产品经典案例的深度解读。

全书分三个阶段展开产品经理核心能力的阐述和剖析。1~3 年是基础期，重点阐述基础能力的培养，引导从业者练好基础功，避免眼高手低；3~7 年是资深期，重点强调逻辑、思维、业务等综合能力的培养；7 年以上为顶级期，则从深度洞察、战略制定、商业嗅觉，甚至人生哲学等方面进一步探讨从业者的方向。全书大部分案例都来自网易云音乐，读者能感受到真实产品发展全过程中的思考、决策和突破。它是非常系统化的专业书籍，凝聚了网易云音乐从 0 到 1，再到备受瞩目全过程的思考沉淀，不同阶段的从业者都能从中获得启发。当然，非常熟悉网易云音乐发展历程的产品经理更能获得身临其境的阅读体验。

作者王诗沐是我在网易工作时期认识的兄弟部门的同事，有幸见证他与云音乐项目一起成长壮大。作为这款拉风产品的核心人物，他平时低调、务实，行文风格也严谨、朴素，与书名《幕后产品：打造突破式产品思维》相得益彰，但这些都无法掩盖本书的深度和广度。我很荣幸受邀提前阅读本书，作为从业超过十年的古典互联网产品经理，依然能在阅读中获得大量启发，以及从事产品工作的满足感，推荐大家打开网易云音乐 App 并慢慢阅读本书。

阿里影业行业产品负责人　章行

推荐序四

在你读到这里的时候，相信你一定使用过或者至少听说过网易云音乐这款产品。也许你心里不禁会想，如果自己能够做出这样一款为大众创造普遍美好价值的产品，会是多么开心的事情。是的，我和你一样，也想。

我作为一个非科班出身，并且没有任何互联网大厂工作经历的产品经理，时不时会想：如果有一本比较体系化的书来描述一个产品经理的成长之路就好了，但是也许因为自己对体系和架构的要求太过理想化，一直没有觅得。在我看到诗沐的这本《幕后产品：打造突破式产品思维》之后，发现作者将自己从零打造网易云音乐这款产品的心路历程和一个一线产品经理的日常工作以及所需具备的能力进行了非常自然的融合。这本书不仅涵盖了产品经理成长路上关于流程和架构的基础，也复盘了很多实操案例中的推演论证和决策反思，这本书对于产品思维的进化很有帮助。

通过本书，不仅能读到具体到"歌单"等产品特性层面上的思考，还能读到延展至整个音乐行业上下游层面上的理解，然后思考这两者在不同产品时期是如何嫁接并且彼此产生影响的。通过本书，不仅能读到一个初入行业的产品新人应该怎样科学地进行日常工作，并从中全面提升自身的工作能力，还能读到一个最高话语权的产品负责人怎样不时地进行深度思考并且从中打破自身的产品思维边界，然后真实地模拟自己在这条产品经理的成长路上正处于什么位置。

读到这里，也许你已经有些迫不及待地想要进一步探索和发现了，友情提醒，诗沐说的不一定都是对的，当然，我说的也不一定都是对的，但我们都真诚地努力将自己理解的这个世界相对真实地还原在你的面前，而你在独立思考和实践之后获得的才是我们真正想带给你的。

诗沐陪着网易云音乐一起成长，希望这本书也可以陪着你一起成长。

小红书产品负责人　Chaos

—

小时候，我喜欢看书，同时也种下了写书的愿望。读高中和大学时，我写过几篇小说，虽然自己喜欢，但水平有限，也不好意思发表。没想到长大之后，我成为一名互联网产品经理，并且还能因此出版一本书，这真要感谢一路帮助我的人和上天给我的好运气。略有遗憾的是，本书注定不能因情节构思精妙、文笔流畅优美而让自己满意。

我想写一本对从事互联网工作的人有益的书，不想只写自己的经历和经验，因为这样太过个人化，而带给旁人的益处较少。我也不想写成功学，让人往功名上追求，尽管如今互联网产品经理已经是一个报酬颇丰的职业。

我希望将互联网产品经理的工作作为一项存在的事情去研究，从我自身的经历和对很多优秀产品的观察开始，总结出一些方法来论证，帮助从事产品工作的人。我觉得有益的书，读后应该让人有所思考、拓展思路，而非觉得有利可图。

我也不想大家在读本书的时候以为可以获得什么重大的发现，这明显是我力所不及的。互联网产品经理工作需要实践，仅靠书本上介绍的内容来做产品，恐怕就如同纸上谈兵，空有大道理。

我不喜欢在书里提出新概念，然后为了说明这个概念而使用更多的概念。因此，本书中提到的往往都是一些早已存在的事实或早已被前人发现的方法和规律。我希望我们做产品能练好基本功，实事求是、踏踏实实地走好每一步，能总结出自己的方法论。互联网领域每隔几年就有新概念出现，城头不断变幻着大王旗，不变的是积淀深厚的实践真功夫和持续终身的学习态度。

本书试图贯穿从产品经理新人到产品负责人的整个过程，分享、讨论一个人想成为优秀的产品经理所需要具备的素质、能力、方法与思维方式。我大致将产品经理的成长过程分为三个时期，同时又包含培养洞察能力与架构能力两棵主要的技能树。洞察能力与架构能力是我抽象总结了产品经理各方面专业能力后得出的两个焦点，它们贯穿产品经理的整个成长过程，从基础期开始逐年积累培养，在我们获得各方面专业能力之后，我们的洞察能力与架构能力会自然而然地得到提升，可以解决更复杂的难题，思考更深层次的问题。当然，并不是每一个产品经理都需要学会所有的技能，人各有所长，我们取长补短即可。

至于时下流行的"用户增长""裂变""注意力经济"等新概念，我也会在本书中分享自己的思考与实践。我们不要太急，万变不离其宗，这些新概念背后是有脉络可循的，重要的是练好基本功，以及培养我们的思维方式。

产品经理技能树如图 0-1 所示。

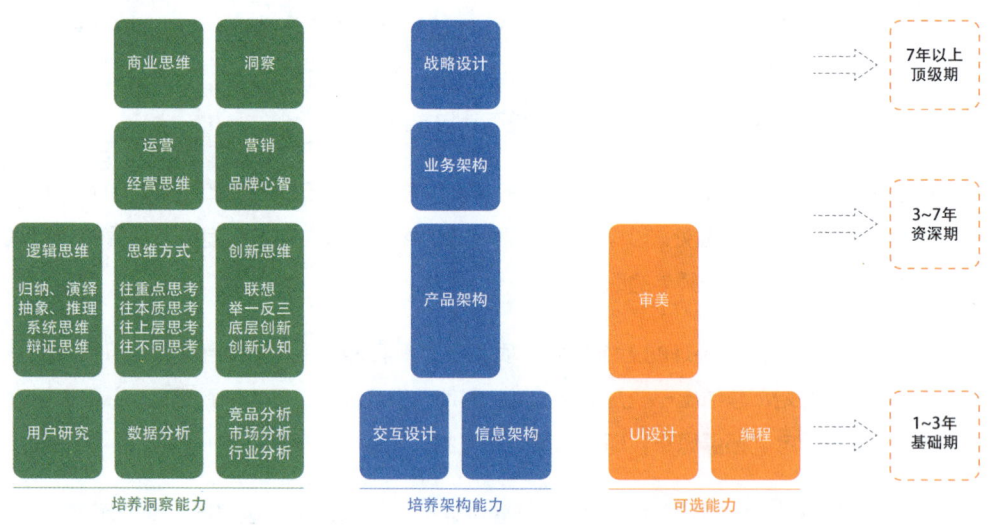

图 0-1　产品经理技能树

二

随着我的互联网产品工作越做越深，我越来越感觉到做产品其实是一个不断修炼自我、突破自己的过程（我没做过其他的工作，但感觉或许大部分工作都是这样的）。

我接触过很多产品经理，他们除了追求事业成功，还希望自己负责的产品能对社会有所贡献和影响。一个好的产品也应该在获得大量用户和营收之外对社会的进步、人们的美好生活有所贡献。可以说，产品经理的追求是培养、锻炼自己的产品能力，做好负责的产品，为人类和社会创造更大的价值。这正好与中国传统士大夫的追求类似，如《大学》所言：修身、齐家、治国、平天下。而在我非常喜爱的一本书《穷查理宝典：查理·芒格智慧箴言录》中，作者更进一步地将这种追求演化为适合现代商业环境的版本：正心、修身、齐家、治业、助天下。我甚为认同，并以此激励自己，希望能在实际的工作中践行。

我始终相信，工作上的进步离不开对内心价值观的坚守。我们是什么品性的人，其实在很大限度上决定了我们会做出什么风格的产品。关于这一点，前辈大牛张小龙和俞军等都在分享中有所提及。我们除了学习很多大牛的专业知识和方法，还需要学习他们优秀的品格，这些其实是密不可分的。

在工作第一年，我与蚂蚁金服的 CTO 鲁肃有过一面之缘并交谈了十多分钟。那时我还是一位大学毕业不久的职场新人，交谈过程中，鲁肃虚怀若谷的品格给我留下了非常深刻的印象，直到如今，这种品格依然鞭策着我要做一个谦虚、好学的人。

本书提到了不少中国古代的名句和人物，因为我很喜欢我们中国的传统文化，认为古人有非常多的大智慧蕴藏在历史文化之中。今天互联网世界发展得很快，我们普通人得到了更多的空间和机会，能继承传统文化中的精华，运用互联网科技的力量，并给更多的人带来美好的生活。这是我们相对古人来说幸运的地方，同时也给我们提出了更多的要求：当我们掌握了互联网科技的力量时，务必牢记要对社会有所贡献，即治业、助天下。我最崇拜的明代大儒王阳明一生追求的就是立功、立德、立言，我们做产品也应当有崇高的追求。与君共勉。

三

本书持续写了一年半才完稿。因为时间长，写作过程中我不断地加入了自己新的思考与总结，它已超出了最初我只想写写产品方法论的范畴，所以我想有必要在前言中对本书做一个框架性的介绍，让读者了解全书概貌。

本书不仅适合产品经理阅读（虽然全书章节是从产品经理的角度来组织的），而且也适合互联网公司中从事与产品相关工作的人阅读。当下及未来，互联网越来越需要综合能力深厚的人才，他们会在不同的行业中不断创新。纯粹的产品、运营、市场等人才的边界会更模糊，而我更倾向于将他们定义为做业务的人才。不管出身是技术、产品、设计人员，还是运营、市场、销售人员等，只要是做业务的人，都需要有做业务的方法和思维。而产品经理所发展、沉淀下来的做业务的方法论与思维方式则是做业务的人需要掌握的诸多能力中很重要的一种。

本书讨论了产品经理所需具备的素质、价值观、能力、方法论、思维方式、学习方式等。这些内容其实也是做业务的人需要了解和掌握的，尤以思维方式、学习方式为重。

在互联网领域工作得越久，我越深感思维方式和学习方式是重中之重。它们就像人的底层操作系统和 CPU，它们越发达，我们越能处理复杂的问题，并且速度也越快。从这一操作系统上，我们可以创造出各种各样的方法论，并且可以持续地更新、迭代，以适应不同的环境，解决不同的问题。诚然，我不能书写出帮助大家形成自己思维方式与学习方式的内容，但本书贯穿始终地重点讨论了它们，并推荐了一些书籍扩展阅读。我衷心地希望每个人都能形成自己的思维方式与学习方式。

而价值观部分则区别于产品经理操作系统式的逻辑性，但它同样很重要。如同前面所说的，它与上面所说的"操作系统"方面是相辅相成的。本书在第 1 章与最后两章的部分内容中详细描述了我所崇尚的产品团队的价值观，也希望大家阅读后能有所收获。有时候，在我们遇到操作系统无法解决的问题时，不妨静下心来，寻求自己内心深处的答案，这会很有帮助。

感谢网易公司、感谢丁磊先生、感谢网易云音乐，让我有机遇写下这本书。感谢网易公司所有与我共事、交流的同人，与你们思想碰撞产生的火花对我帮助甚多。也感谢所有相遇过的朋友们，成书之日，希望能将大家的善意传播给更多的人，让未来的互联网、我们的生活更加美好。

目　录

目 录

第 1 章

产品经理的四个素质

要具备什么样的素质才能做出用户热爱的产品?

我在网易公司以及行业中分享网易云音乐的产品心得时,经常会遇到这样的问题:"网易云音乐为什么能火起来?""网易云音乐为什么口碑这么好?"好产品的背后是一流的团队、一流的人才。乔布斯曾说过:"我过去常常认为一名出色的人才能顶两名平庸的员工,现在我认为能顶 50 名。我大约花费自己四分之一的时间用于招募人才。"

产品经理是产品团队的核心,因此在开始介绍具体的产品能力和方法之前,我想分享自己对产品经理人才的理解。在整个产品经理职业生涯中,洞察和架构是最重要的能力,是一切产品经理工作的基础。本书大部分篇幅都在从不同的角度介绍如何培养产品经理的洞察能力和架构能力。下面我想先说说拥有什么样素质的人适合做产品经理。如图 1-1 所示为产品经理的四个素质(创业、求知、联想、善断)。

图 1-1　产品经理的四个素质（创业、求知、联想、善断）

第 1 节　创业

如今优秀的移动互联网产品，不管是巨头公司的明星产品，还是创业公司的新秀，骨子里都有创业基因存在。互联网发展得非常快，两三年格局就可能翻天覆地，做产品的人如果没有创业心态，很快就会掉队。我理解的产品经理应具备的第一个素质就是创业心态。自身拥有这种心态的人，不需要给他设定繁杂的 KPI 和管理制度，他也会为了做好产品而燃烧自己，晚上睡觉做梦时甚至都会思考用户需求、产品良机。

这样的人主动性、责任心、抗压能力都很高，天生具有产品经理的潜质和领导力。他们对自己负责的产品非常热爱并倾注了全部的心血，能以一己之力影响、带领团队达到心中的目标。这样的人很稀少，当然他们的产品经理职业生涯的天花板[1]也不会低。

在这个行业中，创业心态其实已经被讲烂了，但做到的人不多，唯有"知行合一"[2]才行，需要在自己每天的工作中践行。明代大儒王阳明，一生立德、立言、立功的传奇经历很值得产品经理们思考，如图 1-2 所示。

图 1-2　王阳明与《传习录》

1　天花板是互联网常用名词，意为上限。
2　"知是行之始，行是知之成。"知行合一的论述来自明代大儒王阳明所著的《传习录》。

产品经理常遇到与团队、上司、老板意见不合的情况，这时如果没有创业心态，就会觉得自己反正是来领工资的，你们爱怎么干就怎么干；而如果有创业心态，就会更仔细地思考自己与他人想法的差异，找到背后分歧的真正原因，抉择出对用户、产品最佳的方案，并且与他人透明、通畅地沟通。如果实在无法说服他人，便退而求其次，选一个次优方案，总之要让产品朝着正确的方向走。

很多优秀产品光鲜亮丽的背后是一个又一个的困难，甚至九死一生的境况。拥有创业心态的人才能在产品困难和危急的时候顶住压力、坚持不懈；而如果没有这样的心态，畏难情绪、撒手不管、推卸责任则是常有的事情。

我在招募产品经理时，常会问候选人一个问题，当时你负责的项目有这么多问题你都知道，你有做任何的哪怕微小的努力去改变它们吗？很遗憾，绝大部分人都没有，这是缺乏创业心态的一种表现。而优秀的产品经理则会不断地尝试通过自己的努力去影响他人、解决问题、完成目标，而非坐看这个产品烂掉。

现在很多人想做互联网产品，脑袋中想着的是成功、美好的一面，却没有想过一定会遇到的艰难险阻。若缺乏创业心态，我们在遇到挫折时可能自身就崩溃了，何谈带领团队跨过难关呢？希望每一位矢志做产品经理的人，做事前先想想自己做的产品如果失败了会怎么样，遇到困难了该怎么办。只有充分了解和有所准备，我们才能磨砺出强大的内心，成为优秀的产品经理。

第 2 节　求知

产品经理需要具备的第二个素质是求知心态，我们需要一直保持饥渴的学习心态。从开始参加工作，我就以一条准则要求自己：每过三个月或半年回头看看自己是否有进步，如果没有，应该感到恐慌。这个习惯我一直保留着，未来也会如此。

在学校里，并没有产品经理专业，也没有产品规划、产品设计课程。产品经理的每一步成长都来源于实践的经验与日常生活、工作中的积累。求知欲强的人自身就像海绵，在互联网飞速发展的环境中吸收知识的速度就比其他人快。此外，产品经理本身的工作涉猎很广，从市场、用户、产品、设计、运营、技术、商业，到心理学、美学，可谓包罗万象，顶级的产品经理对这些都要有所研究，甚至对若干项要达到精通。对产品经理而言，学习新知识的要求本来就很高。产品经理知识矩阵如图 1-3 所示。

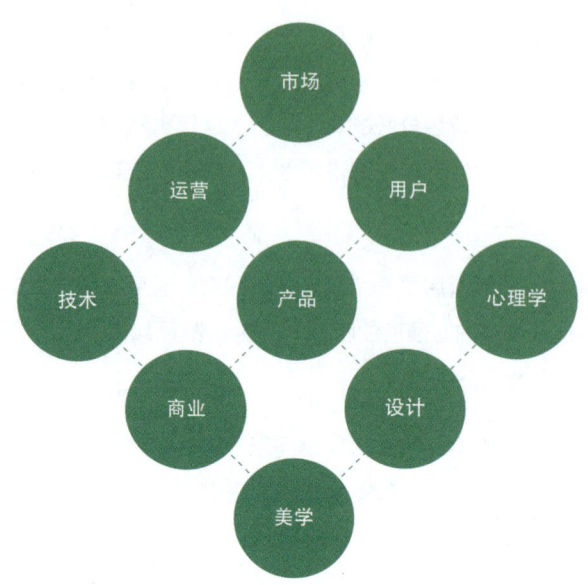

图1-3　产品经理知识矩阵

很多互联网公司在面试产品经理时，为了考察产品经理的求知心态，会看看面试者的手机，寻找其中有没有一些新奇的App；有时会问：最近三个月或半年，你有没有遇到觉得很好玩的产品？然后针对面试者的回答，详细考察他学习新鲜事物的能力。拥有创业心态和求知心态的年轻人，在经过产品项目锻炼后，会比别人成长得更快，一到两年就能独立负责复杂的项目。

从小求知欲强的人，能自然而然地培养起善于学习的能力。我在公司内外的分享和培训中，经常遇到有人问一些比较基础的知识和技能应该如何学习，例如，需求文档应该如何写？用户研究应该怎么做？这固然反映出产品经理这个行当缺乏系统培训教学的问题，但我认为在这些问题被提出来的时候，实际上提问者还不具备成为产品经理的条件。互联网极大地加快了信息的传播速度，你想知道的知识绝大部分都能在互联网上找到，如可以在知乎、产品社区中搜索。因此关键还是在于，自己是否真正地具备了求知心态，并能支撑起产品经理职业的要求。

"汝果欲学诗，工夫在诗外。"古人学诗的方法和产品经理学习的方法是相似的，如图1-4所示。我一直不提倡去看与产品经理相关的一些入门书、大而全的书，看此类书如同走马观花，看完后好像对产品经理日常工作有了了解，但实际工作时却发现无从下手，可能连用户研究都做不好。产品经理应当去看一些工具书，如与用户研究、交互设计、视觉设计相关的书籍；看一些经典的经管和社科书籍，如《定位：有史以来对美国营销影响最大的观念》[1]《失控：全

1　杰克·特劳特（Jack Trout）、阿尔·里斯（AL Ries）著，谢伟山、苑爱冬译，《定位：有史以来对美国营销影响最大的观念》，机械工业出版社，2011年。

人类的最终命运和结局》[1]；第一时间去了解互联网的新技术、新方向；在每天工作、生活的十几个小时中不断地积累知识，例如，如果希望了解用户需求，就可以在乘坐地铁去上班的途中观察车上的男生、女生正在使用什么产品、是怎么使用的。最终，将这些平时的积累应用到自己负责的产品上，实践自己的想法，通过线上的数据和用户反馈来验证，看看自己究竟是对还是错。如此积累下来的经验值，会成为你宝贵的职业财富。

汝果欲学诗，
工夫在诗外。

图 1-4 "汝果欲学诗，工夫在诗外"

即便我们不做产品经理，终身学习也是非常宝贵的品质，应是我们追求的目标。在本书的最后一章中，将会探讨与终身学习相关的内容。实际上，良好的学习习惯是从我们的学生时代培养起来的，在工作的前三年养成强烈的求知心态是非常重要的。

第 3 节　联想

产品经理需要具备的第三个素质是联想。产品经理的工作本质上是什么？答曰：解决问题，不停地解决问题。需求是真还是伪？用户会喜欢这个功能吗？数据会增长吗？这个市场还有机会吗？产品经理每天都可能在这无数个问题中频繁跳跃。尽管解决问题看上去很理性，但实际工作中往往要在前面加一个词——创造性地解决问题。

网易云音乐的播放界面是一个转动的复古黑胶唱片，这个设计是怎么来的？

我常被问到这个问题。用户很喜欢这个设计，但它并不是凭空创造出来的，也不是靠严密的逻辑推理出来的，它是当我和设计师们看到一张黑胶唱片的照片时联想到的。这是一个

1　凯文·凯利（Kevin Kelly）著，张行舟译，《失控：全人类的最终命运和结局》，电子工业出版社，2016 年。

比较简单的关于联想的例子，在黑胶唱片与网易云音乐想传达给用户的感受中有相通的感觉：高品质、挺有内涵的气质，而用户喜欢的就是这个感觉。

产品经理的工作需要有很多创新的地方。这种创新并不一定是发明某项新技术，抑或完全颠覆某项技术，更多的还是站在无数巨人的肩膀上更进一步，即联想。善于联想能够让产品经理更具创造性地设计产品、满足用户需求。

执行力强的产品经理不一定需要很好的联想能力，但产品负责人必须能创造性地解决问题，否则只能永远跟在竞争对手后面，因此联想是产品经理向上发展的关键能力之一。这种素质大约包含以下三个部分。

洞察能力。书到用时方恨少，联想也一样，其前提是平时进行大量的观察和积累。搞美术、摄影的人常会看大量的绘画、摄影作品。外行人可能只是看热闹，而内行人则能体察到其中光线、构图、明暗运用之妙，这就是洞察能力的体现。做产品也是一样的，顶级的产品经理对日常生活的方方面面都能观察入微、有所感悟。比如，在坐公交时看到用大屏手机的人往往需要双手操作而有所不便，就会思考怎样的手势设计能改良这种体验；比如，在办公室里叫外卖，往往吃完后不好收拾、味道颇重，这时就会思考如何改进以让外卖也能优雅。培养自己的洞察能力，须从感知小事开始，让自己变得敏感、敏捷，养成勤于思考的习惯。

此外，夯实产品经理的基本功，如用户分析、数据分析、市场分析等，也是在锻炼、培养洞察能力。我们需要经年累月的经验积累来让自己的洞察能力越来越出色。

归纳能力。归纳与演绎是逻辑思维的两种方法。如果将平时洞察获得的感悟一条条地运用到产品设计上，则是落了下乘。但这是很多初学者常见的做法，如竞品的注册流程比较简单，那就依葫芦画瓢地都给借鉴过来。而更好的做法则是将这些感悟归纳起来，体会其中深层次相通的地方，从接触个体事物到推及一般，形成自己的理解、认识。例如，早年我在做网易摄影时观察到用户为了作品上首页而争吵，从知乎上看到用户花数天心血认真作答而成就满满，又体会到自己在朋友圈里晒照片获得点赞的心理感受，这些都让我不断地加深了自己对用户虚荣心的理解，形成了自己对运用用户虚荣心尺度的判断准则。关于用户虚荣心这部分，在本书后面讨论用户心理的内容中会详细阐述。

联想能力。联想即将平时的积累运用到产品中，我们通过洞察和归纳获得灵感，通过联想产生产品创意，这需要敏感而跳跃的思维。越是跨领域的联想，越要求思维跳跃。例如，在看到《西游记》音乐原曲作者接受采访的新闻时，可以联想到结合猴年春晚关于《西游记》的热点话题，网易云音乐做一个众筹音乐会，这是领域内比较自然的联想；而观察视频行业版权大战的情况，联想到自己身处的竞争激烈的音乐行业未来的发展战略，则是更跳跃的联想。为了让思维更加敏感、跳跃，我们需要时常做一些练习，大家都经历过的新鲜互联网产品分享会就有这样的功效。坚持体验新鲜事物，看看有没有能运用到自己产品中的地方，这是锻炼思维与完成本职工作两不误的好方法，不管我们工作多长时间，都需要一直保持这样的好习惯。

第 4 节　善断

　　产品经理需要具备的第四个素质是善断。我常以古代谋士来比喻产品经理。唐太宗李世民曾夸奖自己的两位宰相"房谋杜断"，即房玄龄善谋，能提出精辟的谋略和具体的办法，但往往不能做决定；而杜如晦善断，能对问题以及谋略加以分析，判断出该用哪种办法，如图 1-5 所示。对于产品经理而言，联想能力是出谋划策，而善断能力则是要在复杂变化的互联网环境中做出最有利于产品目标的决策。

图 1-5　房谋杜断

网易云音乐是怎么想到做导入歌单功能的呢？

　　在网易云音乐发展初期，我们非常关注音乐的深度爱好者，希望能服务好这个群体，让他们自发地传播网易云音乐的好口碑。这是我们的既定战术，从音乐发烧友切入，然后自然而然地传播、扩散。在当时的市场上，很多这样的资深用户活跃于其他音乐平台，他们虽然乐意尝试新的优秀产品，但是迁移成本过高——有几百甚至上千首个人音乐收藏，让他们更换一个音乐 App 很费力气。

　　我当时一直想着解决这个问题，因为这样可以大大加快从竞争对手处吸引用户的速度。

我从互联网各产品之间导入博客文章、导入相册、导入邮件等功能中找到了灵感，网易云音乐可以做一个导入歌单功能，让用户一键即可将自己在原来产品中收藏的歌曲迁移到网易云音乐上。后来，产品设计、技术研究等都已完成，但我仍有一个顾虑，这个办法虽然对用户和网易云音乐都很好，但是会得罪竞争对手，如此激烈的手段会不会影响网易云音乐的品牌形象？

犹豫了一段时间后，我终于在一个周六的早上下定了决心，说服团队在下周即将发布的版本中加入导入其他音乐平台歌单的功能。这是因为我在刷网易云音乐的达人动态时，看到用户在讨论："如果能方便地把我们在 ×× App 的精选集转移到网易云音乐上，肯定会有更多的人喜欢用这个产品，因为实在太好用了。"看到这些，我想是时候启动这个功能了。

当然，周一在公司时大家都来问我，为什么没有在一开始规划这个版本的时候就约定好需求，而要在上线前几天增加需求呢？这将面临很大的项目风险。对此我回答："临时增加需求、没有事先规划好是我的责任，向大家道歉。但我最终要向用户和产品负责，我需要鼓起勇气和下定决心来做出这个判断，在可能得罪对手、影响品牌形象与非常利于用户及产品之间我选择了后者。我在周末想清楚了，就需要马上做决定，上线后我们可以看数据效果来判断成败。"

事后回想，我觉得当时的判断很重要。网易云音乐是新生产品，而互联网上激烈的竞争只会留给你很短的时间窗口。如果我当时害怕激进的手段，或者无法顶住需求变更、让大家在质疑中加班的压力，很可能网易云音乐就没有办法在短时间内聚集大量的资深音乐爱好者，无法很快地在口碑和社区氛围上领先竞争对手，无法成为音乐行业中的一匹黑马并越跑越快。

导入歌单功能上线之后，我们没有做大规模的宣传，而只在一两百人的种子用户群里发布了这个消息。但就像星星之火，这一消息迅速在音乐爱好者的圈子里传播起来。导入歌单功能只是一个工具，我们希望用户完全自己决定是否要导入歌单，而不是受网易云音乐的宣传影响而做这件事情的。这样也是尊重竞争对手，以示公平。

最终结果让我们非常满意，这个功能击中了用户的痛点，配合网易云音乐 App 的优质体验，数十万资深音乐爱好者蜂拥而至并且扎根下来，成为社区早期的顶梁柱。我们几乎没有花任何市场推广费用，就在产品发布后的一年内成为国内最好的音乐歌单社区，为日后网易云音乐成为流行产品奠定了非常好的基础。在这个过程中，产品经理如果缺乏勇气和决心去做判断，就会错失良机。

善断不仅需要勇气和决心，更需要严谨的方法。在产品经理的日常工作中，判断一个版本中需求、功能的优先级最常见。这个需求该不该现在做？做到什么程度？此外，在多个产品设计方案中选择也是经常面临的情况；更高级的，还有产品战略、市场竞争策略的选择。在做判断的时候，需要注意什么呢？

首先是要抓住重点。不管问题、环境多么错综复杂，需要考虑的因素多么繁多，首先要做的就是抽丝剥茧，抓住重点。这是一个逻辑思辨的过程，先将所有问题、条件、因素列出，然后一一为它们的重要性、优先级判断打分。在任意两个因素之间，都可以抉择出谁更重要，这样就能判断出真正的重点。例如，对于宏观的用户体验而言，产品功能的影响大于交互设计的，而交互设计的影响又大于视觉设计的，在决定一个按钮摆放的位置时，应最优先考虑产品功能层面，最后考虑美感层面。

其次是不追求完美。要明白没有完美的解决方法，任何方法都有利弊，这是辩证思维的体现。判断本质上是在一个有多种条件限制的有限集合里寻找最佳方案，在综合考虑的过程中优先满足重点方面，再满足其他方面。如果有同时满足多方面的方案，那最好；如果没有，则需要快速决策、推进，因为在互联网环境中，速度常常是很重要的因素，而且不应该被忽略。

最后还需要有实验意识。产品设计工作中充满了大量的不确定性，同时也没有条件进行充分的调研与论证。在我的工作经历中，鲜有达到 80% 以上把握的方案，更多的是五成左右把握的情况。有位市场营销大师曾说过，如果一个营销人员一年没有花多少费用，那他一定不是一名优秀员工，因为他没有去做实验。没做实验，那么永远不会知道什么营销方案是性价比、效率最高的。对于产品经理也如此，在无法抉择要不要做一个功能时，可以用最低的产品成本——通常是一个"简陋"的产品原型——实验自己的想法，然后观察用户反馈和数据来做后续的判断。如今 A/B 测试的方法论已经深入人心，我们工作中经常面临的为几个选择争执不下的情况已经有了很好的解决方案。因此我们更需要坚定地贯彻大胆假设、小心求证的路线，将产品工作中那些不确定性视为一种美感，正是因为它们，产品工作才有趣、才有挑战性。

创业、求知、联想、善断是我总结的想要成为产品经理比较关键的四个素质。在进行产品经理的招聘面试时，我会额外关注候选人是否拥有这些素质；在团队管理中，我也会重点培养、发展它们。创业和求知是态度，决定了产品经理职业天花板的高度；而联想和善断则帮助产品经理向上发展，在产品工作中不仅是一个执行者，而且能独当一面。

第 2 章

如何全面深入地了解用户

做了多年产品经理，我每天仍在做的一件事是什么？

那就是日复一日、年复一年地了解用户。

互联网让所有的产品、品牌与用户的距离都史无前例地接近，这使得懂得用户需求的公司飞速发展，而与用户脱节的公司则被迅速淘汰。产品经理将对用户需求的理解与大脑中的商业创意连接起来，创造出具有用户价值和商业价值的产品，因此了解用户是重中之重。

这个时代变化速度飞快，不断有新的文化、新的群体出现，如果我们不学习、不接触它们，仅仅一两年就有可能落伍。我在校园招聘时与应届毕业生进行交流，常感觉自己与他们之间存在代沟。他们中间流行什么？他们怎么理解互联网？这些疑问萦绕心头，迫使我想要深入理解他们的想法。虽然很残酷，但这个行业永远都是年轻人的世界，而且优秀创业者的年龄越来越小，所以作为产品经理除了每天持续地了解用户，别无他法。

第 1 节　亲力亲为地研究用户

电子音乐为什么能快速地流行起来？

在网易云音乐的电子音乐评论区里，经常可以看到"抖腿党"[1]"滚键盘党"[2]，似乎已经形成了一种"亚"文化；此外，还有"Tobu 神教"[3]"A 神"[4]等，电子音乐粉丝们在对他们顶礼膜拜。作为一名产品经理，如何才能理解粉丝们的行为？

生于 20 世纪 80 年代的我，在初中时开始接触流行音乐，开始对香港的明星着迷：Beyond 乐队、张国荣……他们是 80 后们共同的偶像。进入高中之后，我在女朋友的影响下开始接触摇滚、金属风格的音乐，对欧美音乐的喜欢一发不可收拾，至今为止最爱的乐队 Guns N' Roses、Nightwish 就是在那时候开始着迷的。大学之后我的音乐口味固定了下来，很少再去尝试别的音乐风格。

在研究电子音乐粉丝之前，我和很多人一样，把电子音乐与 DJ（唱片骑士）、"土嗨"[5] 联系在一起，本能地对迪厅里播放的旋律和歌词一般的音乐无感。这是人的天性，对不了解的事情有自我防御机制。

但由于网易云音乐用户热爱分享，这让我发现电子音乐越来越流行，电子歌单播放量常常轻松破十万次，歌单下面的讨论也很热烈。电子音乐达人格外活跃，平均每天使用 App 的频次远高于整体用户平均水平。作为产品经理，我感觉自己有必要研究他们，电子音乐很可能像 20 世纪 80 年代的摇滚音乐一样，影响一代人。

为了让自己更了解这群关键用户，我没有马上选择公司的用研团队来支持工作，而是自己开展用户研究。我观察粉丝们在电子音乐下面的评论，开始了解什么是 EDM（电子舞曲）、House（电子音乐分支之一），还发现了电子音乐的流行与竞技游戏视频以及直播有很大的关系，这和当年网吧的《反恐精英》（CS）让很多人认识了 Nightwish，网游的帮战指挥战让很多人知道了张杰的歌曲《着魔》类似。我和电子音乐达人们聊了很多，问他们是从什么时候、

1　抖腿是电子音乐爱好者的常用词，形容电子音乐节奏感很强，经常边听边不由自主地跟随节奏抖腿。抖腿党是有这种习惯的人群。

2　滚键盘是游戏及二次元亚文化圈里的常用词，形容菜鸟，和"手残"类似。滚键盘党是这一类人群。

3　Tobu：本名托马斯·波克维斯基斯（Toms Burkovskis），是来自拉脱维亚的著名电子音乐制作人，在中国拥有大量粉丝。

4　A 神：即 Avicii，本名提姆·柏格林（Tim Bergling），著名瑞典 DJ、音乐制作人，在中国拥有大量粉丝。2018 年 4 月 20 日下午，Avicii 在阿曼首都马斯喀特去世，年仅 28 岁。

5　土嗨是电子音乐领域内的形容词，土嗨算是一种电子音乐界的负面文化，所有电子音乐界不好的、粗制滥造的、拖后腿的东西都可以算土嗨。

怎么接触到电子音乐的，为什么会喜欢上电子音乐，平时到哪里寻找好听的电子音乐，与同好们在哪里交流等问题。由此发现：

- 电子音乐粉丝是很鄙视"土嗨"的。

- 电子音乐粉丝们非常关注全球百大 DJ 排行榜，著名的电子音乐艺人有 A 神、Tiësto、Tobu 等。

- 中国的电子音乐是从一个个小圈子开始流行的，都是年轻人，很多游戏用户群体是最初开始传播的种子用户。

- 更资深的用户会将电子音乐与太空、科幻电影联系在一起，他们会更偏爱带一些迷幻风格的音乐。

- 更加"硬核"[1] 的玩家开始集结在一起成为普及、创作电子音乐的团体。

- 中国第一首电子音乐其实是 86 版《西游记》的主题曲，总作曲人是许镜清老先生，在此向他致敬。

这是在 2014 年下半年网易云音乐用户群从意见领袖走向大众用户的关键时期，我对电子音乐粉丝做的研究。虽然当时在各个音乐排行榜上，前十里看不见电子音乐，但我们仍根据研究结果判断电子音乐是未来发展的趋势。我们不遗余力地鼓励电子音乐达人们做歌单、做电台，并在网易云音乐首页上帮他们推广，与国内的电子音乐推广团队合作，并将电子音乐排在仅次于流行、摇滚、民谣音乐的位置。随着不断、持续、深入运营，大部分国内的电子音乐爱好者都来到了网易云音乐，在这里形成了一个很好的社区氛围，在这里电子音乐相关的歌单、评论、达人数量都是国内音乐平台中最多的，而那时网易云音乐才刚上线一年半。

2015 年，《Fade》在国内突然火起来，我知道我们的判断是正确的。直到 2017 年，这首歌曲在网易云音乐热歌榜上仍能跻身前三，评论数在 2018 年年底更是达到了惊人的 63 万条，知乎用户对这个现象也有讨论：如何看待网易云音乐上的歌曲《Fade》在短短一个月内破十万条评论？引用某知乎用户的经典回答：刚开始觉得电子音乐是"土嗨"，一入"云村"[2]才发现真正的电子音乐根本就是炫酷又高大上，很能代表大众用户的心声。如图 2-1 所示为网易云音乐《Fade》的评论界面。

作为产品经理，对音乐的理解并不是最专业的，但一定要亲力亲为地研究用户、理解用户，要拿到第一手资料。只有深入理解了用户，才能做出准确而迅速的判断。电子音乐从只被小

1　硬核是网络流行语，原本用于形容说唱音乐和游戏，此处可以理解为核心、水平高。
2　云村指网易云音乐社区。

众人群喜欢走到 2016 年街头店面的背景音乐都是《Fade》，只用了短短的一两年时间。而今天，电子音乐在国内和世界范围内都已经成为主流音乐流派。网易云音乐抓住这期间的机会获取了大量活跃用户，这个结果与研究用户密不可分。

扫码查看评论长图

图 2-1　网易云音乐《Fade》的评论界面

在《Fade》流行之后，我又发现了一个现象，很资深的电子音乐粉丝会有看不惯大众流行现象的心理，他们会说出更专业的电子音乐分类词汇及还不流行的电子音乐艺人，以让大众用户们知难而退。而这个现象与以前《中国好声音》里选手演唱某首歌，导致该歌曲被很多人"围观"，原本最初的粉丝则与新来的人争吵是同样的道理，即所谓的"鄙视链"，后面会对这一内容进行介绍。

为什么一定要亲力亲为地研究用户？

在移动互联网到来之前，产品规划、开发的节奏是以季度计算的，而现在已经变为以周计算了。传统的用户研究团队投入资源去研究用户，即便是简化流程匹配移动互联网的速度，往往也需要一个月左右才能拿到结果。从时间这个客观条件来说，已经不允许产品经理每次都向用户研究团队"提需求，然后拿结果"的工作模式了。为了快速研究用户，产品经理必须亲力亲为。

移动互联网的产品决策时间相比几年前更短，如果产品经理平时没有积累，不能足够了解用户，临时抱佛脚就和赌博一样。理解用户非一日之功，这就如同高僧打坐参禅，每天的积累都让产品经理的功力加深，久而久之就变为其职场的核心竞争力。

最忌讳的是，产品经理只了解自己熟悉领域的用户，而对其他用户群视而不见。大部分互联网从业者都是 25~35 岁的城市白领，他们对小学生、中学生、老人、蓝领，对二次元、娱乐时尚圈、城乡接合部的流行文化等可能都不了解，如果不亲力亲为，很难体会到大众用户的需求。

第 2 节　用户研究的旧瓶装新酒

现在如何运用传统的用户研究方法？

互联网的用户研究方法得益于 2000 年前后 Nielsen Norman Group 大力推广的以用户为中心（UCD）的设计方法，我们今天所提到的用户体验（UX）、交互设计（IXD）、界面设计（UI）等词都来自那个时候。Nielsen Norman Group 是由 Donald Norman 和 Jakob Nielsen 创立的，前者是《设计心理学》[1]《情感化设计》[2] 的作者，这两本书基本上是互联网产品经理、设计师的必读书籍。

以用户为中心的设计方法对中国的设计行业影响非常大，在此之前，国内关于用户研究、产品经理、交互设计、UI 设计的职责定义区分得不太清楚。这个方法在中国的传播，可谓是给互联网人洗了一遍脑，大家对 UX 和 UE[3] 两个词语的含义区别争论了好久，时至今日在知乎上还能看到这类争论。那段时间（2008—2009 年）刚好是我大学即将毕业，刚刚接触互联网的时候，对我而言，一下子接触到这么多新鲜的概念，简直就像电影《黄金时代》[4] 里描绘的："那一天我 21 岁，在我一生的黄金时代，我有好多奢望。"

另一本同样奠定 UCD 设计方法地位的书是《用户体验要素：以用户为中心的产品设计》[5]。这本书在国内的影响力甚至超过了《设计心理学》。从它面市起，很多年过去了，我依然经常在产品经理笔试题答案中看到应聘者引用这本书中的方法，即在战略层、范围层、结构层、框架层、表现层这五个层次上分析产品。还记得 UCDChina 这个网站吗？该网站虽然已经从网络上消失，但它曾经不遗余力地在国内推广以用户为中心的设计思想，不计其数的人因它而走向了互联网用户体验相关的岗位，在此向它致敬。

互联网发展得实在太快，UCD 的概念发展不到 20 年时间，Nielsen Norman Group 倡

1　唐纳德·A.·诺曼（Donald A. Norman）著，梅琼译，《设计心理学》，中信出版社，2010 年。这是一本在设计界和心理学界享誉多年的好书。

2　唐纳德·A.·诺曼（Donald A. Norman）著，付秋芳、程进三译，《情感化设计》，电子工业出版社出版，2005 年。这又是一本经典书籍，同样在设计界影响深远。

3　UX 和 UE 实际上都是 User Experience 的缩写，与用户体验相关。但在国内有段时间对两个词的含义有所争论，有部分人认为 UX 的涵盖范围更广。

4　电影《黄金时代》由许鞍华执导，汤唯、冯绍峰等主演，于 2014 年 10 月国内正式公映。影片以民国时代为大背景，以民国传奇女作家萧红特立独行的人生以及爱情经历为引子，塑造了当年一群意气风发的热血青年，还原了一个充满自由理想、海阔天空的时代。

5　Jesse James Garrett 著，范晓燕译，《用户体验要素：以用户为中心的产品设计》，机械工业出版社，2011 年。这本书是 AJAX 之父的经典之作，阐述了用户体验的各种要素以及在战略层、范围层、结构层、框架层、表现层的应用。

导的用户研究方法就已经不再处于互联网的舞台中心，用户研究岗位的热门程度也逐年下降。传统的方法和执行方式已经不适应越来越快的互联网节奏，无论是让公司内部的用户研究团队做大规模的研究，还是让咨询、调研公司代为执行，其执行效率和性价比都已经逐渐跟不上新的研究方式，即对于产品团队来说，其中的每个人都应该具有用户研究的能力，每一天都观察产品数据的变化、阅读用户在线反馈、在微博等社交媒体上搜索关键词观察用户关于产品的言论、不停地和用户交流等。

但传统经典的方法依然是了解用户的有效途径，是产品经理必须掌握的，也只有在产品团队主导用户研究的情况下，才能给用户研究带来最大的价值，原因如下。

- 产品经理、设计师、程序员是战斗在一线的人，产品经理是最了解产品的人，而用户研究员是辅助角色，就像打《Dota》游戏，有人主攻，有人辅助。用户研究员对产品业务、市场情况的了解不及产品经理，而用户研究的首要前提就是要了解产品和市场，需要对业务的核心诉求了如指掌，这样才能够筛选出合适的用户进行研究，才能够问出合适的问题。因此，除了用户研究员自身需要懂产品、懂业务、懂设计外，产品经理更要懂用户研究、掌握研究方法。

- 用户研究部门在互联网公司中往往属于公共资源，有时会因为架构调整、资源调配、人员变动等而跟不上产品开发的节奏。从宏观的架构角度上讲，只有产品经理主导用户研究，才能避免遇到突然资源不足的情况。在实际工作中，尤其是产品发展初期，产品经理可能有很多需要做用户研究的需求，如果自己不掌握方法，全部依赖于用户研究员，结果就会贻误战机；如果自己能掌握方法，则可以和用户研究员合理分工，大大提高工作效率，快速拿到结果。

常见的用户研究方法分为定性研究和定量研究两类，并不复杂，初步掌握上手易，而长期实践积累难。具体的用户研究方法主要包含以下几种。

- **深入访谈**：用大白话说，就是找典型目标用户聊天。切勿小看这个陪聊的事情，它是产品经理了解用户的最佳途径，没有之一。做访谈需要与用户交流，最重要的就是要有共情、共鸣、共话题。访谈音乐产品用户，你不能只知道陈奕迅、周杰伦，而不知道新裤子、二手玫瑰，否则你将无法与非主流音乐爱好者产生共鸣；访谈摄影爱好者，你不能没用过 Nice、In、Instagram、Tumblr、FaceU，[1] 否则你压根不知道现在流行的"姿势""贴纸"是什么；访谈贴吧用户，你不能不知道 EXO（韩国男子流行演唱团体）、

1　这些均是风靡一时的摄影拍照相关 App。在这些产品上会不断流行拍照姿势、照片贴纸，进而影响整个互联网人群。

TFBOYS（中国男子演唱组合），以及帝吧、魔兽吧等各种"爆吧"[1]，否则你体会不到群体狂欢的快感。

- **焦点小组**：由一名主持人和一组用户（通常不超过八人）在一个主题下进行的访谈，通常会持续两三个小时。相比于对一名用户深入访谈，焦点小组的优势在于能一次性拿到更多类型用户的信息，而有时候，用户之间发生意见的碰撞，也会产生更多的价值。但这种方法是一把双刃剑，在任何群体里都没办法忽略成员之间的影响，焦点小组有可能使用户说出"假话"：为了面子、为了与别人一样、为了隐私而隐藏自己的真实想法。因此主持人需要暗中控制小组，让每个成员都能真实地发表自己的意见，避免出现少数用户频繁地阐述自己的观点，而其他用户只是简单地附和——这是焦点小组经常遇到的不利局面。

- 此外还有**问卷调查、可用性测试、留置研究**等方法。问卷调查，顾名思义，是一种定量研究。可用性测试则是请用户实际使用产品或 Demo，观察用户在使用过程中遇到的障碍，由此来发现产品可能存在的问题并提出改进意见。留置研究和可用性测试的区别在于，可用性测试是在现场时间段内进行的，而留置研究则是用户在实际场景里长时间使用中得出的，用户在这一过程中记录自己的使用感受、回答调研问题等，对产品的反馈会更加完善与真实。

以上这些方法都是为了形成用户画像，让产品经理脑海里对目标用户有非常具象和清晰的认识：有哪些用户群？他们各自是什么样的人？在各种产品功能面前会有什么样的反应？

在遇到不同的场景时，可以选用不同的研究方法（或组合几种研究方法）。对于下面这些场景，你会如何选择呢？

- 想知道用户对网易云音乐私人 FM 功能的满意度。

- 想知道用户上手产品的过程中有哪些痛点。

- 想知道大学生对小额贷款怎么看。

- 想知道女性对轻奢商品价格的态度。

- 想知道 A 股操盘手如何看待雪球 App。

虽然方法并不复杂，但是可以说理解用户、挖掘用户需求是产品设计过程中最难的事情。其中的难点就在于，怎样才能尽可能地接近用户真实的想法？在用户研究时有以下三个关键

---

[1]　爆吧一词来自百度贴吧，主要指在贴吧内不停地发无实质内容的废帖、水帖、垃圾帖等，扰乱贴吧秩序。

因素需要考虑。

- 用户是否是典型的目标用户？

- 挖掘到的信息是否真实？

- 怎么将用户研究的结论应用到产品设计中？

怎样判断用户是否是典型的目标用户呢？在网易云音乐研究热爱音乐的用户群时，我们会给目标用户下一些定义，例如：

- 经常使用音乐 App 听音乐，一周至少两三天。

- 有自己独特的音乐喜好，除了大众流行音乐外还喜欢别的音乐风格。

- 对自己喜欢的风格、艺人有一定的了解。

在招募用户时，为了判断他们是否是目标用户，我们会要求查看他们的手机，看看其使用音乐 App 的情况，比如，听歌记录、收藏音乐的类型、账号注册时间等，这是因为记录和数据不会说谎。我曾经碰到声称自己是资深欧美音乐爱好者的用户，但是当我查看他手机中的听歌记录时，发现他才听了 100 多首歌曲，而且多是华语流行 KTV 风格的歌曲。

要研究的目标用户群分类越细、定义越清晰，就越要注意鉴别调研对象的真伪，一旦源头出现偏差，整个调研会的心血都将付诸东流。例如，你要研究一个韩国狂热粉丝群体，如果调研对象并不是一个很疯狂的粉丝，而只是一个"舔屏党"[1]，在调研过程中他所反馈的信息就没有多大用处，甚至会误导你对真粉丝群体心理和行为的理解。

怎样判断用户提供的信息是否真实呢？这取决于调研人员所用的方法和自身的经验。本质上，这属于沟通技巧，包含两个方面：一方面是引导用户尽可能多地、深入地表达自己的想法；另一方面是结合上下文，用自己的逻辑分析用户真正想表达的意思。

仍以对粉丝群的研究为例。我们去三线城市研究许嵩的粉丝，用户提供的信息如下。

- 她是一个资深的许嵩粉丝，已喜欢许嵩五六年。

- 她买过许嵩的实体专辑，从第一张专辑就开始买。

- 她参加过许嵩的歌友会、演唱会。

- 她加入了粉丝 QQ 群。

---

1 舔屏党用于形容非常喜欢偶像颜值的粉丝群体。

- 她买过与许嵩相关的周边产品。

我们针对用户提供的每一点信息做了深入访谈，在询问了一系列细致的问题之后，我们发现这位用户：

- 她最开始喜欢许嵩是因为她的同学。她的同学是一个非常狂热的粉丝，很多人在其影响下开始喜欢许嵩的音乐。而这位用户自己则更多的是喜欢许嵩的音乐，多于对许嵩本人的喜爱。她觉得许嵩的音乐特立独行，而且其音乐之路有一种积极向上的精神，能够激励自己。

- 她买实体专辑的时候，基本只买一张，很少买多张。她不太理解买很多张实体专辑支持偶像的行为，她表示自己会考虑经济因素。

- 她只参加过少数几场许嵩的歌友会，都在离自己居住的城市很近的地方，而太远的地方不考虑。这一方面出于经济原因，另一方面出于家庭原因。参加歌友会的时候，她很激动，终于见到了偶像，也要到了签名，不过没有去堵酒店，她觉得那很不礼貌。

- 她在 QQ 群中很少发言，会和几个熟悉的群友单独聊天。QQ 群主要用来接收重要的信息，例如，许嵩什么时候出新专辑、什么时候有演出、什么时候有通告节目，还有什么时候大家一起去刷榜等。

- 她买过许嵩的钥匙扣等小玩意，10 元钱左右，在地摊小贩那买的。她并不介意这些周边产品是不是官方授权的，买的时候开心，放在身边用的时候也开心。

对比用户表达的基本信息和深入访谈后获得的详细信息，我们很容易发现其中的区别。用户真实的情况是一个喜欢许嵩多年的粉丝，但却不是一个狂热粉丝，喜欢偶像更多的是为了满足自己在音乐、成长上的需要，而不是为偶像奉献（狂热粉丝的奉献精神占比很大）。而她之所以没有进一步成为狂热粉丝，这与三线城市粉丝群体整体的氛围有关。一二线城市能更多地接触偶像、更多地接触核心粉丝团，这都能让粉丝更紧密地抱团，而这些文化要传播到三线城市，尚需时日。因此，粉丝更多地呈现出"个体行为"，而非"群体效应"。

这个过程其实和招聘类似。应聘者提供自己的简历，上面描述了他的概要情况。面试官在面试过程中可以深入追问应聘者的工作经历，对他的回答细节进行发散提问，如果简历上描述的是真实的，那么应聘者能够对答如流；如果简历内容有掺入水分，那么回答时就会磕磕碰碰。

所有用户研究的根本目的，都是希望能将结论应用于产品设计。也只有实践，才能检验研究结论是否正确。但通常来说，越是概念性的研究，越难以直接形成产品设计方案；而如果是可用性测试、留置研究等直接反映产品设计问题的，则可以很快形成解决方案。

概念性的研究需要利用系统思维，结合对产品的思考与权衡，来形成具体的产品设计方案。用户研究会提炼出目标用户的需求，而产品设计则是产品经理在需求与产品之间做出的最优解决方案。在进行概念性的研究之前，往往产品经理已经有了一些点子和思路，通过用户研究来验证和判断自己的想法。

在网易云音乐诞生之前，我用定性访谈加定量问卷的方法，研究了用户发现音乐的方式。因为我本身对书籍、影视、音乐比较了解，对音乐行业也有所研究，所以对产品的雏形有了一些基本思路，大致想让网易云音乐从发现音乐的方式起步。研究后发现，当时不同用户群经常使用的发现音乐的方式虽然不同，但大体集中在以下六种方式上（见图2-2）。对整体用户而言，依赖程度从高到低依次如下。

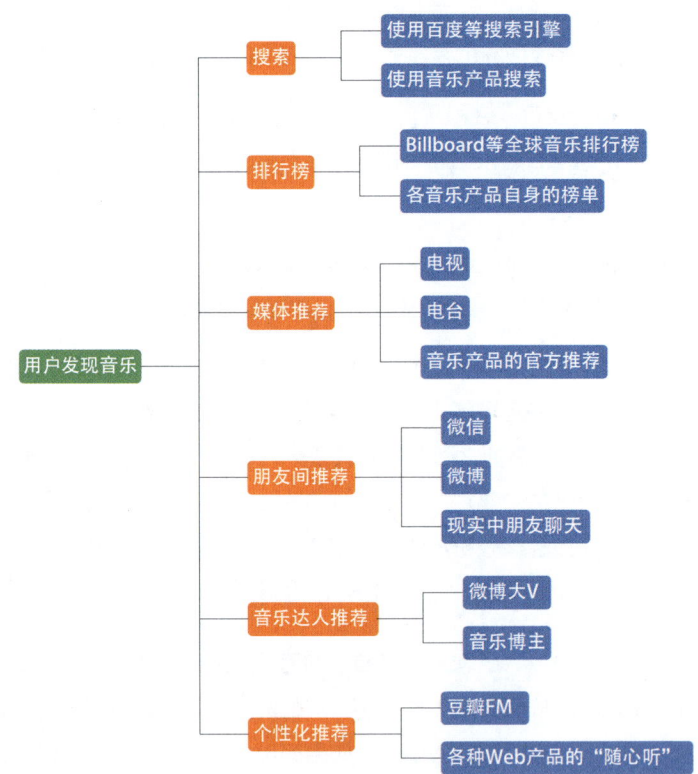

图2-2　用户发现音乐方式的研究

- 搜索，包括使用搜索引擎、音乐产品。这是当时最主要的方式。

- 排行榜，包括全球音乐排行榜和各音乐产品自身的榜单，大众用户非常依赖这种方式，但现在已经没有过去那么权威的排行榜了。

- 媒体推荐，包括电视、电台、音乐产品的官方推荐等。

- 朋友间推荐，包括微信、微博，还有现实中朋友聊天时会谈及。

- 音乐达人推荐，包括微博大 V 和音乐博主等。

- 个性化推荐，最常见于豆瓣 FM 和各种 Web 产品的"随心听"等，但对于这种方式，用户满意度和使用率都很低。

对于热爱音乐的群体而言，虽然搜索依然是最常用的方式，但通过朋友间的推荐发现音乐的方式会用得较多，明显高于整体用户水平。

并且，大部分受访用户常听的歌曲数量十分有限，超过 100 首的都屈指可数。而在热爱音乐的群体中，常听的歌曲数量超过 100 首的占比非常高。

如何将这些结论应用到产品设计中呢？

整个过程与解数学应用题类似，用户研究的结论是条件之一，再加上对市场和竞争对手的分析，以及对产品自身优势和劣势的分析，综合求得一个最优解。这就是系统思维的运用。尽管搜索和排行榜是发现音乐的主流方式，但并不意味着网易云音乐应该主打这两个功能，反而我发现了朋友间推荐、音乐达人推荐、个性化推荐的潜在机会。搜索只是一个非常基础的功能，难有大发展；而对于排行榜来说，哪种会比在移动互联网时代通过真实用户意见打造的音乐榜单更有魅力呢？现有的排行榜掺杂了太多官方编辑的意见与唱片公司的合作关系，更像是广告，相比之下用户的力量永远是最强大的。

那次用户研究的结论让我对用户发现音乐的需求有了清晰的认识。传统产品老化的功能反而会减少用户听到好音乐的机会，这不是用户研究能直接反映出来的，而是通过对产品的思考，结合研究结论分析得来的。

第 3 节　快速划分用户群

互联网音乐产品中有哪几类用户？

这应该是做音乐 App 的产品经理第一个要考虑的问题。用户群细分是最常见的用户研究手段。一下子理解所有用户是很难的，但是分而治之则会容易很多。这同时也是市场营销课程的基础，理解细分市场是每个营销人员的必备技能之一。在这点上，产品经理与市场营销是相通的。

划分用户群直接产生的作用就是能更好地理解产品的目标用户和市场竞争情况，包括：

- 有哪几类用户群？

- 这些用户群的特点是什么？用户群数量大致是多少？

- 竞争对手们覆盖了哪些用户群？

- 哪个细分领域是市场空白？而哪个细分领域又是长期目标的必争之地？

产品从起步到成熟的竞争策略是什么？先做哪个用户群，再做哪个用户群？

可以看到，产品经理心中的整个大盘其实都与划分用户群有关，将划分用户群称为一个产品自始至终的关键点也不为过。传统用户研究方法中的用户画像，最终会产出不同用户群的典型特征。那么在立项之初，产品经理要自己快速划分用户群的时候，应该怎么做呢？

在网易云音乐立项时，我们为了快速划分用户群，做了以下几件事。

- 利用身边的资源进行定性的用户访谈，覆盖不同类型的用户。

- 根据访谈的结果分析出划分用户群的因子。

- 利用因子来划分用户群。

- 通过问卷调查等方法来进行初步的验证。

下面就通过这个流程来详细介绍快速划分用户群的方法。

1. 通过定性访谈，分析出划分用户群的因子

我在做网易云音乐之前，对内容社区型的产品有过积累，了解 UGC（User Generated Content，指用户原创内容）的基本用户群体——内容贡献者和内容消费者。我通过这两条线访谈了身边不同的用户，并将用户分为以下这几种（每种需要区分性别、年龄段，大致三四名用户）。

- 用户 A，资深的虾米音乐用户，创建过很多精选集，也有很多粉丝（因为虾米音乐的总部就在杭州，所以比较容易找到这样的用户面谈）。

- 用户 B，音乐互联网产品从业者，主要做社区运营。

- 用户 C，独立音乐人，不红。

- 用户 D，大学生／高中生，喜欢买打口 [1]CD、听欧美摇滚乐。

- 用户 E，白领，上下班听音乐，喜欢的音乐风格以国内的流行音乐为主。

- 用户 F，35 岁以上的资深乐迷，家藏非常多 CD。

我总共花了两周时间访谈了大约 20 名用户，每次访谈的时间从半小时到三小时不等。有的用户很善于聊天，能够提供很多想法，就会边喝咖啡边聊且很畅快；有的用户不健谈，半小时之后的对话就很枯燥了，只能草草结束。但只要用心去寻找目标用户、用心去聊，就会获得很多有价值的信息，不仅可以用于分析划分用户群的因子，还可以给自己带来很多产品上的灵感。

这个信息收集过程非常重要，是产品经理了解用户的第一步。我认为不管职位高低、工作年限长短，在面对一个新产品时，产品经理都要亲力亲为地做这件事情，这样才能对用户群有直观的了解，才能看清楚血肉所在，而不是看似清醒实则糊涂。访谈时，应尽量选择面对面交流，谈话间的语气、神情、用词都是有帮助的，并且往往面谈才能真正提高被访者的兴趣，从而挖掘到更多的信息；实在没办法时，才选择通过电话、视频或 IM（即时通信方式）来访谈，并且要选择你认为重要性一般的用户进行这样的访谈。

在访谈过程中，我了解到音乐喜好程度是一个很重要的因子。音乐喜好程度决定了用户看待音乐的态度。有人将音乐看作职业，有人将音乐看作最大的爱好，有人将音乐看作消遣，有人将音乐看作背景音乐。不同的态度决定了用户在已有音乐产品上不同的使用行为——发现音乐的方式、听音乐的方式、分享音乐的方式、为音乐付费的方式都会有所不同。同样，也决定了不同的用户最终选择使用哪个音乐产品。

另一个重要因子是年龄。这是通过我自身的经历得出的结论（可以看到我在选择访谈对象时就区分了年龄段），通过访谈也验证了这个结论。音乐是人类精神世界的消费品，人类从出生起就会对音乐、节奏有反应，甚至在母亲肚子里时，大人们会给小宝宝听莫扎特、贝多芬的传世名作。每个人的音乐口味则是逐步形成的，大部分人形成音乐口味的过程如下。

- 一开始听歌，并没有固定喜欢的歌手。从中学开始，逐渐有了喜欢的歌手，甚至将其视为偶像（得益于互联网，如今这个趋势可能从小学就开始了）。

1　打口，专有名词，指的是已进行损坏处理（用专用的机器把光碟切掉一段）的国外音像制品。本质来说，它们属于 " 洋垃圾 "，通过各种非正式渠道重新进入城市消费流通领域，成为各种追求更广音乐资讯与更多音乐选择的新人类族群的流行亚文化，被认为是一种 20 世纪末中国另类文化的奇特载体。（摘自百度百科）

- 大部分人会受到同学的影响，开始接触更多的流行音乐。80、90 后学生中的意见领袖，则很早就开始受到网络的影响，继而影响自己的同学。

- 到了大学，接触面更广了，这时会更加明确自己的喜好，开始逐渐形成自己的音乐口味。对以前喜欢的一些歌手感觉淡了，而有些歌手变成了自己一生的偶像，也有些新接触的歌手打开了自己音乐新世界的大门。

- 毕业后参加工作，越来越忙，音乐口味逐渐定型，这时很难再接受新的音乐类型，因为没时间、不去主动地了解，除了熟人和朋友推荐的歌曲、大街小巷都在放的歌曲等。

可以看到对于不同的年龄段，即用户形成音乐口味的不同阶段，用户行为很不同。因此我选择了年龄作为另一个因子。

总的来说，因子可以分为两类：基本的人口属性（如年龄、性别、教育程度、职业等）和垂直领域属性（在音乐方面就是音乐喜好程度）。用一个二维坐标系划分用户群，使用两个因子就足够了。

2. 利用因子划分用户群

利用年龄和音乐喜好程度，最终我们划分的用户群如图 2-3 所示。

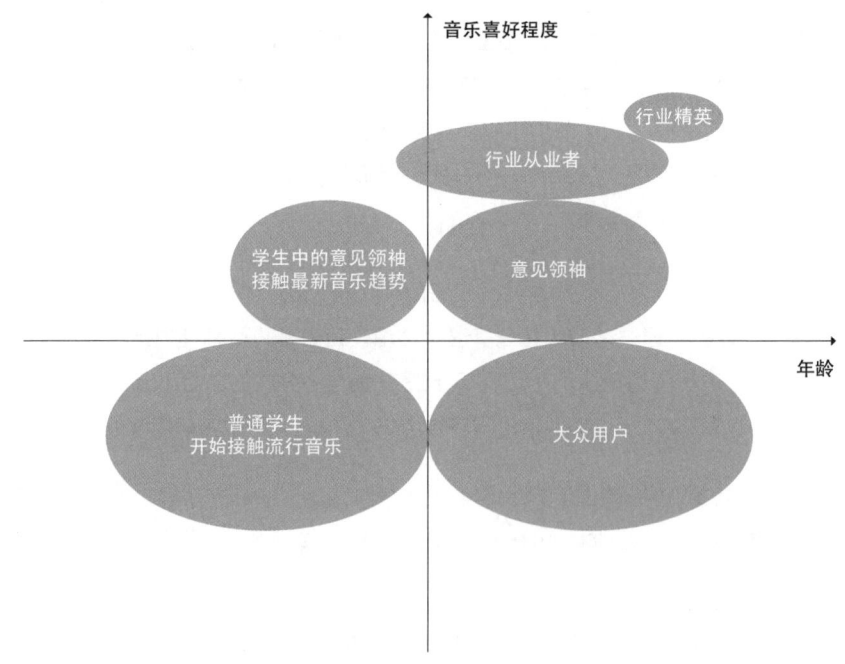

图 2-3　最终我们划分的用户群

各种用户的简单画像分别介绍如下。

学生中的意见领袖：在中学、大学时就先于周围的同龄人接触新鲜的音乐趋势，受欧美、日韩，乃至小语种的音乐影响很深，会积极地给同学们推荐自己喜欢的音乐。他们兴趣爱好广泛，有很强的表达欲，尤其是在互联网传播发达的今天，他们能在网络上与同好聚集在一起，不再像 80 后喜欢欧美摇滚音乐时那么孤独。音乐是生活中除了学习外很重要的事。

普通学生：音乐口味刚形成，喜欢年轻人中流行的音乐。但如今的学生与 80 后做学生时又不同，现在他们有更多的偶像可以追。虽然喜欢的音乐以流行音乐为主，但也分了很多"派别"，而 80 后在学生时代几乎清一色地喜欢周杰伦、王力宏、陈奕迅、孙燕姿、梁静茹……另外，音乐也是缓解学习压力的好帮手。

意见领袖：多存在于一二线城市的高收入人群中。从 CD 时代就家藏很多，不少人有一书柜的 CD，对喜欢的音乐流派和歌手如数家珍。虽然有固定的音乐口味，但也经常接触新的音乐风格，听过的歌曲数量以万首计，音乐是生平最大的爱好。

大众用户：音乐口味普通并且已经形成，对新的音乐风格不感兴趣。接触音乐的渠道主要是排行榜、娱乐综艺节目、周围朋友的推荐，偶尔听一些小众的音乐，但记不住歌手。要求音乐好听即可，并不在乎音乐背后的意义，音乐是一种伴随性的消费。

行业从业者：不仅是歌手、词曲作者，也包括乐评人、电台 DJ 等。值得注意的是，现在行业从业者的年龄显著降低，很多中学生已经开始电子音乐的创作。因为电子音乐创作门槛低，一个人也能做到。音乐对他们而言是自己的事业。

行业精英：占据金字塔顶端的人，在音乐行业中拥有巨大的号召力，比如，流行偶像、实力唱将、乐坛祖师、唱片业大佬……掌握了传统音乐行业中最好的资源，拥有最大的话语权。音乐对他们而言是事业，能够获得财富和名望。

下面介绍网易云音乐在音乐市场上的竞争对手，这样能看清楚市场的竞争状况。

QQ 音乐、酷狗音乐、酷我音乐、天天动听：这些是当时市场上用户量排名靠前的产品，基本都经营了 7~10 年，拥有很坚实的市场基础，产品知名度很高。这些产品都是围绕大众用户群来做的，但其中也有区别：QQ 音乐由于背靠 QQ 平台，用户群相对年轻（QQ 的接触点是年轻用户）；酷狗音乐和酷我音乐由 PC 时代积累的用户群发展而来，用户的年龄相对较大；而天天动听主打音质好，在 Android 市场上耕耘多年，拥有不错的用户黏性。

虾米音乐：产品定位于高端用户，音乐内容由用户上传，曲库相当完整、丰富，在 Web 时代其流量一度增长得很快，吸引了很多高端用户。其用户群年龄相对豆瓣音乐要大一些，在当时它是一个小众音乐圈子。

豆瓣音乐：如果说虾米音乐的用户是文艺青年、摇滚青年，那么豆瓣音乐的用户则是"小清新"[1]。其用户群没有虾米音乐那么高端，同时年龄也相对小一些。它也是一个小众音乐圈子。

多米音乐：在音乐产品中其创建时间较短，是专注于移动端发展的产品，定位于音乐口味相对高，同时更年轻的用户群体。多米音乐在 Android 手机厂商预装红利的时期发力，短时间内聚集了大量的用户。

用户群和竞争对手划分如图 2-4 所示。

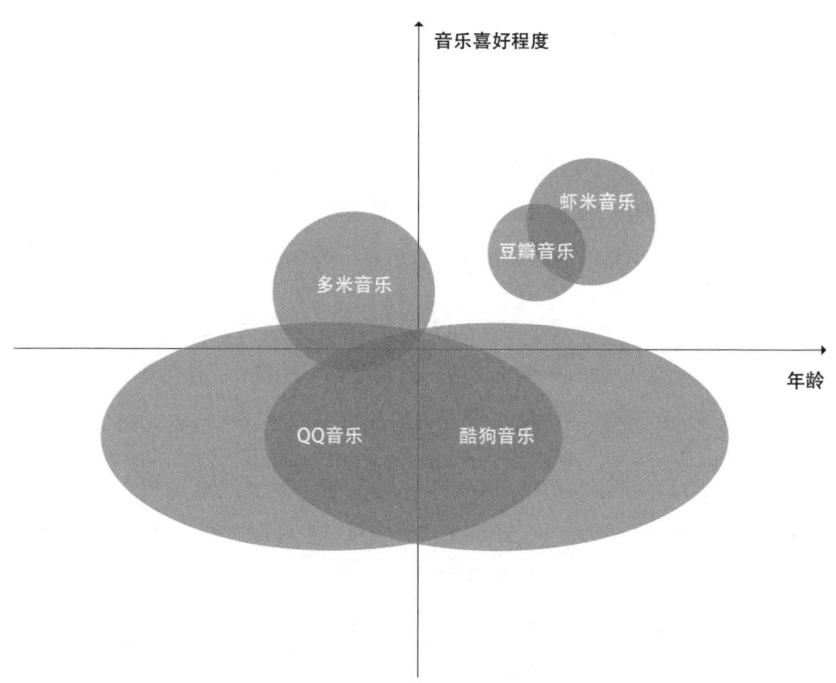

图 2-4　用户群和竞争对手划分

通过以上分析可以看到，虽然当时在线音乐市场是一片红海，但是还有一定的细分市场机会。于 2010 年成立的多米音乐，就是选择了一个细分市场并取得了不错的初步成绩，尽管在 2012 年时其还没能挑战行业大佬，但已经让嗅觉灵敏的人闻到了机会。

1　此处的小清新指偏爱清新、唯美的文艺作品，生活方式深受清新风格影响的一批年轻人。

3. 通过问卷调查来验证

经验非常丰富的产品经理有相当敏锐的判断力，能够在初期做出准确的用户群划分。这种判断力取决于经验，而经验其实来源于之前的失败——在不断的失败中积累对问题的逻辑分析方法和对用户群的感性认识。

然而，就算是再有经验的顶级产品经理，也会遇到自己不是很熟悉的用户群和市场。我们面对的市场和用户群是复杂而多变的，在快速划分用户群之后，如何能够同样快速地进行验证呢？毕竟互联网行业对于速度的要求很高。

这里介绍一种办法，通过问卷调查的定量研究来验证之前定性研究分析的结果，从而以较低的成本鉴别判断的正确性。问卷调查主要需要考虑以下部分。

- **问卷的目标用户和投放渠道**。为了达到定量研究的效果，研究的每一个类别的用户群都需要有足够多的样本，最好不低于 50 个。在资源充足的情况下，问卷用户数量自然是越多越好；但在大部分情况下，资源是紧张的，因此需要提前计算好所需的最少用户数量。同时要考虑问卷的投放渠道，即渠道是否匹配想要调研的用户群。渠道并不是看上去用户数量越多越好，而是与调研的用户群越匹配越好。

- **问卷的大纲**。首先，利用发散思维，尽可能全面地列出想通过问卷获得的结论。然后，由此展开，形成一个树状结构的大纲。最后，根据对重要性的判断，剔除一些不需要的问题，并将重要性高的问题标注出来。例如，在网易云音乐案例中，我会在大纲中重点考虑以下几个方面。

  - 希望通过问卷了解产品知名度——最常用的产品，以及年龄、性别、职业、收入等人口属性问题——来验证 QQ 音乐、酷狗音乐、虾米音乐、多米音乐等产品的用户群特征猜想，以及各个产品的市场占有率。

  - 通过用户听音乐的频次、听音乐的风格流派、喜欢的歌手、评价用户自己喜好音乐的程度，以及用户使用不同音乐 App 的频次，来交叉分析和验证不同用户群的特点。

  - 通过让用户选择自己常用的发现音乐的方式、分享和交流音乐的频次、养成听音乐习惯的年龄和原因，结合之前的人口属性，来验证不同用户群对发现音乐、分享和交流音乐等观点。

- **问卷题目的设计**。大纲设计好后，就可以着手设计题目了，这需要一定的用户研究的专业知识，跟随有经验的用户研究员学习、看专业书籍无疑是最快的学习方法。在设计题目时，需要注意如下几点。

- 题目数量能少则少。默认用户都很"懒"，而填写问卷通常很枯燥，因此没有人愿意花 5~10 分钟来填写问卷，就算提供很丰厚的奖品也无济于事——因为即便如此，用户也只会为了奖品而尽快完成问卷，而非认真思考后填写，这样拿到的结论不会准确。所以，思考设计题目的逻辑、尽量减少题目是唯一可行的办法。每道题目都要判断是否必要，是否能与别的题目合并，而这个过程需要重复两三轮，直到确实没有可以删除或调整的题目了。

- 题目的顺序很重要。不要一开始就问性别、年龄、职业、收入等问题，这些问题涉及隐私。同时应让用户在开始答题时接触那些不太需要思考、浅层次的问题。从易到难，让用户逐渐进入状态，投入时间和精力来思考问卷后半部分复杂的问题，这对绝大多数用户来说更加友好。

- 题目的文案要精简、选项不要过多、尽量让用户做选择题并且控制开放式问题的数量……这些小窍门会随着经验而积累。作为产品经理，你需要时刻注意抓住重点，设计问卷时也是这样的，在问卷中设计足够多的问题来验证你想了解的最重要的信息，而对于最重要的问题，则要保证逻辑严密，进行反复测试直至没有问题。

这些方法可以让产品经理自己或配合用户研究员进行一次没什么大差错的问卷调查，但由于问卷用户并不是 100% 地控制在自己手中的，因此难免会有偏差（一般愿意花几分钟回答问卷的用户，通常是对这个领域感兴趣的用户），会和市场的真实情况有所差别。例如，在问卷调查中询问用户对网易云音乐的喜好程度，这个问题的答案多半会让产品经理过于乐观——网易云音乐的真爱粉更倾向于回答问题，因而导致这些用户相比真实情况占比偏高。

在问卷调查的分析结论出来之后，就可以验证之前的用户群划分了。如果经验证是对的，那么可以结合定性研究和问卷定量研究的结果做更深入的分析——至少你掌握了初步的数据，而且很可能获得一些有意思的结论。例如，当时我通过问卷得到一个信息：QQ 音乐与豆瓣音乐的用户重合度没有想象中那么低，而 QQ 音乐与酷狗音乐的用户重合度也没有想象中那么高。这也许是因为用户更倾向于同时安装一个搜索曲库方式的产品和一个电台方式的产品，而非同时安装两个搜索曲库方式的产品。

如果问卷得出的结论与用户群划分不相符，那也不必气馁，至少在产品开发之前就发现了这个问题。在明确产品目标用户和定位前，走再多的弯路都是值得的，因为一旦产品进入设计、开发，甚至线上运营等环节，再去调整目标用户和定位，难度与成本便会成倍增加。

一般而言，数据结果更有说服力。从数据中可以捕捉到划分用户群的关键，也许之前选取的因子和分析得出的用户特征有误，那么从头来过吧。根据数据重新思考，并且再度进行用户访谈。在得出新的用户群划分之后，我们再用问卷调查的方式验证一遍，记得不要将问卷发给同一批用户。

第 4 节　洞察心理和人性

理解用户的更高一层境界是什么呢？

前三节所介绍的用户研究的思路和方法，可以用于产品经理日常工作中大部分的功能设计、系统设计工作。也就是说，当你还不是一个产品负责人时，认真地使用这些方法积累经验，达到熟练的程度，能让你在理解用户上不出大的差错。但如果要成为一个长期发展的产品负责人，产品经理还需要更进一步：具备同理心，洞察心理和人性。

这个阶段很难，也是产品经理通往优秀人才路上的一个重要门槛。中国有句古话叫"相由心生"，用在产品设计领域就是用户反映出来的需求往往都是内心心理的投射。在互联网产品的世界中，最关键的就是懂用户，而懂用户中最关键的就是洞察心理。观察业界成功的产品，可以看到很多洞察用户心理的例子，分析、学习、运用它们是培养自己这项能力的不二法门。

很多人认为这是心理学专业毕业的人应该干的事，其实这是错误的观念。如前文所述，用户研究根本上就是产品经理的事。即便没有接受过专业的心理学教育，有心人一样能学习、发展自己洞察心理的能力，在我看来大学教育在学习上最大的价值就是教会人今后应该如何学习，切莫因为自己的专业出身而故步自封。

网易云音乐的评论怎么就火了起来？

这是一个很好的洞察用户心理的案例。评论功能不是网易云音乐发明的，点赞功能也不是，那是 Facebook 最早带给互联网的，然而这两个功能组合起来让网易云音乐成了中国音乐市场上以音乐评论为特色的社区。

如今，在任何一首新发行的歌曲下面（无论是大众流行歌曲，还是小众风格歌曲），乐迷们都会在网易云音乐上发表评论和互动。新歌曲评论数量累计超过 999 或 9999 条的速度成为判断歌曲蹿红的重要标准。网易云音乐没有做任何的虚假评论数据，并且不遗余力地严格控制恶意刷评行为，它逐渐成为音乐潮流讨论的风向标。

我想下面这两段用户发表在新浪微博上的感想，很有代表性：

不能忍了，每次听歌必看评论就算了，现在发现看评论很有意思，竟然可以在网易云音乐里啥事都不干待几个小时。这是怎么了？

极力推荐网易云音乐，一下午一直在听歌看评论。好歌能带出很多人的故事，与其说听音乐，不如说在看别人的一个个瞬间，这些瞬间带来了音乐震撼或清晰的画面感。音乐就是生活，在这里体现得淋漓尽致。（网易云音乐）不只是一个音乐播放器。

下面把时间拉回 2014 年，我在研究网易云音乐用户评论的时期。之前，我们上线了音乐评论功能，但没有火起来（这是可想而知的，在网易云音乐之前，没有任何一个音乐产品的评论功能火了）。当时的主流论调是：听音乐是一件很私人的事情，并不想用评论交流；专业的乐评哪还有人看，那是上一个时代的事情了；播放器就该把播放器的事情做好，网易新闻的那套哪能适用于网易云音乐。

腾讯公司的企鹅智库曾经做过一次关于互联网音乐行业的几万人的问卷调查，其中有一道题目询问用户对于音乐评论的态度，结论是只有 5% 的用户有音乐评论的需求，非常少（而如今在网易云音乐中，每天参与音乐评论的用户占每天活跃用户的半数以上）。在豆瓣上，音乐的评论远远没有电影的评论那么精彩。在微博、天涯、知乎等社区媒体上，音乐版块的流量远远不如娱乐八卦版块的流量。这一切似乎都在说明音乐评论是一个没有前途的细分市场。

最初我也没有 100% 的信心能做好音乐评论，但我想这符合网易云音乐做音乐社交的定位，不妨试一试。在评论功能上线三个月之后，我开始仔细地分析这个功能的未来。我初步采用的办法仍然是前面章节所描述的，通过观察和访谈去了解写评论用户的需求。

我选取了以下样本来做观察统计。

- 网易云音乐热门歌单中歌曲的评论。

- 排行榜中歌曲的评论。

- 私人 FM、每日歌曲推荐中推荐歌曲的评论。

- 朋友功能中用户分享出来的歌曲的评论。

选取这些样本是为了在不同类型的歌曲下观察用户发表的评论内容，看看能不能从中找到一些灵感。覆盖这几类不同的样本，基本可以保证所做的研究不会偏向某一类音乐、某一类用户。

当时，大部分评论是没有价值的，诸如"好听"等评论。但我还是从中找到了一些有价值的部分，经过统计总结，用户发表的有价值的评论分为如下几类。

- 难忘的青涩初恋。

- 前女友／男友。

- 暗恋。

- 逝去的青春。

- 回不去的童年。

- 一代人共同的记忆。

- 喜欢的偶像。

- 同一个场景（比如，高三学生在备战高考）下相同的感悟。

- 关于未来的畅想（比如，立志将来出国）。

这几类评论有一个共同的特点是，用户将自己的经历、心情与音乐联系在了一起。他们不仅在评论音乐，更在表达、抒发自己的感情。仔细想想，音乐作为没有任何国别、语言限制的艺术，不正是因为它能打动人心吗？我们所喜欢的音乐是不是就是那些能与自己的回忆、经历联系在一起的音乐呢？

忽然间我感到豁然开朗，我要寻找的音乐评论功能的突破点其实就是共鸣。而共鸣就是音乐艺术带给人们最大的享受，也是我们要讨论的第一个用户心理。只要能让对一首歌曲有共鸣的用户留下内容，其他用户对这些内容也产生共鸣，评论就是非常有价值的。

接下来网易云音乐迅速加上了评论点赞功能，让用户能为产生共鸣的评论点赞，让写评论的人感受到这种强烈的情感反馈。功能非常简单，共鸣的力量实在强大，音乐评论功能的发展像滚雪球一样爆发了。

如今回过头仔细分析，音乐评论的共鸣心理为何如此强大？我想有如下两个原因。

- 每个人都需要情感共鸣。

- 每个人都有过去的经历。

现在中国年轻人的内心深处越来越孤独（这是长期竞争压力大的产物）。人们的物质生活水平在不断提高，但距离生活富足还有很长的路要走；朋友圈中大家都信仰财务自由，但大部分人没有明确的目标并为之奋斗；每一年似乎自己的生活与之前的并没有什么两样，大家不满足，却又不知道这种不满足从何而来。一切似乎都处于焦虑的状态。焦虑与孤独感正是如今快节奏生活下年轻人的写照（尤其是在中国的一二线城市），现实生活中的不如人意，让用户越发地渴望获得情感共鸣。

共鸣是精神和情感层面的产物，如何能使其具象化呢？此时我发现记忆碎片的力量。每个人都有自己的过往经历，都有长久记忆的碎片，例如：

- 一段文字。

- 一首歌。

- 一个地点。

- 一个小物件。

- 一部电影。

- 一张照片。

时间久了，大部分记忆会逐渐模糊，但一些记忆碎片却越来越清晰，最后就像一个触发器，一旦被触碰到，就会打开记忆的水闸，过往的一幕幕像幻灯片一样在脑海中放映。这样的感受大家都会有，每个人都会因为自己的记忆碎片被触碰而产生共鸣。

文字和音乐恰好就是连接共鸣与记忆碎片的好方式，两者都能使人展开想象，而网易云音乐的评论区正是让用户产生共鸣的地方。一首打动人心的歌曲聚集起了产生共鸣的人，其中腹有诗书的佼佼者写下的评论更让广泛的用户群产生了更强烈的情感共鸣。评论带来的价值超出了文字本身，真正发挥了慰藉人心的力量。如图 2-5 所示为知乎上的问答：网易云音乐有哪些打动你的评论。

图 2-5　知乎上的问答：网易云音乐有哪些打动你的评论

洞察用户的心理为何如此重要？

最直观的就是，洞察用户的心理可以满足用户深层次的需求。其次，满足深层次的需求能够带来更好的用户黏性，因为用户会感觉产品懂他，会有情绪上的波动，用户与产品的关系就会超越一般的 App，成为朋友，甚至知己，用户对产品的依赖就会变强。最后，还与品牌相关，好的品牌会直达用户心灵，让用户觉得其与自己的身份相符、价值观相符、世界观相符，如果产品能够尽可能地洞察用户心理、满足用户深层次的需求，那么用户对品牌就会有如信仰一样的感觉。

互联网上常见的用户心理还有爱现（希望展现自己），或者叫成就感、认同感。希望获得成就感和他人的认同，是人与生俱来的需求。特别是在人年轻的时候，形成自己独特人格的时期，需要通过周围的人、环境、事物来判断自己、看清自己。

人们不管是在朋友圈还是在知乎、哔哩哔哩、网易云音乐上发表内容，都是为了求一个赞。互联网的传播特性大大增加了用户的爱现心理。在没有互联网的时代，彼此兴趣相投、欣赏的人难以聚在一起，一个人想要获得一万个人的认同基本不可能。而随着互联网的发展，获得这样的认同越来越有可能。有了这样方便的传播方式，人们的爱现心理自然会得到很大的满足，也会大大增强。

为什么 YouTube 上有那么多人上传视频？为什么微博上有那么多段子手？为什么知乎上有那么多领域资深人士回答问题？为什么网易云音乐上有那么多人做歌单写评论？为什么会有意见领袖这个词？

这些情况虽各有不同，往后的发展也很不一样，但最初都是因为人们有爱现心理而产生的行为，产品如果能通过一种功能方式满足这种心理，就会逐渐聚集起用户。爱现心理如此普遍，所有关乎用户产生内容、用户讨论交流、用户分享的产品都应该仔细考虑这个心理，以求在产品设计中找到满足爱现心理的方法。

在分析爱现心理时，需要考虑以下几个方面。

1. 每个人都有爱现心理，但为此付出的努力程度不同

如果每个人都想成为美国总统，那么这个世界一定乱套了。人们的兴趣各有不同，在不同的兴趣点上对成就感的满足程度也不一样，因此形成了大千世界里形形色色的兴趣圈子。

每个人为不同的兴趣点付出的努力是不一样的。在某个领域上，有的人兴趣格外强烈，因而特别需要获得其他人的认同；有的人只是中度爱现，有人认同就能满足；有的人很轻度，会表现出无所谓的态度。因而在产品设计上，需要考虑哪些功能可以满足重度爱现心理的人，哪些可以满足中度和轻度爱现心理的人。例如，网易云音乐的歌单、评论、点赞功能，就是用不同门槛的功能应对了不同的人群。人以群分，甚至在同一种兴趣和心理交叉的范围内也需要细分功能来满足各种需求。意见领袖往往就是爱现心理格外强烈的人。

不过，为了让产品尽可能多地覆盖用户群，需要让产品功能的门槛尽可能低，让尽可能多的人能感受到爱现心理被满足的快感。因此在考虑产品设计的时候，甚至需要更关注轻度爱现的用户。

2. 求之而不得，则会贪嗔痴

人很难对抗自己的欲望，我们会因为心里的一个执念郁闷很久。同样，用户会为了满足自己的爱现心理而乐此不疲，付出很多努力，但求之不得的时候，就会变得贪嗔痴。比如，在网易云音乐中，有的用户会为了歌单上首页而辛苦很多天，但资源总是有限的，不能满足所有的用户，如果最终等了很久也没有结果，爱现心理就会演化成贪嗔痴，从而偏离原来只是满足兴趣成就感的初衷；更为严重的，甚至会发展成埋怨、猜疑、愤恨。

这种心理是不是和爱情很像？的确，对于部分重度用户来说，爱现心理带来的满足感可能超过了爱情带来的满足感，在产品设计的过程中需要额外关注这个问题。一方面需要尽可

能地避免资源集中在少数地方，应让爱现心理尽可能地被分散满足；另一方面需要延长用户爱现心理的满足时间，不要在短时间内进行很强烈的刺激，而是长时间、绵绵地引导。

在网易云音乐中，我们通过不断地将首页演化成个性化推荐、打造音乐的社交网络来降低资源集中问题的影响。同时，我们设计了一套隐性的成就体系，在重度用户从加入社区到成为意见领袖的过程中给予不同的奖励，例如，歌单被推荐、歌单上广场、成为精品歌单、获得达人称号、获得了自己的忠实粉丝……为什么要做成隐性的呢？这是因为不希望这个规则变成大家竞相去努力的准绳，否则规则就会变了味道，成为贪嗔痴路上没有意义的数字。当然这个思路会因不同产品、不同阶段而异，如果我们需要更强、更快、更普适的刺激，那么显性的机制会更好。我们需要想清楚其中的区别，然后做出决策。

这个做法并非放之四海皆准，需要理解细水长流这个道理，针对具体的产品和环境采取不同的应对方法。

3. 人总会有疲惫的那一天

穷极一生地为自己的兴趣而奋斗的人屈指可数，我们能看到的这类人都已经成为历史书上改变世界、改变历史进程、做出卓越贡献的伟大的人。对于普通人而言，一个兴趣点能坚持三五年就已不容易，坚持上十年基本就是专家了，坚持数十年则会得道。爱现是人的基本心理，而每个人都会有兴趣，兴趣本身的魅力则是最原始的内驱力。兴趣与爱现心理是相辅相成的，我有如下几种体会。

- 如果没有兴趣，爱现心理只是镜中花、水中月。比如，你对围棋没什么兴趣，但在大家都关注 AlphaGo 大战李世石时，你在朋友圈里转发了一篇分析战况的文章并加上了自己的评论，一个朋友给你点赞留言："你说得对，想不到你对围棋也有研究哦。"可能你并不会为此感到满足，对方可能表错了情。

- 爱现心理获得满足会刺激兴趣，但是也有限度。其他人的认同使自己获得成就感，这会促进兴趣的生长，但前进的根本动力是对兴趣点本身的喜爱，如果一味地追求满足爱现心理，就会偏离方向，变成贪嗔痴的魔怔。长远来看，随着年龄的增长及心理满足边际效应的减弱，人对成就感的感知会逐渐降低，慢慢麻木。这是互联网产品中常见的现象，一些意见领袖在极为活跃的两三年之后归于沉寂，成为"世外高人"，甚至直接离开。对此，如果希望意见领袖能活跃得更久，在设计产品时就需要提供给用户新的兴趣增长点，比如，在用户成为领域专家之后，传播其文化与见解，使其成为某个组织的领袖，或者发展难度更高的兴趣满足方式，让他们有更高的追求。

总而言之，爱现是很复杂、微妙的心理，需要谨慎研究与对待。水能载舟亦能覆舟，应让用户处于一个健康向上的获得满足感的过程中，尽量让他们明白贪嗔痴并非长久之计，而细水长流才是用户与产品都能长足发展的正确之道。

第 5 节　群体用户心理

为什么锤子手机在创立时会强调情怀？

在互联网让大家都能更方便地发表、传播自己的观点之后，人们发现整个网民群体越来越像一个沸腾的火锅。在网上，人们更容易找到认同自己观点的人，也更容易找到与自己观点相悖的人。互相认同与互相攻击，在互联网上每时每刻地发生着。

想一下过去几年智能手机行业的品牌，它们如何吸引自己的粉丝，又如何让一部分人讨厌自己。苹果公司的 iPhone 有很多人爱，其最开始针对的目标人群就是高端人群，并拥有领先时代的科技理念、简单优雅的设计，连广告词都很高级，这意味着只有品位相同的用户才会花费高昂的价格购买。当 iPhone 成为大众流行品时，使用 iPhone 成为表明自己身份、价值观的行为，在邮件或者微博的末尾显示"发自最新款的 iPhone"成为一种时髦的趣味。

但总有人想要与众不同，看到 iPhone 成为街机[1]，某些 iPhone 的潜在用户群体会不想成为大众的附庸，因此他们希望有别的选择。在几年前的 Android 手机市场上，当时主流的国产手机品牌显然不能满足他们彰显个性的需求。其中有一部分是以学生为主的年轻用户群，小米手机当时就主打这群用户；另一个群体是 30 岁左右的白领，锤子手机瞄准了他们。

不是你选择了品牌，而是品牌选择了你。

回想一下小米手机和锤子手机的运作方式，它们都拿 iPhone 当作学习对象与竞争对象：在理念和系统设计的质量上尽量靠近甚至超越 iPhone；在外观上都与 iPhone 有部分相似；都有学习 iPhone 的广告文案；甚至连发布会，也有点像。

但小米手机和锤子手机又有所不同。它们的定价不同，锤子手机当时卖得相当贵，过滤掉了很多考虑经济因素的用户；而小米手机的价格则很便宜，最便宜的机型不足 1000 元，学生或其他较低收入人群更容易买得起。它们的手机质感不同，锤子手机居然使用了玻璃材质。

1　街机：街头巷尾都流行的手机，形容非常多的人在用的手机。

它们的操作系统 UI 不同，一个是非常考究的九宫格特色 UI，一个则是接近 iPhone 体验的 UI。它们的宣传口号不同，锤子手机强调情怀，小米手机强调青春。

以上这些区别是因为锤子手机选择了有经济实力、30 岁左右、开始怀旧、陪着罗永浩一起成长起来的男性白领人群。这个群体最容易触发的情绪就是怀旧，最容易产生共鸣的词语就是情怀。锤子手机精准的特质加上目标群体本身的一些特点，情怀这个词自然而然地成为最初花 3000 多元购买锤子手机的用户彰显个性的所在。

另外，对于手机品牌，用户形成了鄙视链。iPhone 用户鄙视所有的 Android 手机用户（其观点可以总结为都是学 iPhone 的）；锤子手机用户鄙视小米手机用户和其他国产手机用户；小米手机用户鄙视除了 iPhone 用户外的所有用户（如果再加上一些爱国情绪，可能连 iPhone 也可以鄙视，当然那很危险）；而低端的 Android 手机用户则处于鄙视链的底端，如图 2-6 所示。

图 2-6　手机品牌鄙视链

鄙视链虽是有些噱头、比较玩笑的说法，但从中也可以看出一些东西。不同的品牌为什么能形成自己的忠实用户群？这些用户群之间为何会在互联网上强烈地互相攻击？其实这些都与群体有关。

人是群居动物、社会动物，爱现和共鸣都是建立在群体之上的心理。试想独身一人的话，人们去哪里找共鸣？如果没有同样兴趣集结的群体，岂能获得成就感、满足爱现心理？因此我们在研究分析用户心理的时候，一定要站在群体的角度考虑，思考一群人的特点，思考如果群体越来越壮大会出现什么样的情况。

群体的研究也涉及心理学、社会学领域，是更复杂和深入的研究方向，洞察其中也会更加有趣，戴维·迈尔斯的《社会心理学》[1] 是值得花大量时间研读的经典著作。在将群体用户心理应用到互联网产品和运营时，我有以下经验和体会。

---

[1]　戴维·迈尔斯著，侯玉波、乐国安、张智勇译，《社会心理学》，人民邮电出版社，2016 年。这本书被美国 700 多所大学或学院的心理系所采用，是这一领域的主导教材。

1. 群体极化，会更加认同观点

群体因彼此价值观、观点或兴趣等相同而聚集在一起。在群体中的个人面临选择、需要决策的时候，往往会选择和群体中其他人一致的做法，这是因为：

- 人需要其他成员的认同及群体归属感，倾向于与其他成员保持行为一致。

- 在决策拿捏不准的时候，顺从与模仿群体行为更安全，因为枪打出头鸟。

- 在群体向心力足够强时，会产生很强的仪式感、符号化，如 TFBOYS 的粉丝群都有自己的称号、应援色，给其中三人分别起了不同的昵称，各种应援行为都有特殊的叫法。在不断的群体一致的行为模式下，个人会越来越倾向于一致的思维与行为。

在网易云音乐的社区中，有各式各样的群体：老派欧美摇滚粉、以泰勒·斯威夫特（Taylor Swift）为首的欧美偶像艺人的粉丝、"民谣狗"、二次元群体、韩国女团／男团粉丝[1]……在这么多群体中，最狂热的是偶像艺人的粉丝群。在网易云音乐的歌曲评论下可以看到，粉丝在歌手发布新歌曲时的狂热状态，比如，在薛之谦发布新歌《初学者》时，一小时内就达到了一万条评论，喜欢他的粉丝迅速聚集在该歌曲下，表达着对新歌的喜爱，对薛之谦的喜爱，这是一场群体狂欢。

同样，也会有带着负面情绪和意见的群体，例如，极端讨厌偶像团体的人群。在一些当红流量"小鲜肉"[2]的歌曲下，这个群体会评论、留言表达自己的愤怒，也会与粉丝用户发生冲突。有意思的是，如果是单个用户的矛盾，不会持续太长时间，影响范围也小，但是如果形成了规模和群体行为，那就会持续好几天，并且影响范围会超出原本喜欢／讨厌偶像团体的人群。在群体中，用户表现出极端行为的概率会提高，因为犯错成本降低了，安全感增强了，同时实践这样的行为更加证明了自己对群体的归属感。

在我们运营起一个群体之后，群体表现出来的支持或反对态度，都会比个人力量汇总强大得多。

2. 向心力越强，群体越紧密，同时与外界也更加界限分明

为什么小米、锤子等手机品牌会有人爱到骨子里，同时却有人非常讨厌它们，而像华为这样的品牌不太会有这样的现象呢？这与品牌的一系列做法和群体本身的特性有关。历史上类似这样的例子很多，比如，很多宗教、政治团体。离我们近一些的例子更多，所谓的"脑残粉"

---

1 "民谣狗"、二次元群体、韩国女团／男团粉丝分别是指热爱民谣的人、热爱二次元文化的人、热爱韩国偶像团体的人。

2 小鲜肉指年轻、长相俊俏的男性。

就是形容这个现象的。

研究小米手机和锤子手机的粉丝群体，你会发现他们都有非常强的核心——接近或已经是"脑残"[1]程度了。雷军和罗永浩自身都成为超级明星，小米"站在风口，猪也能飞"的宣传语让很多人津津乐道，罗永浩也如法炮制了"天生骄傲"。仔细观察小米论坛、微博的内容，粉丝发表的内容，以及粉丝是如何谈论自己喜欢的手机的，会感受到很强的口碑效应，仿佛与外界是两个世界，使用两种语言、两种思维方式、两种看待问题的方式。

这是因为小米手机和锤子手机，在发展过程中都不断地强化了自己的核心。不仅通过用户口碑自然传播，而且至少做了以下几件事。

- 对品牌粉丝群中的意见领袖采取强运营的策略。典型策略如米粉节，这不是一年一度的模式，而是遍地开花、频次很高的做法。又如论坛与微博中不断突出资深硬件玩家。类似这样的策略让意见领袖在整个群体中的地位上升，成为"粉头"。

- 持续重投入品牌营销，不断地刺激社交媒体上的"爆点"，让自己的品牌成为互联网上讨论的热门话题。在微博的热门话题上，支持与反对的群体都会更加激烈地表达自己的态度。

- 品牌营销与价值观输出捆绑，比如，锤子手机的"天生骄傲""以傲慢与偏执回敬傲慢与偏见"，小米手机的"为发烧而生"等宣传语。在这一点上，锤子手机的价值观输出更激烈。这样的营销方式会将品牌的内核与价值观直接画等号，吸引了拥有相同价值观的人，同时也排斥了价值观不同的人。

越是性格分明还带点极端的品牌越容易和外界划清界限，也就是说喜欢的人会很喜欢，讨厌的人会很讨厌。这样的选择无可厚非，但需要想清楚这样做是否会限制品牌的长远发展。因为品牌形象一旦形成，改变的难度将非常大。在花费很大的力气营销、影响品牌，给品牌定下了某种价值观后，就必须做好如何应对攻击的准备。相对来说，我个人更倾向于一些温和的、包容性强的品牌，虽然起步速度不会那么快，但是胜在发展长远、空间更大。

如图 2-7 所示为小米手机和锤子手机的粉丝群体向心力。

1　夸张地形容对事物的热情极大，已经失去了理智。

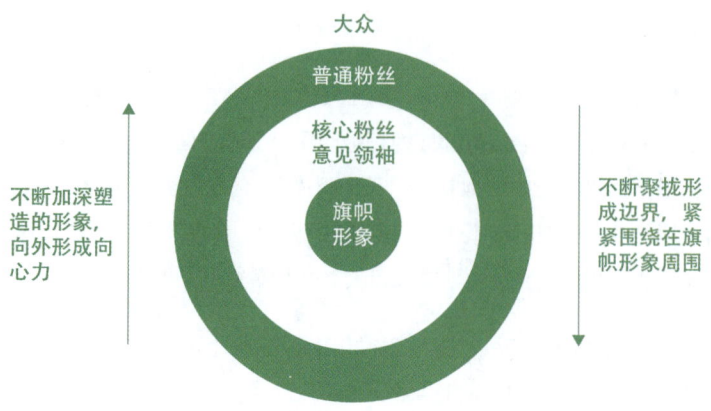

图 2-7　小米手机和锤子手机的粉丝群体向心力

3. 适当允许不同群体间发生矛盾

在不同群体之间有矛盾和竞争的时候，群体内部会变得更加团结。如果做一个社区产品，肯定会时常遇到不同群体发生矛盾的现象，但不必太过担心，因为这是人之常情。适当的矛盾能让群体更加活跃，从而提高整个产品的活跃度。

不过需要注意，不能让矛盾过激。这里没有一个完全客观的评判标准，但有一条经验，即不要让矛盾超出两个群体间的范围，不要影响社区中的其他用户。例如，TFBOYS 的粉丝和讨厌 TFBOYS 的用户在歌曲评论区吵了起来，由于两个群体的用户数量都不少，同时群体内都有很强的传播力，因此会刺激很多用户活跃。但在争吵刷屏、影响正常听歌看评论的用户的时候，就应该及时制止与处理。长远来看，一个充满了争斗、负能量的社区的天花板会比较低。

在网络游戏产品中经常利用群体矛盾，诸如帮战、国战等概念。为了刺激玩家在游戏世界内投入更多的时间与金钱，群体矛盾在游戏中的比重越来越大，从每天的任务到每周的"PK"，玩家仿佛一直在与人斗，甚至发展出了专业的帮战指挥和战歌。这样固然会提高好战玩家的参与热情，但也会影响其他更平和的玩家的体验。网络游戏似乎一直陷入这个怪异循环，中间的平衡点并不好找。

对于网易云音乐而言，由于有突出的个性化推荐系统，让不同口味的用户群体进入了不同的内容场景，因而一般比较少产生群体矛盾事件，除非故意引战或与争夺资源和认同感有关——这与音乐口味无关，是每个社区或多或少都会遇到的问题。例如，在知乎上发生过的意见领袖抱团互相刷赞与所引发的普通用户与知乎部分意见领袖之间的矛盾。尽管知乎运营团队发布了官方处理办法，但这个问题其实是长期多个群体之间的矛盾导致的。一部分人率先拥有了大量的粉丝与社区中的话语权，这势必会与其他群体产生矛盾，如果恰好这部分人还十分功利，那么矛盾就会迅速加深，随即爆发。

越是中心化严重的产品，这样的矛盾越多，因为资源有限且只掌握在少数人手里。豆瓣作为一个将去中心化做到极致的产品，矛盾相对较少，但同样存在，因为社区和现实中的社会是一样的，"红人"之间如同水火，就像古人所说的：文人相轻。网易云音乐中一样有这样的群体矛盾存在，不同价值观的达人之间、达人与普通用户之间也会发生大大小小的矛盾，这很正常，切莫恐慌，但产品运营团队必须认识到，每个群体的需求与动机才是产生矛盾背后的根本原因。设计社区运营的规则，让群体的动机和行为不超越规则，就会避免爆发严重的群体矛盾。

4. 留住群体中的意见领袖

一个群体中最有影响力的人是谁？自然是群体中的意见领袖，他们引导了群体的兴趣点、价值观。在运营社区产品的过程中，用户活跃度降低甚至部分用户离去是不可避免的事情，如果你的精力只够留住一个人，那么在两个用户之间要毫不犹豫地选择意见领袖。

群体始终会有新人加入，也会有老人离开，维持一个群体始终运转下去的就是意见领袖。如果意见领袖离开了，那么会导致群体迅速分崩离析，大批成员离开。尤其是当社区、群体越来越壮大时，意见领袖离开带来的负面影响也会越来越大。劣币驱逐良币，社区和群体总会有这种现象，但也有办法延缓、减轻，甚至改善。

做到以下事情有助于留住群体中的意见领袖。

- 通过数据分析及运营人员经验识别出意见领袖。

- 利用数据分析长期观察意见领袖的活跃、留存情况并设计预警机制。

- 设计用户运营机制，让意见领袖能够与社区官方点对点沟通，并了解他们的体验满意度。

- 如果意见领袖自身的价值观与产品不符，那么应该尽早解决问题，不要树立这样的意见领袖。

- 让意见领袖参与社区产品运营，但要把握好度，不能让他们产生骄矜之心。

- 设计源源不断产生新的意见领袖的机制，做好意见领袖梯队、接班人，当有人离开时能有其他人补上，这样群体、社区就不会产生大的动荡。

- 最重要的一点，永远不要让任何一个群体的意见领袖的影响力超出或接近社区本身。

几乎没有任何一个互联网产品能让所有的意见领袖留下来，但社区产品运营情况的好坏，使最终产生的结果差异非常大。社区本身是人与人交流的地方，意见领袖也是人，会有七情六欲。想要留住意见领袖，关键就在于洞察他们的心理与人性。

第 6 节　从一个产品的用户到一片产品的用户

大千世界，芸芸众生，如何才能了解这么多用户？

与运营人员、编辑通常选择与自己兴趣爱好相关的领域不同，产品经理更多的是"做一行，爱一行"。对于自己喜欢的事情，人自然更了解。对于自己感兴趣的领域，产品经理自身可能就是典型用户，自然对用户需求更了解。但如果遇到自己不太感兴趣的领域，产品经理应该如何理解用户、理解需求呢？

概括来说，仍是"汝果欲学诗，工夫在诗外"。理解用户、理解心理和人性都是日积月累的功夫。书只能教人经验与方法，真正弄懂用户还需要靠平日的实践与总结。

单纯从工作上看，一个产品做三年左右，产品经理才能对于用户和产品积累下深刻的感悟与经验。十年时间也就做三个产品，想要凭三个产品的经验理解各类不同用户的特质，基本是不可能的。也就是说，这门功夫纯靠工作时间是练不成的，但其实它与个人的生活体验息息相关，也许经过每天的观察和思考，十年时间就能水滴石穿。为此我总结了一些自己的经验。

1. 培养同理心

人都是自我的，本能地会从自我出发考虑问题。但单单一个自我没办法体察那么广泛的人和事，自然也无法深入理解用户们的需求。同理心其实是情商的一种，往往很难做到，尤其对于产品经理而言。因为产品经理本身有很强的自我意识（否则怎么会有那么多想法去推动改变），在工作过程中自我防御和自我辩护的心态比较强，这与同理心是矛盾的。

培养同理心，要从自己的心灵和感觉开始。如果不能觉察自己内心真正的想法，又如何能了解对你来说一片空白的他人的领域呢？觉察自己就是要在自己对事、对人的反应中捕捉自己行为背后的想法和原因，多问自己为什么，看到自己言行背后的起心动念，究竟是什么让自己潜意识地立即产生了某个反应？这是一个很难的过程，要跳出自我的影响，成为一个旁观者来剖析自己。

接下来就是要学习体察他人的感觉。注意，在观察和体会用户的过程中，需要将自己的感受和表达方式与用户的区分开来，不要影响你的观察和体会。比如，在做访谈时，用户所表达出来的意见、价值观与你的不符，千万不要当时就与他辩论，同理心此时产生的作用就是让你去想他如此表达背后的原因和想法是什么。

我们需要坚持不懈地观察各种用户、与他们聊天，来锻炼自己体察别人感觉的能力。在这个过程中，我们要学会通过语气、表情、用词、肢体语言、眼神、细微的动作、文字、图片、声音等媒介去感受用户。

2. 设身处地地想

在培养起同理心后，我们会接触越来越多的用户，会不断地加强这种思维方式。在我们遇到产品需求、功能设计需要判断、决策的时候，就可以运用同理心。尽管我们现在不一定就是这个产品的目标用户（当然我们可以逐渐把自己变成目标用户，但这需要时间和精力），但可以站在目标用户的角度去理解、感受他们的想法。

这里最重要的就是设身处地。例如，针对网易云音乐的跑步 FM 功能，在跑步完成后用户需要什么样的结果页面，使其分享到朋友圈会感到满足？这个问题很难通过问卷、访谈等方式获得答案，因为创造性的想法往往不会直接来自用户。市场上也没有很好的案例供我们参考，因此我们只能去想喜欢跑步的用户在这个场景下会是什么样的反应，比如：

- 用户跑了半小时，跑了五六公里，听了八九首歌，跑步结束之后他想看到什么？
- 用户分享跑步 FM 的内容到微信朋友圈的动机是什么？如果用户同时使用跑步 App 和跑步 FM，什么会使他分享跑步 FM 的内容到朋友圈？
- 如果用户坚持跑步，坚持使用跑步 FM，他坚持的动力是什么？我们能提供什么额外的东西让他坚持？

这就是设身处地。我们通过平常积累的对用户的感知，在具体的产品设计需求判断过程中运用对场景的预设和提问，来体察用户在这些场景下可能会有的反应。

3. 发展多方面的兴趣，多出门食人间烟火

要培养同理心，我们不可能一个一个用户地积累，那样一辈子最多也就了解几万个用户。更快速的做法是发展自己的兴趣，兴趣点其实就是人们共性集中的地方。这和初次与人见面，彼此找话题熟悉是一样的，如果双方有共同的兴趣爱好，那么就能愉快地聊起来。

读书、看电影、听音乐、跑步、逛街、美食……大众一些的兴趣其实是每个人或多或少都会有的，在这个层面上，产品经理需要能通过这些兴趣广泛地了解用户。

- 为什么那么多人喜欢听音乐？音乐带给了他们什么？

- 有些人为什么去电影院看电影？而有些人为什么在电脑上看电影？

- 读不同类型书籍的用户，他们彼此有什么不同？

- 为何朋友圈会突然冒出来那么多喜欢锻炼的人？过去一两年他们在哪里？

- 女生为什么喜欢逛街？逛街包治百病是为什么？

- 为什么有的人一谈到美食就滔滔不绝？

除此之外，产品经理有自己比较独特的兴趣爱好则更好，比如喜欢某个乐器、喜欢研究历史、喜欢下厨。小众一些的兴趣能发展得更长远，研究得更深入，体会到的东西自然也会更经得起时间的沉淀。发展兴趣其实就是在增加自己的阅历，见多识广体察到的不同类型的用户也就更丰富了。

现在很多人喜欢宅在家里，出门越来越少，但如果你想做产品经理，还是需要多出门食一下人间烟火、多沾沾人气的。互联网毕竟隔了一层面纱，用户都是带着或大或小的面具在网络上生存的，要想真实地了解不同的用户，就要走出家门。

4. 玩 RPG（角色扮演类游戏）网游，短时间内体验人生

为什么会推荐玩 RPG 网游呢？因为它就是一个小型社会，包含了几乎所有元素：友情、爱情、成就、仇视、厮杀、苦练、比试、成名、一掷千金、前簇后拥、背叛、欺骗、君子、小人、心计、误会、后悔、上瘾、空虚、执念……

人生百态、各色人等、各种情绪都会在 RPG 网游中有所体现。玩网游就能在几年或短时间内体会到这些平常需要一生才能体会到的东西。人生的经历越丰富，对不同用户的理解程度就越高。我曾在初中、高中、大学、工作之后分别玩过不同的 RPG 网游，不同的年龄能体会到的东西也不同。这些经历帮助我更好地理解人性，而人性则是无数不同用户之间最高的共通点。RPG 网游中的人生元素如图 2-8 所示。

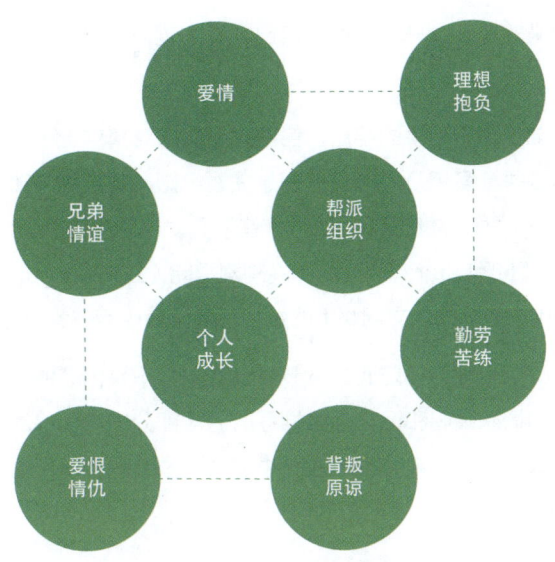

图 2-8　RPG 网游中的人生元素

5. 从垂直到普适是非常漫长的过程

从理解某一方面用户群体的需求和心理到理解普罗大众的需求和心理，这是一个非常漫长的过程，但几乎没有捷径。我们需要在产品经理的任何阶段都保持着体察用户的习惯，在自己的成长过程中不断积累，最后才能有所得到。

当初入互联网行业做产品经理时，多半只负责一个功能模块，这时就需要开始练习体察用户需求背后的心理，培养自己的同理心；当开始负责某个垂直领域的产品时，就需要去了解这个产品的不同用户群的心理；直到最后理解人的七情六欲、贪嗔痴，能够用同理心体察各种各样用户的心理和想法。这个过程和中国古代哲学、佛家的修行有一定的相似之处。对产品经理的要求与修行也是类似的：生活中的任何事情和细节都是观察、揣摩的好对象。

在理解了各种各样的用户心理和他们的需求之后，对我们设计产品会有什么特别的帮助呢？其实对用户心理的洞察起到了一种润物细无声般的作用，会内化成产品经理的思维方式，即在做产品的过程中每时每刻都会产生效用。但我仍想举一个例子来说明它是怎样产生效用的。我们曾经思考过这样一个命题：如何让网易云音乐的推荐算法更有惊喜感？

在思考这个命题的过程中，我试着从不同的用户群出发来考虑，如图 2-9 所示。

- 音乐品位很厉害的用户，他们会很喜欢冷门音乐，以发掘这类音乐为傲，因此推荐给他们尽可能多的不为人知的小众音乐，哪怕部分音乐不太好听也没关系，因为平日里他们就会听大量的新专辑并从中选出自己喜欢的歌曲。这是站在高层次用户的角度去思考。

- 喜欢看电影、电视剧、动漫的用户，他们可能会同时喜欢上这些内容的原声音乐。对一个内容的喜爱是会爱屋及乌的，特别是在看电影、电视剧、动漫的过程中倾注了自己的感情、引发了共鸣的情况下，听原声音乐是对这种喜爱的延续。"网易云音乐太懂我了，居然推荐《Lost stars》给我，昨晚刚刚看完《Begin Again》，感动得一塌糊涂。"我们可以通过用户散落在社交网络上的蛛丝马迹，猜中用户的心思。

- 对于大众用户又如何呢？在前面的章节中谈到过音乐是情感的共鸣、回忆的碎片，将一些用户遇到的情感共鸣和记忆碎片推荐给另一部分口味相似的用户，则可以提高引起同样共鸣的概率。当用户听到一首高中曾经听过的歌曲时，他会产生惊喜感，会觉得网易云音乐很贴心、猜中了自己的回忆。

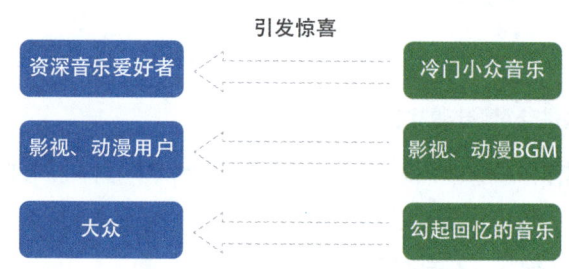

图 2-9　给不同用户群推荐音乐产生的惊喜感

正是像这样不断地积累、练习、实践，让自己对不同用户的心理洞察越来越熟练、深刻，才能做到让自己从一个产品的用户到一片产品的用户。做产品正如体验人生。

产品经理面对的需求千千万万，应该做哪一个呢？

这恐怕是实际工作中最恼人的问题之一，原因大致有两个：提出需求的门槛非常低，每个用户一口唾沫星子就能淹死产品经理；需求分析并不像写代码那样有很强的逻辑性，其中存在相当感性的部分，每个人对需求都有自己的理解，因此搞定团队中的所有人是很难的。

多数产品经理在工作中会遇到进退两难的境地，感觉像是夹心面包，而不是在主导产品。这背后的原因是，搞不定老板、上司提出的需求，说服不了团队做自己想做的需求。这样的情景在每家公司、每天的办公室中反复上演，但这不是其他人的责任，反而是产品经理自身的问题。原因如上所述，需求的本质就是这样的——人人都可以参与讨论，人人都觉得自己理解需求。

绝大部分能成长起来的产品经理都顺利通过了进退两难的这一关。这是一个狭窄的关卡，通过之后产品经理能形成自己的需求分析方法论，也知道了如何赢得上司及团队的信任，从而更好地展现执行力。而没有通过的是大多数，在方法论和沟通上或多或少存在问题。

本章主要讨论的需求分析方法论有如下内容，如图 3-1 所示。

- **收集需求**：对需求的收集、分类梳理是一个尽可能获取足够多信息的过程。信息越多，对产品面临的局面掌握得就越全面，做决策时就越清晰。

- **评估（深入、全面、真伪、优先级）**：需求有真伪，也有轻重缓急之分，做什么需求能给产品带来最大的价值？需要用多种方式进行评估。

- **进阶（挖掘产品利益最大的需求）**：需求堆砌不出好产品，就算满足了每个用户反馈的需求，也会遭遇用户量涨不上去的情况，我们需要挖掘一些真正重要的需求。

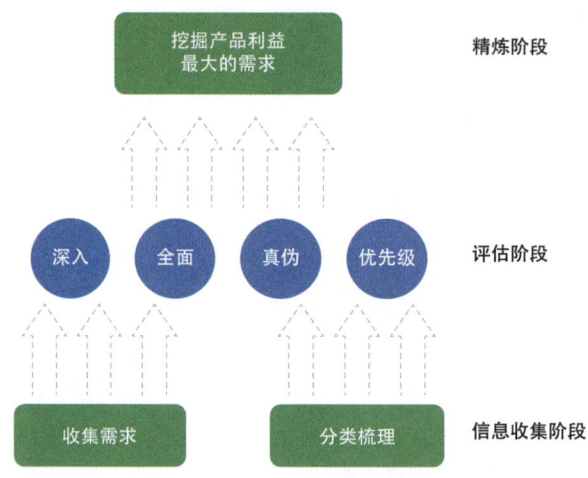

图 3-1　需求分析的常见工作图，一个需求分析方法的金字塔

第 1 节　尽可能多地收集需求

你会坚持日复一日地看用户反馈吗？

从收集需求层次来说，产品经理像是情报员。当获取需求时，需要暂时放下自己判断分析的角色，不管需求是否有可行性或者有道理，都收集起来。就算是一时最不靠谱的需求，在产品所处的时间、环境等变化后，也可能会变得有用。可以说，尽可能多地收集需求能让产品在起跑线上略微领先，这一略微的领先如果再加上之后长跑路上产品经理强大的洞察力，就会成倍地放大优势。

首先，不要拒绝来自任何人的需求，不管这个人是用户、同事、老板、朋友或毫不相干的人。

如果与老板关系不佳，觉得老板提的需求总不靠谱，那么你应该先调整心态，把老板当作普通用户，不带感情色彩。在收集需求时，要将需求与身份、动机等区分开来，在之后分析需求的时候再考虑它们。如果在团队中已经很有威信，也不能忽略团队成员们提出的需求，相反，应该积极营造鼓励团队成员参与思考的氛围。这个过程与头脑风暴差不多，以获取需求的数量为唯一目标，而不考虑其他因素（如需求是否匹配、复杂等）。

其次，要从各个渠道获取需求，包括但不限于产品内的反馈系统、新浪微博、百度贴吧、知乎、微信群等。为什么要覆盖这么多的渠道呢？

- 每个渠道的用户特点不同。产品内得到的反馈多来自重度用户，爱之深责之切；百度贴吧的用户年龄偏低；新浪微博的用户喜欢发表观点，有时会出现挺有启发性的需求；微信群里的用户热热闹闹的，从一个点可以引发更多的讨论；而知乎上则会出现一些深度解析。

- 用户反馈的渠道同时也是用户接触产品、品牌的渠道。我们认真对待用户声音就等同于在宣传我们的产品、打造品牌忠诚度。这对发展初期重视口碑的产品格外重要，好的口碑重于一切，用户们热爱重视他们意见、与他们一起成长的品牌。在产品发展起来后，用户反馈可能达到没办法 100% 处理的数量级，但产品经理仍需要每天花足够多的时间去查看反馈。对我来说这个时间是每天一小时。

再次，需求需要有逻辑地进行组织。一方面，应保证可以方便地记录、检索，避免遗忘；另一方面，应能通过组织良好的需求池宏观地观察产品发展阶段的状态，结合当前和长远目标，更好地做优先级决策。

我经常使用的需求组织方法是按照用户使用产品的环节来分类的。这么做是因为我希望能对产品所处领域的上下游看得更清楚，也是为了能在多个环节上都提供给用户更出众的体验，从而提升产品的竞争力。

这个想法来自移动互联网发展至今垂直领域越发重要的现状。在一个垂直行业中，横截面切得越多，对用户使用产品的各环节和行业的影响越大，那么产品就越可能发展成一个囊括更多用户、高黏性的平台，这正是我做垂直行业产品所希望达到的目标。

仍以网易云音乐的需求组织为例，在其发展早期，我从用户对音乐的各环节需求出发，将需求分为下面几类，如图 3-2 所示。我习惯用脑图来管理、组织需求，它真是一个很棒的工具。

- **生产音乐**：艺人、版权公司、独立音乐人、词曲作者等在生产音乐环节的需求。

- **发现音乐**：面对数千万首歌曲，用户发现音乐的需求可以分为主动发现和被动发现，接着再进一步细分，这是网易云音乐初期切入市场的重点。

- **管理音乐**：用户会通过艺人、听的场景、语种等方式管理音乐，以及很多工具化的需求。

- **听音乐**：陪伴、享受、背景音乐……从入门到发烧友，不同的用户在听音乐的时候需求不同。

- **讨论 & 分享音乐**：该需求在当时是一块没有被开发的宝地，最初的需求只是把喜欢的音乐分享到社交网络或者作为线下聊天时的谈资。

- **音乐的其他消费**：从演唱会、音乐节、明星周边产品发展到现在，音乐相关的消费已经非常多元化了。

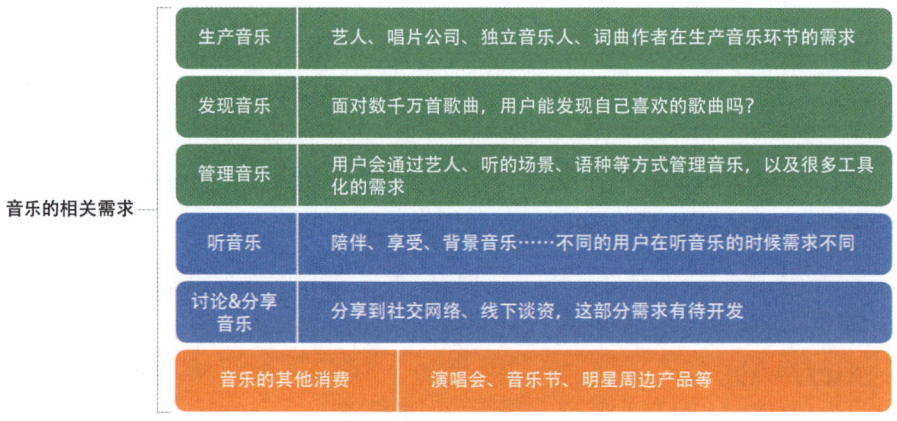

图 3-2　网易云音乐的需求组织

在大分类下还可以细分，根据自己的需要灵活调整即可，可以细致到发现一些创新点为止。有时为了团队和项目管理，我还会分得更细一些，这样可以让小伙伴们从大目标方向到具体实施的策略都有更清晰的认识。时至今日，我依然会用这个方法来组织需求，当我用脑图把需求逻辑脉络理清楚时，对这个产品大致是如何满足用户、如何一步步地影响用户的，也就比较清楚了。

以上方法并不是唯一的需求组织方法，选择这一方法是因为我习惯从用户和行业的角度出发去思考。有时候我也会用其他的方法，例如，在考虑某一个客户端版本的重点时，我会将需求分为体验修补型、主打亮点型、长远布局型等类型，这样也有利于与运营、市场等同事进行沟通协作。

最后，需求也是符合二八原则的，80% 的人提出的都是 20% 的需求。除了要关注集中的主流需求外，剩余的长尾需求其实需要产品经理投入更多的精力。因为在一个充分竞争的市场环境中，越是主流的需求，越是被充分挖掘，也就越显得竞争力不够。而那些尚未被发掘的需求，才是可能创新的所在。长尾需求如图 3-3 所示。

图 3-3　长尾需求

正如前面描述的，我们在研发网易云音乐的早期发现导入歌单需求的过程，如果从需求反馈的次数来论，这是一个非常小众而长尾的需求——只有少数几个人在谈论，与当时反馈次数最多的需求（例如，增加排行榜功能）相比，被提及的次数相差成百上千倍。但我们最终优先开发了导入歌单功能，而不是排行榜功能，这正是因为排行榜需求并没有体现产品的独特性，而导入歌单需求则是独一无二的。

这并不意味着只需要关注长尾、小众需求，而不需要关注主流、大众需求。判断需求并没有这么简单。这里谈到的，是让我们更多地关注需求本身，不管是在我们自己获取需求的阶段，还是在我们与团队讨论分析需求的阶段。在实际工作中，团队很容易陷入根据用户需求的反馈次数来判断是否应该实现某个需求的境况。这听上去合情合理，听从大多数人的意见并且有数据分析的依据，但其实是杀死创新的所在。

毕竟，如果需求分析如此简单，只需要计算需求反馈次数，那还要产品经理干什么呢？既不能完全靠数据统计，又不能完全依赖主观判断，需求分析本身就是一件错综复杂的事情，因而才会显得魅力十足。但在这错综复杂的过程中依然有蛛丝马迹可循，这就是产品经理经年累月形成的经验和方法论。

第 2 节　需求背后的动机

当你的老板／上级直接让你做某个功能时，你会苦恼吗？

我想这是很多产品经理的日常境况。在遇到这种情况的时候，人多多少少都会有一点苦恼，因为喜欢做产品经理的人都是自我意识比较强的人。我也经常遇到这种情况，但现在已经没有苦恼了，而是淡然处之。

究其根本，除了不断提升自己的沟通技巧与能力外，探究需求背后的动机也很重要。老板也是用户，他提出来的想法也是需求。用户究竟为何要提出这个需求，背后的原因是什么？面对需求的时候问为什么是深入探索需求背后动机的出发点。

当用户提出想要一个勋章系统时，应该如何分析呢？在我以往的产品经历中，这样的需求可谓非常多，几乎每一个与 UGC、社区相关的产品肯定收到过类似的需求。用户为什么想要勋章？我们通过这个问题来分析一下用户的动机，而非直接听从大量用户或老板的意见来做产品。

- 用户想要勋章，可能是想要不断地获得成就感。勋章有展示作用，能够表现得与其他人的不同。"我在这个社区投入的时间和精力如果能用很多勋章展示出来，我就会觉得成就感满满。"

- 用户可能希望被激励，这通常是老用户的想法。"我使用了这个产品好多年，逐渐失去当初的热情，也许以获取一些勋章作为目标，会让我重新恢复一些动力。"

- 用户可能是收集控、强迫症。这点和 QQ 时代的点亮图标有点像。"我不管这个东西是不是我真正想要的，但是收集全我才能感到舒服。"

- 用户可能想获得某种实际的利益。"勋章应该可以兑换一些官方礼品吧，我为产品付出了这么多，可以送一些礼物吗？或者这些勋章可以成为我在某个领域的背书，从其他地方获取利益吗？"

- 用户可能单纯地为了好看、新鲜感。"我的头像旁边展示了这么多有趣、好看的勋章图标，真美。"

勋章需求的背后，存在好几种动机。这些需求动机其实可以用其他不同的办法来满足，并非一定要做勋章系统。当初一些社交产品在面临这个决策时选择做勋章系统，如今谁还能记得它们有过这个功能？我分析原因如下。

- 用户的成就感来自多个方面，粉丝数是其中一个方面，多一套勋章系统虽然能影响更大范围的人，但影响力总归有限，没有人会对不断增加的勋章保持持续的兴趣。勋章满足成就感的边际效应衰减得非常快，比不上粉丝数从 1000 到 10 000、从 10 000 到 100 000 带来的快感，也比不上等级从 1 到 10、从 10 到 100 带来的快感。原因之一是勋章的图形化特征在成就感方面认知复杂，不如数字简单、易懂。

- 对用户激励、收集控、追求美观方面的满足，是一件性价比很低的事情。不断产生新的创意和设计来刺激用户获取新的勋章，消耗的人力成本太高，收益却是阶段性的，不能沉淀和重复，用经济学中的术语来说就是没有产生"复利"。

- 勋章既不能单独成为一个产品成就体系的核心功能，锦上添花也性价比很低。从产品的架构简练和扩展性方面考虑，它更像鸡肋，食之无味、弃之可惜。

我们再看一个例子，在做网易云音乐的跑步 FM 功能时，我问过自己这样一个问题：用户究竟为什么在跑步的时候需要听歌呢？

这个问题很值得思考，我自己平时跑步的时候就会听歌，很多用户都如此，但我从未想过为什么自己会在跑步的时候听歌。这个需求背后的动机是什么呢？

负责这项功能的产品经理，在对目标用户做了一些定性访谈的研究之后，拿出了令人信服的答案。

- 在跑步时听歌，除了简单的背景音乐外，还有更深层次的需求。

- 跑步很考验体能、耐力和毅力，心里如果一直想着自己跑得好累、跑了多少米、还有多少米，会感觉更累。听音乐能让人的注意力从疲劳的长跑中解放出来，专心聆听音乐，暂时忘记疲劳，突破体力极限。

- 更重要的是，节奏感强的音乐非常利于控制跑步节奏，抵抗肌肉疲劳。让耳朵和思维专心跟随音乐节奏，身体就可以一直保持速度。这时音乐实际起到了引导跑步的作用，在跑步步频放慢时，刺激身体保持节奏；在跑步步频稳定时，让人尝试提高步频、跑得更快。

因此我们总结出，跑步 FM 满足的需求动机是通过匹配节奏的好音乐让用户坚持完成每一次跑步锻炼，并且能越跑越好。在明确了需求背后的动机之后，在做产品设计时就清晰明白、有针对性了。跑步 FM 的音乐与步频匹配如图 3-4 所示。

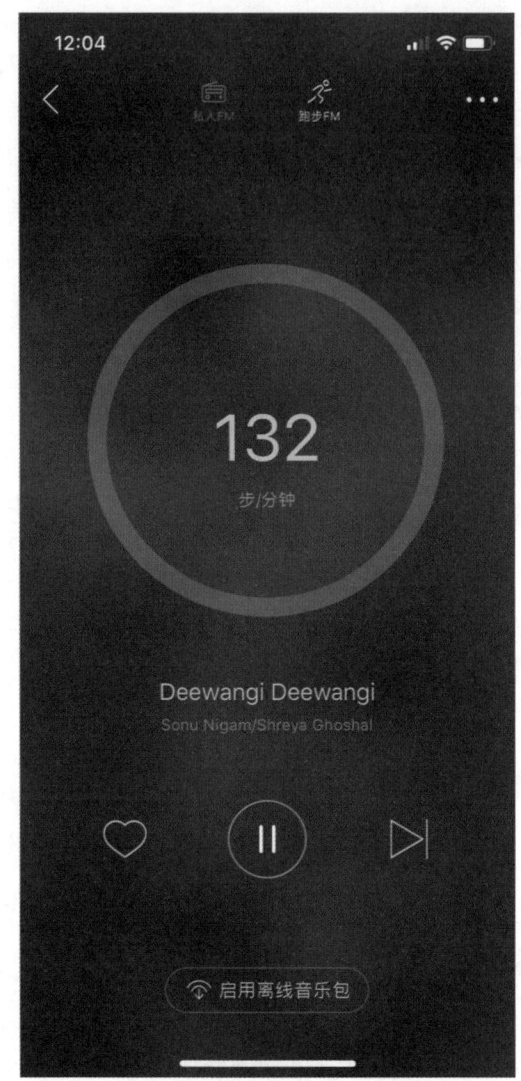

图 3-4 跑步 FM 的音乐与步频匹配

回到本节开始的问题，当提出需求的用户是老板时，其实我们需要一定的沟通技巧来实现顺畅的沟通。产品与需求的讨论通常都非常主观，如果一味地强调自己的观点与想法，很容易陷入双方不能互相理解、不在一个沟通频道上的局面，而这时一定会陷入沟通僵局，结果就是没办法沟通清楚。

沟通技巧与分析需求背后的动机在逻辑上是一致的。假设老板提了一个不靠谱的需求，如何说服他呢？

- 第一步就是分析需求背后的动机，比如，老板是不是想通过这个功能获取更多的新用户？

- 从当下的局面考虑、从产品长远发展考虑，在获取新用户的目标上是否能达成一致？是不是当下重要的事情？

- 采用老板的方法获取新用户，会有什么问题吗？有哪些积极的作用，有哪些负面的影响？性价比如何？

- 有没有别的更好的方法获取新用户？有没有办法作用更大、实现更简单、负面影响更小？

这里的逻辑就是，当在某一个层面上无法达成一致时，往前推一个层面，在目标层面或更深的层面上达成一致，然后分析两个层面之间的路径是否一致，目标一致、路径一致就更容易沟通。同时在沟通的过程中，辅以数据分析、调研情况，尽量将主观的沟通讨论引导到客观的分析说明上，这样的沟通就不会是观点、想法之争，面红脖子粗的场面也不会经常出现。

另外，如果是产品经理想到了一个需求，想要说服老板批准执行，一样可以用这个思路。先从双方的目标入手，目标达成一致后再通过有条理的路径逐步分析需求。这样更容易清晰明白地聚焦双方的不一致，思考解决方法，确定到底是目标还是路径有问题。明确之后，就可以在一个频道上沟通了。

这个方法同样可以用在与团队其他成员的沟通上，简单来说，就是任何可能不在一个频道上的沟通，都需要先将沟通的双方调整到一个频道上。

第 3 节　评估实现需求的影响

网易云音乐为什么没有做场景电台？

在互联网音乐行业中，许多创业公司的 App 都会涉足场景电台功能：为用户推荐读书、运动、约会、工作、学习等场景下合适的音乐。这一功能在一些巨头公司的音乐产品中也可以见到，比如 QQ 音乐、酷狗音乐、百度随心听等。为什么从网易云音乐成立以来，一直没有实现这个功能呢？是因为我们不认可用户有这个需求吗？

当然不是。从对我们的搜索关键词、歌单标签等数据的分析中，可以显而易见地看到用户对于场景音乐的需求不小，尤其是年轻人格外喜欢运动、学习的背景音乐，这个需求与网易云音乐的目标用户群也是符合的。与此同时，我们也时刻关注着市场上满足这个需求的产品的发展：Songza、美乐时光、LavaRadio、Jing.FM……每个需求的实现都有利有弊，是双刃剑；每个需求也会与其他需求相关联，甚至牵一发动全身。产品经理需要分析、评估一个需求带来的影响，判断要不要实现这个需求，要如何实现这个需求，最好能够做到扬长避短并使整个产品体系获利。这就需要产品经理做好两类分析，一是分析一个需求的影响范围，一是分析它的利弊。

早在网易云音乐创业之初，我们就思考过场景电台需求。2013 年 2 月，网易云音乐在应用商店发布了第一个版本，主打歌单和社交功能。绝大部分人都不知道，我们曾经在设计第一个版本的时候考虑过做一个场景电台功能。直到如今，这个功能的需求分析和设计文档还躺在我的电脑硬盘中。

在网易云音乐的私人 FM 功能上线受到用户巨大欢迎之后，我们收到了成千上万条关于扩展私人 FM、推出各种各样的场景电台的反馈。我们不断收到用户的私信：其他产品都有了，你们为什么还不做啊？我们是如下这样分析的。

1. 场景电台会影响什么

场景电台是满足用户发现音乐需求的一种实现方式。在一些场景下，用户有听背景音乐的需求。在网易云音乐中，可以满足同样需求的功能主要有歌单和搜索功能。搜索功能是一个相对固化、独立的体系，受影响的可能性不大。我们评估的主要是场景电台对歌单的影响。

网易云音乐的歌单系统以一大批音乐爱好者创建的优质歌单为内容，吸引全部听众来播放，从而满足双方：听众获取了优质的内容，音乐爱好者收获了成就感。在创建歌单的过程中，可以给歌单打上标签，其中场景和情绪的标签最多，比如，驾车、运动、伤感、怀旧等。如果网易云音乐再做场景电台功能，就会对同样满足这个需求的场景类型的歌单有所影响，会对听场景类型歌单的用户、创建场景类型歌单的用户产生影响。

2. 场景电台有什么利弊

电台有其天然的好处，即非常懒人化，只需要点一下播放按钮，音乐就能马上响起，不需要用户动脑，不合口味的话切歌即可。场景电台功能对于习惯在一些场景下听歌的用户来说是很方便的，比如，运动、驾车等持续的场景，但对于创建歌单的用户会有影响。如果场景电台越来越多，听的用户越来越多，那么自然会影响满足相同需求的歌单的播放人数，歌单播放人数下降之后优质内容提供者获得的满足感会下降，这部分人群数量会减少，进一步影响到整个歌单系统的供需平衡，如图 3-5 所示。歌单系统对于网易云音乐来说是 UGC 的核心，我们会非常谨慎地对待对它产生影响的功能，相比场景电台功能获得的利益，我们宁愿让用户用得麻烦一点（但仍然可以满足在不同场景下听音乐的需求，选择相应的歌单标签即可），也不希望打破这个平衡。

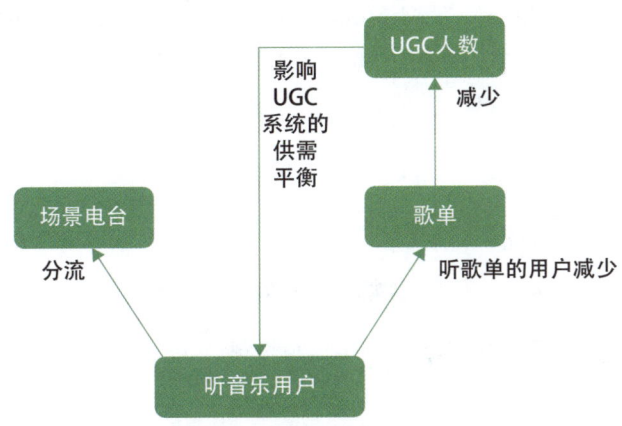

图 3-5　场景电台功能影响歌单系统

长时间的分析和观察让我们对场景电台功能了解得更加清晰。事实上，用户需求最多的场景是驾车、运动、工作 / 学习，这几个场景都有很强的持续性、用户黏性。但其中的工作 / 学习场景，对于背景音乐的需求不那么特殊化，虽然需求量是最大的（学生群体在网易云音乐用户群中占比最高，相关歌单的播放量也非常高），但是歌单已经基本满足需求。因此我们会深入思考驾车、运动两个场景下的音乐需求，这也是大家后来看到的，网易云音乐上线了车载模式和跑步 FM。

在驾车场景中，用户要求操作简便、少量以确保安全，同时有一定的排解寂寞、陪伴的需求（单人长时间驾车很容易无聊，会导致注意力不集中），希望播放的音乐或者广播能够起到这个作用。而在跑步场景中，用户希望播放的音乐能够匹配自己的步频，起到通过音乐节奏带动自己跑步的效果，让自己能保持速度、完成锻炼。

这两个场景对音乐有一些特殊要求，相对来说实现这样的需求带来的益处会更大、弊端会更小。整个过程就是我们对需求的影响和利弊所做的全面的分析考虑，最终做出了决策。未来，我们还会继续深入探索音乐场景，适时地推出场景 FM 等创新功能，比如亲子 FM、电子 FM（在酒吧中用得较多）等。在这些过程中，都会进行类似的需求权衡。

我们还可以看一个网易云音乐的案例，即网易云音乐为什么没有做音乐评分？大家可以思考一下这个问题。想要知道我的回答，可以扫描旁边的二维码。

第 4 节　角色、场景、流程

如何分辨伪需求？

除了分析需求背后的动机外，我们还可以采用一种更细致的办法——用角色、场景、流程进行需求分析。在这个过程中，需求的真伪、需求是否能被满足就会水落石出。这是产品经理惯用的思维方式，从多个角度考量一个需求，这会比直接从整体看待需求更深入、更细致入微。

我们先概括地看一下这个方法的基本思路。

- **角色**：对同一个功能，不同角色的需求不一致。
- **场景**：分析需求真实发生的场景，考虑实际情况。
- **流程**：分析满足需求的关键路径，判断能否满足。

这不是一个复杂的办法，运用纯熟之后可以应对很多需求分析工作。

当年某支付产品的 AA 收款功能为什么没能成功？这是一个经典的可以用于解释角色、场景、流程分析方法的案例。时至今日，在各个支付产品中，AA 收款也处于一个很弱的位置。AA 制在国内其实应用得很广泛，同学 / 同事聚会、兴趣团体搞活动、收班费和团费等，很多地方都会用到 AA 制。如果出一个调查问卷：你在日常生活中有没有 AA 制的经历？大概多久一次？我猜测绝大部分年轻人都有过，并且多人 AA 制的情况会比较多。

如果我们再向用户提问，你们是否需要一个线上的 AA 收款功能？用户的回答一定是需要（用户并不会深入思考背后的问题）。这个想法非常简单、朴素，有一个线上支付工具帮助解决 AA 收款中的找零钱等可能存在的问题，应该更加方便。

当初我在做设计师时，也是这么想的，那时我负责 AA 收款功能的交互设计优化。让我颇为惊讶的是，这个功能的数据表现并不如预想中那么出色，每天只有很少的用户使用这个功能，与转账、付款功能相比，使用量毫不起眼。这似乎与常理不太符合？

结果已经证明，交互设计优化也无法改变这个功能不受欢迎的事实。时间回到 2009 年，那时还是 Web 时代，下面我们一起来用角色、场景、流程的方法分析一下 AA 收款需求的真实情况到底是怎样的，如图 3-6 所示。

图 3-6　AA 收款的角色心理、场景与流程

1. AA 收款的角色

（1）简单来分，AA 收款有两种角色：收款方和付款方。

对于收款方而言，AA 收款的需求主要有两个。操作方便：希望通过简单地输入总金额、人数来自动算出 AA 制每人付款的钱数，并方便通知成员，其中方便通知成员更重要。完整不要遗漏：AA 收款查看谁付款谁没有付款很麻烦，希望解决这个问题。

对于付款方而言，需求主要是操作方便。最好只用点一下就能付钱，并且通知收款方。

（2）如果考虑更细致的情况，角色会有更多种。

- 少数几人（如四人左右）聚餐的收款方和付款方：由于人数少，AA 制金额相对容易算，也容易知道谁付款谁没有付款，因此收款方的需求会有变化（需要注意，这可能是最常见的 AA 收款角色）。

- 人数较多（如十人以上）聚餐的收款方和付款方：统计谁付款谁没有付款是比较麻烦的事情。

- 班费的收款方（如班长）、班费的付款方（如同学）：缴班费的是固定的一批人并且这件事是周期性的，似乎需要一个固定的模板来更简化操作（最好可以自动扣款）。

- 兴趣团体，如一个踢球群：组织者每次统计好花费与参与者，然后发起收款。在人数多的时候，这是一个相当麻烦的任务。

生活中还有很多可以应用 AA 收款功能的地方，角色可能都不太一样。由此可见，如果细致地考虑角色，我们对于需求的理解会更加深入，AA 收款的需求不再是简单描述的方便、快捷，产品经理会有更加具体的认知。

2. AA 收款的场景

AA 收款常见的场景有哪些？我们不妨列举一下：聚餐、K 歌、团体打球、团体骑行、团体旅行、班费……这其中最常见的应该是少数人（四人左右）聚餐的场景。关系比较好的同学、同事，出门吃一顿午饭、晚饭，这应该是 AA 制发生频率最高的场景。

我们仔细体会一下这个场景，聚餐结束后，一人买单 242 元，四个人平均下来一人 60 元。在手机支付还不发达的 2009 年，大家会直接给收款人现金，一般当场就给了。如果当场没给、之后忘记的话，会有一点尴尬，大家都是熟人朋友，催一个人交 AA 制的钱似乎有些难为情，这对于好面子的中国人来说难以开口。

当时某支付产品上做的 AA 收款功能是如何把这个线下 AA 制场景还原到线上的呢？吃完饭回到寝室／办公室，收款人打开电脑，在网站上向其他三人发起 AA 收款。这时会遇到比较高的门槛，收款人需要知道其他三人的支付账号。在 2009 年，大家的支付账号还都是邮箱（即便到了 2016 年，账号是邮箱的仍占很大的比例），哪怕是熟人之间，记得彼此邮箱账号也不是一件容易的事情。收款人需要获得每个人的支付账号，然后添加到收款明细中，输入金额，再发起收款。

此时收款人又会遇到门槛，因为他还需要通知其他三人：你们应该付款了。这和之前提到的催交钱难为情的情况是一样的。由于那个时候不是每个人的支付账号都绑定了手机号，因此系统缺乏一些有效的通知手段，需要收款人亲自通知。至于付款人什么时候交钱，也是不知道的，只在收款人下次登录时才能查看。如果过了一个星期钱还没收上来，再去催朋友的话，这简直是一场灾难。

我们把线上 AA 制场景和线下 AA 制场景做对比，这时会发现一些有趣的微妙之处，即用户心理截然不同。线下 AA 制有一个特点：即时性，在当场一人付清了聚餐费用后，其他人需要立马付 AA 制的钱。这是因为在这个场景下，大家在无形中都感受到了压力，这个压力来自 AA 制本身以及其他人的付款行为。如果自己不付款，就会显得很不合群。

如果当时没有付款，离开了这个场景，压力消失之后，用户的心理就会发生变化。中国有句老话叫"欠钱的都是大爷，讨债的都是孙子"，描述的就是这种情况。没有了压力，用户付清 AA 制钱的主动性就会丧失，也就会出现要催交钱的情况——这是很伤面子的。

在这个转换过程中，收款方和付款方两个角色的关系发生了变化。在即时收款的场景里，收款方强势，付款方感受到压力；而在非即时收款的场景里，收款方弱势，付款方强势。某支付产品上的 AA 收款功能没有提供即时场景，因此对于收款方来说，这个功能的吸引力不大——我需要做如此多的操作，却不能保证付款方付款，仍需要自己去催款。

那么放到手机支付已经普及的今天，线上 AA 制场景会如何呢？对于收款方来说，依然是即时场景占优势。用户可以当面告诉所有人自己的手机号，其他人可以通过支付宝或者微信支付转账给他。这个场景看上去很自然，如果一定要用 AA 制功能会怎么样呢？我们在下面的流程分析中看看。

3. AA 收款的流程

在 Web 时代，如之前所描述的，AA 收款对于收款方需要一个相当复杂的流程：知道付款方的支付账号→填写表单→发起收款→通知每个人→收钱→通知没交钱的人……其中在知道付款方的支付账号和通知每个人两个环节上用户有着高昂的成本，2009 年的支付产品没有办法很好地解决这些问题，因为：

- 缺乏用户关系。熟人之间如果是好友，选择支付账号才会容易一些。

- 没有通知渠道。邮箱不能承担通知收款的渠道，用户只能自己通知付款方。

而对于付款方而言，流程非常简单，进入支付产品付款即可，钱会自动打到收款方的账号。至于通知，支付产品也没办法用系统的方式通知收款方。

从上面角色、场景、流程的分析可以知道，2009 年的某支付产品做 AA 收款功能面临着巨大的问题，时机不对、没办法降低用户高昂的成本。因此在该功能上线后，可能大部分都是该支付公司的员工在使用这个功能——因为同事关系不错，经常固定的几个人一起出去吃午饭，第一次操作成本高，之后就变简单了，因为员工每天都会登录支付网站。即便用户在生活中有 AA 收款的需求，但是经过我们的分析，2009 年线上 AA 收款是一个伪需求，它没有解决收款方面临的问题，反而将事情复杂化了。

那么在手机支付普及的今天，线上 AA 收款会是一个很棒的功能吗？答案也是否定的。如之前所述，手机支付的确便了线下 AA 收款——没带现金、不能找零等情况都可以通过手机支付解决。那收款方是否愿意使用 AA 收款功能呢？这其实仍然是一个场景与用户心理的问题。

AA 收款功能的出发点是为收款方服务的。我们以微信钱包为例，一个 AA 收款的流程：点击微信钱包→点击 AA 收款→填写表单→将收款信息发给朋友→收钱。然后我们对比另一个流程：拉个多人对话→告诉大家要付多少钱，请转账到自己的微信号→收钱。

结果显而易见。因为收款方是 AA 收款的关键角色，对于收款方而言，怎么样简便又不伤面子地收钱很重要，所以在判断这两个流程的时候，主要考虑收款方的体验。在第二个流程中，付款方的操作要略复杂一些，需要完成转账操作，但这不重要，因为 AA 收款场景里收款方是应该优先考虑的，否则就没人来用这个功能了。

因此，即便在手机支付很普及，微信和支付宝打通熟人关系与支付渠道的今天，线上 AA 收款依然不是一个使用率高的功能，不管是微信还是支付宝都把它放在了很深的页面层级，基本上普通用户看不到，真需要用的时候也想不起来。对于收款方而言，线上 AA 收款依然是一个伪需求。

角色、场景、流程是一套经典的需求分析方法，其中的关键在于通过三个角度拆解一个需求，细细地品味隐藏在一个看似正确的需求背后的真实的用户心理、使用场景、使用流程，从而判断需求的真伪、有效性，决策我们是否应该实现它。

这套方法通常会被应用于一个比较复杂的大需求上：有多个角色、有复杂的使用场景、使用流程比较长。不管是初级产品经理，还是资深的产品负责人，这套方法都可以帮助我们抽丝剥茧、获悉需求的真相。

第 5 节　符合产品目标

所有真实的用户需求都应该满足吗？

对于用户需求，有一条真理：不管做什么产品，不管这个产品做到什么阶段，用户需求总是无穷无尽的。在经过了前面的需求收集，分析需求的动机、影响、真伪之后，放到产品经理面前的需求依然很多，那么产品经理如何判断哪些需求先做、哪些后做，甚至不做呢？这时就需要考虑需求与产品本身目标、定位的匹配程度。在不同的产品阶段，产品的目标和定位会有差别。用大白话来讲就是，实现需求需要对产品也有利。不能光满足用户，还需要满足产品的利益，这就是产品经理在其中所做的权衡与抉择。产品定位相关内容会在后面的章节中讨论，本节我们将重点放在如何判断用户需求能否对产品产生价值上。

产品的目标通常可以分为短期目标和长期目标。短期目标即为眼下产品需要达成的目标，如果需求能满足短期目标，就会立即产生效果。而长期目标则是产品战略和定位，通常是需要一年甚至两三年实现的目标，如果需求能满足长期目标，则一般会逐渐积累、最终满足。

在网易云音乐上下载歌曲，为什么一定要下载到某个歌单中？这个问题从网易云音乐第一个版本上线之时，就有用户反馈，但是后来产品的用户量越来越多，反馈的人却越来越少、接近于无。知乎上也有相关的问答，不同的人会站在用户角度或产品角度来看待这个问题——它的确是一个思辨用户需求能否满足产品目标的好案例。

单看用户需求，用户下载歌曲时希望越简单越好，没有必要选择一个歌单，直接下载更好。如果仅从用户眼下的需求和行为习惯来说，这个说法无懈可击。以前百度的大牛俞军曾经说过：用户是很难被教育的，要迎合用户而不是改变用户。这个标准在大部分情况下都是正确的，但并非适用于所有的环境。产品经理需要有自己独立的思考，在这个需求上，我所设想的的确就是改变用户。

以下载歌曲这个需求为出发点，站在产品短期目标的角度上看，提高用户下载成功率、提升下载流程的体验是产品经理需要保证的。而针对产品长期目标是如何考虑的呢？

从网易云音乐的产品定位与战略开始思考。之所以产品名字中带了一个云字，是因为我们想打造一个各客户端体验一致、用户数据云同步的音乐产品，这在 2013 年是超越国内竞争对手的设想。具体来说，我们希望带给用户的新体验如下。

- 通过歌单来管理歌曲。

- 歌单是云同步的，用户无论在电脑还是手机上，都能随时随地获取歌单。

- 再也不用从电脑上把音乐复制到手机上了。

反观当时国内其他音乐产品的体验，并没有把云同步作为主打功能。

- 手机和电脑上的音乐列表是分开管理的。

- 在电脑上使用时，有将歌曲推送到手机上下载的功能。

- 在手机上可以看到下载记录漫游功能，以方便用户寻找以前下载过的歌曲。

- 大部分产品没有很强的账号体系。

到 2017 年来看，网易云音乐基本已经实现了这个战略目标，只有少部分用户还有从电脑上复制歌曲到手机上的习惯（可能因为手机网络状况差），而国内其他音乐产品也基本切换到了云同步的模式。为了实现这个长期目标，我们做了不少"教育用户、改变用户"的事情，而不仅是"迎合用户"。

云同步与非云同步如图 3-7 所示。

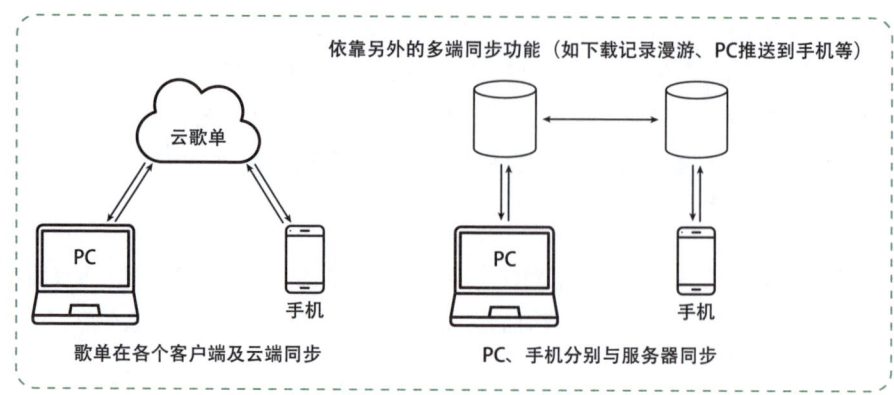

图 3-7　云同步与非云同步

下载歌曲是用户一个很朴素的需求，但放到产品长期目标中看，这个需求会产生其他的影响。

- 如果下载歌曲时让用户选择歌单，那么下载的歌曲就会保存在歌单里，实现云同步，若用户想在其他的客户端上寻找，会很方便。

- 如果下载歌曲时不让用户选择歌单，那么这个歌曲只会保存在本地设备中，没办法做到云同步，以后用户想在其他的客户端上寻找，会很麻烦。尤其是当这类操作日积月累越来越多时，用户找曾经下载过的歌曲的需求会越来越多，于是可以在其他产品上看到下载记录漫游功能。但这样给用户增加了一层认知，功能也变得复杂了，不利于整体产品的架构。

因此我们认为下载歌曲一定要选择歌单，尽管增加了用户的操作成本，但从长远来看，对用户管理歌单、实现云同步有莫大的好处，也能保证产品的长期目标：带给用户超出期望的新的云歌单体验。用一点用户可以接受的操作成本，带来长远且更方便、简练的管理歌单体验，这是非常值得的；而且它还有附加好处：用户通常不会同时使用国内其他音乐产品的电脑版与手机版，而网易云音乐的用户同时使用产品电脑版与手机版的比例非常高，这得益于我们对长期目标的坚决执行。

当然，为了尽可能地降低用户的操作成本，我们也花了很多心思，实现了用户下载歌曲不需要选择歌单的一些场景，例如：

- 在听私人 FM 时下载歌曲，歌曲将直接保存到我喜欢的音乐，不需要选择歌单。

- 下载自己创建的歌单中的歌曲，直接下载，不需要选择歌单。

- 下载收藏的歌单中的歌曲，直接下载，不需要选择歌单。

- 用户可以打开边听边存开关，听歌的同时就把歌曲下载到手机里（适合大容量手机）。

通常来说，我们应该着眼长远，去实现那些符合产品长期目标的需求。长期目标与产品定位和战略挂钩，如果打算做一个志存高远的产品，产品经理应当在日常工作中多多思考，思考眼前的短期目标需求与长期目标需求之间的精力投入占比至少应该达到 1：1，这样才能最终让产品实现战略目标。

这样的案例在网易云音乐中还有很多，例如，用户反馈呼声更高的收藏专辑需求。为何网易云音乐在很长一段时间内没有做收藏专辑功能呢？这和下载一定要选择歌单一样，让网易云音乐在众多音乐产品中像一个异类。

对这一功能的思考也与产品长期目标相关：我们希望给用户提供一个集管理、发现、播放于一身的歌单功能，概念简单，玩法丰富。是否实现收藏专辑的需求会有如下影响。

- 允许用户收藏专辑，那么在我的音乐中将同时出现我的专辑、我的歌单。歌单的地位会被弱化，用户增加了一个管理音乐的方式，增加了认知成本。好处是对于习惯听专辑的用户来说，这样符合习惯。

- 不允许用户直接收藏专辑，而是将专辑加到歌单中，那么我的音乐里只会有我的歌单。对于用户来说，网易云音乐突出的就是歌单系统，认知简单。坏处是对于习惯听专辑的用户来说，这样不符合习惯，会有看不到专辑的评论、看不到专辑的信息等问题。

我们在很长的一段时间内选择不实现收藏专辑的需求，就是希望实现突出歌单系统的战略目标。同时我们通过调研发现，以专辑为主要收听方式的用户越来越少，并且网易云音乐主打的发现方式会让用户拥有更加丰富的发现音乐的方式，而没有局限于专辑。

但产品目标都是阶段性的，是会发生变化的。在 2016 年网易云音乐的用户数量突破两亿之后，产品在三年前确定的战略目标大多数都已经实现了：对广大用户完成了歌单系统的教育。现在不仅网易云音乐自己的用户，而且整个互联网音乐产品的用户，大多数都已经习惯了通过歌单来管理自己的音乐和云同步。

在这种情况下，我们可以重新思考收藏专辑的需求。这时的产品目标已经不是教育用户使用歌单系统了。这时实现收藏专辑的需求可以给资深用户带来更好的体验（在流媒体时代还"固执"地使用专辑的人群是相对更资深的用户群体），吸引他们长期使用网易云音乐，有助于提供更高质量的 UGC 内容，对于构建整个音乐行业的生态来说很有帮助。而这正是今后网易云音乐的长期目标，因此我们会在这个时间点上实现收藏专辑的需求。

再如网易云音乐的评论功能，是在产品早期就上线的功能，上线初期该功能并未火起来。但正是因为有了时间积累，才让之后听音乐看评论的风潮能够爆发。做出上评论功能的决策也是基于产品长期目标的考虑，尽管当时网易云音乐的用户体量还不够，无法让音乐评论迅速成为产品的撒手锏，但我们知道这是一个不断积累的过程，内容沉淀和氛围积累到一定程度后，就会展现出惊人的能量，实现既定的长期目标。

同理，还有我们花大量人力研发的用户上传／翻译歌词的系统，它也在日积月累的过程中成为用户非常喜爱的功能，网易云音乐独特的翻译歌词风格形成了用户之间传播的口碑，它同样是为产品的长期目标服务的。

在长期实践之后，产品经理可以获得关于产品长期目标的一些经验总结。需求总是非常多，但其中只有一部分对长期目标有巨大的帮助，它们通常具备以下特点。

- 创造新的超越以往的体验，而非过时的。

- 有数据积累，并且数据越多能量越大。

- 长远来看，能和数据分析、挖掘、算法、社交社区、UGC 等结合起来，产生巨大的作用。

- 通常其他竞争对手并不会这么做。

如果你是一个产品负责人，则在面对用户需求时，必须思考、挖掘、选择那些能实现产品长期目标的需求，并确保投入超过思考短期目标的时间和精力，如此才能让产品战略得以执行、实现。机会都是探索出来的，很少是规划出来的。

第 6 节　四两拨千斤

如何能低成本地快速获得大量目标用户，而不是与竞争对手打持久战呢？

现在，大部分行业都已经是竞争多时的红海，而蓝海市场要么尚未发现（这点我们在后面讲创新时探讨），要么技术、资源壁垒非常高，一般产品望尘莫及。在竞争激烈的红海市场中，怎样才能做到四两拨千斤呢？

通常需要可遇不可求的机会，需要竞争对手暴露重要缺陷。在发展非常快速的互联网环境中，产品经理需要敏锐地观察到这样的机会，迅速做出产品方案与决策。

一个好产品不是通过堆砌需求产生的，就算满足了用户反馈的所有重要需求，依然可能面对用户量涨不上去的情况。产品经理需要寻找那些对产品来说价值最大的需求，从而低成本地快速获得大量目标用户，这就是重要的思考路径之一。

现在差异化竞争的概念已经相当普及，除了极少数依靠强大资源去复制其他产品来竞争的公司外，绝大部分团队都知道需要与竞争对手做出不一样的产品。但这只是初级思路，"不一样"只是最基本的要求，更有效的办法是深入地思考用户的需求重点、竞争对手真正薄弱的地方、自己能发挥巨大优势的地方，并将这三者结合起来。

- **用户的需求重点**：通常是用户选择产品时的需求痛点，或者用户迁移时的主要成本所在。

- **竞争对手真正薄弱的地方**：竞争对手可能在某些地方有优势，但不要放过竞品的每一个弱点，并且要放大这些弱点。

- **自己能发挥巨大优势的地方**：结合上面两个考虑，将它们转化成自己产品的优势，就可以拨动千斤之重的竞争对手的用户群。

网易云音乐的导入歌单功能是一个典型的四两拨千斤的案例。在竞争对手通过版权投入、推广资源进行市场份额争夺的时候，网易云音乐则使用一个相对成本低得多的功能去吸引那些想要更换音乐 App 的用户。最终这个功能为网易云音乐带来了近百万个活跃用户，如果按照获取一个活跃用户 10 ~ 20 元的市场价格来算，这个功能就价值数千万元的市场推广费用。我们可以复盘网易云音乐的导入歌单功能，看看能发现什么。

在网易云音乐诞生不久的 2013 年，在线音乐 App 市场是一个竞争激烈的红海市场。那时，移动互联网已经进入高速发展期，智能手机的出货量达到顶峰，几乎每一个网民都拥有智能手机。而音乐作为智能手机用户前五的需求之一（社交、新闻、购物、视频、音乐），音乐 App 是智能手机用户必然会安装的应用。市场上的选择很多：积累数年的老牌播放器酷狗音乐、酷我音乐、QQ 音乐、百度音乐等；随着移动互联网逐渐兴起的天天动听、多米音乐等；层级比较高的虾米音乐、豆瓣 FM 等。因此，网易云音乐面对的情况是，每一个新用户都极有可能是从其他产品迁移过来的。

用户的迁移成本是每个音乐 App 想从竞争对手那获取用户的头疼问题。在用户前五的需求中，社交和音乐的迁移成本最高。社交的迁移成本是用户关系，沉淀下来的用户关系非常稳固，想要迁移很困难。而音乐的迁移成本则是音乐内容版权和用户在产品上长时间使用留下来的收藏音乐列表。

音乐内容版权通常是以亿元人民币计算的竞争壁垒，在盗版横行的当时，购买版权的性价比的确不高。网易云音乐除了购买音乐内容版权外，团队也给自己提出了要求，有没有性价比更高的获取竞争对手用户的方法？然后我们把目光聚焦在用户收藏的音乐列表上。如果收藏的歌曲数量有几十、上百首，而在更换产品后要一首一首地重新添加，那么这个成本会让绝大部分用户都望而却步，哪怕一个产品体验再好、内容再独家，让用户更换产品的难度也是非常大的。

因此我们的问题就转化成了：

- 如何能让用户克服迁移已有收藏音乐列表的困难？

- 还没有形成大量收藏音乐列表的用户存在吗？他们在哪里？

这是一个很典型的目标—问题—解决方案的逻辑思维过程，基本上是产品经理最常用的一套思维方式，它有以下要点。

- 目标定义清晰。确保这个目标就是产品战略上的重要目标，并且用一句话就能描述清楚。在这个案例中，目标即从竞争对手那获取新用户。

- 目标到问题的分解，推导路径要严谨，逻辑要严密，比如，最终分解出来的问题互斥、整个问题的集合是完整的等。这个案例里的推导路径是从竞争对手那获取新用户—新用户迁移成本高—如何降低用户的迁移成本，或有没有迁移成本低的用户？

- 明确了要解决的问题，之后设计解决方案就是产品经理最基础的工作。我们接下来详细讲述。

我们先看第一个问题，如何能让用户克服迁移已有收藏音乐列表的困难？最直接地，我们会联想到用户可以将原产品的音乐列表转移到新产品中。这个功能在其他互联网领域挺常见的，例如，博客、邮箱、浏览器收藏夹等都有类似的功能。迁移列表的确能命中用户的需求痛点，只要做到操作简单、一键完成迁移，对用户来说就是非常方便的。

再从竞争对手真正薄弱的地方和自己能发挥巨大优势的地方来考虑。在 2013—2014 年，某 FM 产品的用户能累积成百上千首歌曲，但是它有一个很大的问题，即用户不能将收藏的歌曲下载下来，用户也不能点播某首收藏的歌曲，这出于某 FM 产品音乐版权方面的原因。同样，另一音乐产品的用户也累积了很多喜欢的歌曲，它同样有一个隐患，那就是用户需要付费才能下载歌曲，这出于该音乐产品有版权和营收方面的考虑。用户收藏的歌曲不能免费下载是这两款产品的薄弱之处。

而在网易云音乐成立之初，定位就是鼓励用户听全世界的好音乐，曲库中提供的基本是
320KB 的高品质音乐并且允许用户免费下载。产品中有丰富的歌单，各种音乐口味的用户都
能在其中发现对味的歌曲，并且从播放到下载没有任何限制，体验非常流畅。这一闭环正是
网易云音乐的优势所在，而这个优势恰好对准了竞争对手的薄弱之处。

因此我们在考虑用户迁移已有收藏音乐列表的时候，会同时将上面的因素也考虑进来。
如何将各种因素结合在一起，四两拨千斤地满足用户需求并获取大量的用户呢？分析到这里，
答案其实显而易见了。网易云音乐引导新用户将自己在其他产品上收藏的音乐列表导入进来，
并且主打导入进来之后可以免费下载 320KB 高品质音乐。整个流程如下。

- 用户只需要简单地认证自己的账号，就能一键导入原产品上收藏的音乐列表，在网易
  云音乐中形成新的歌单。

- 可以通过歌单免费下载 320KB 高品质音乐。

- 令制作歌单的达人也能很方便地将自己在原产品上发布的优质内容导入进来。

在这些环节中，网易云音乐没有主动宣传导入歌单功能，而是依靠用户自发传播的力量。
在微博、贴吧、知乎、微信朋友圈中，用户会宣传网易云音乐的这个好处："在其他音乐产品
里积累的音乐可以很方便地一键迁移到云音乐上，还能免费下载 320KB 的高品质音乐，简直
不要太棒。"越是收藏音乐数量多的用户越有可能是音乐人群中的意见领袖，对周围的人越有
辐射影响力，因而传播越来越广。

下面再来看第二个问题，还没有形成大量收藏音乐列表的用户存在吗？在思考这个问题
的过程中，我首先从自己出发，回想了一下自己从小到大听音乐的历程。

- 初中的时候，第一次接触流行音乐，是从听周杰伦的磁带开始的。

- 父母的朋友送了我一个 MP3，里面存着 200 多首歌曲，大部分是英文歌，让我"大开
  耳界"，第一次知道了 M2M、后街男孩、小红莓等。

- 但在高中前，我都没有形成自己的音乐喜好，而是有什么听什么。我跟随着班里的同
  学一起听一些歌，那会儿男生都迷周杰伦，我们还聚在一起讨论第一届我型我秀。

- 到了高中，受同学影响逐渐接触到港台流行音乐，开始崇拜偶像 Beyond 乐队、张国荣，
  这时候有了比较明确的音乐喜好倾向。

- 在高三的时候，受女朋友的影响，我接触到了欧美的摇滚、金属乐队，音乐口味更加
  确定了。这时候我认识了 Linkin Park、Guns N'Roses、Nightwish，后两者成

为之后十几年我一直非常喜欢的乐队。在这个阶段，我形成了此后一直延续的音乐口味——欧美的摇滚音乐，也开始记住乐队名字、喜欢的歌曲名字，有了将它们收藏起来的意识。在此之前，我只收藏过陈奕迅、张国荣、Beyond 乐队的专辑；而在此之后，我收藏了大量乐队的音乐，随着当年酷狗 P2P 音乐的流行，我开始在电脑上下载并存储它们。

- 到了大学和工作之后，音乐口味和收藏习惯延续高中时期，没有太大的变化。喜欢的音乐和歌手越来越多，而行为习惯基本保留下来。

在思考自己的过程中，我总结了一些规律。

- 用户音乐口味的形成有可能受周围环境的影响。

- 在形成音乐口味时，开始养成收藏自己喜欢歌曲的习惯。

- 音乐口味形成之后，会有自己明确喜欢的歌手。之后音乐口味也会发展，但较难完全改变，更多的是扩展。

- 音乐口味形成得越久，自己收藏积累的歌曲就越多。

此后我又做了一些定性的用户研究来验证自己的结论，基本上大部分用户都是符合这个规律的，逻辑上也是合理的。因此，还没有形成大量收藏音乐列表的用户是存在的，其中很大一部分就是年轻人，在音乐口味还没有形成的时候。这些用户主要是大学生、高中生、初中生。

用户音乐口味的形成过程如图 3-8 所示。

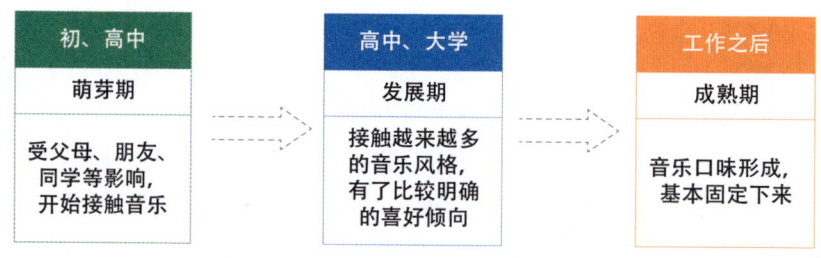

图 3-8　用户音乐口味的形成过程

此外，年轻用户还没有被现有的音乐产品"教育"，以形成固有的使用习惯。有固定音乐口味的用户对于发现音乐的需求是偏弱的，更多的是播放自己已经收藏下载的歌曲，而年轻用户则有更多的可能性、可塑性。网易云音乐如果主打这部分用户，一方面可以避开迁移已有收藏音乐列表成本太高的问题；另一方面也可以利用自己产品的特点培养这部分用户更好地发现音乐的习惯。而陪伴网易云音乐成长起来的这批年轻人，他们养成的新习惯则很难再被其他竞争对手改变。其他产品若与网易云音乐竞争年轻用户，竞争对手的先发优势就不是那么明显，而相对老化的产品定位、体系反而成了劣势。

在这个案例中，与其网易云音乐与对手竞争全范围的用户群，不如选择可以四两拨千斤的用户需求部分。其关键点就是要结合用户需求的痛点、竞争对手真正薄弱的地方、自己能发挥巨大优势的地方三方面来思考，寻找突破口。

第 7 节　为了口碑满足需求

在用户群中拥有很好口碑的产品是怎样炼成的？

毫无疑问，用户口碑对互联网产品的影响越来越大了。口碑带给产品的品牌和传播效应是一款产品实现爆发式增长的基础。诸如，知乎、哔哩哔哩、网易云音乐、Keep、小红书等，都是拥有良好口碑的产品。它们的成功无疑与用户口碑无法分离，那么这些用户口碑究竟从何而来呢？

归根结底，用户口碑也是需求层面的事情。产品经理在打造口碑时，依然会面对数不尽的需求以及到底选择做哪一个的问题。可以肯定的是，满足用户需求绝不是将用户反馈的需求一一满足来达成的，甚至有些反馈的需求就算被实现了，也产生不了哪怕一丁点儿的口碑。因此对于需求的理解和判断，是把握用户口碑的关键。

在开始考虑满足什么样的用户需求之后会带来口碑之前，我们先研究一下口碑本身。口碑的产生与用户的特性息息相关，研究口碑本质上就是研究用户的特性。从我以往的产品经验来看，用户口碑有三个特点。

1. 超出预期

为什么在花力气实现了很多用户反馈的需求以后，用户没有在自己的圈子中口口相传呢？这是因为这些需求是稀疏平常的，用户认为其理所当然。一个产品支持一下微信登录，没有必要昭告天下——除非它是前十个支持微信登录的产品之一，那时候这件事情还挺稀奇。

口碑的产生源自超出预期地满足了用户，带给了用户惊喜感。在互联网产品中，如何带给用户惊喜感呢？我下面总结了三个比较常见的思路。

- **快**。在某项激动人心的新事物出现的时候，你的产品是第一时间跟进的，甚至这个新事物就是你们创造的，那么感兴趣的用户会产生惊喜感。最典型的就是在苹果、Google 公司每年更新 iOS、Android 系统的时候推出的一些新特性，很多产品都会抢第一时间去应用这些特性来更新产品。这出于用户本身对新鲜事物的浓厚兴趣。当然，近几年用户对 iOS 和 Android 系统新特性的关注度逐渐下降，追逐它们能产生的口碑也逐渐减弱了。还有一个很常见的案例是微博、微信上的营销，每当有热点话题产生时，一些品牌就会借势做相应的品牌宣传内容，引起用户的关注和传播，这样逐渐积累起许多忠实粉丝，拥有了很好的口碑。但随着几乎所有品牌都开始抢热点，人们迅速地对这些营销内容产生了审美疲劳，如今再想用热点来产生口碑，已经非常难了。

- **深**。这是一个很朴素的道理：只要功夫深，铁杵磨成针。在打造用户口碑时，这点可以用于很多地方。以网易云音乐为例，我们非常重视用户反馈，我们团队的每个成员都会在产品内的反馈系统、微博、微信、贴吧、知乎等地方查看并回复用户的疑问和建议。要做到这点其实很难，这不只是客服的工作，而是让每个人都发自内心地喜欢这个产品，自我驱动地做这件事。后来我们发现，用户经常会在知乎、微博上对网易云音乐重视用户反馈的态度提出表扬，逢人就推荐，这样就形成了好口碑。尽管之后用户量急剧扩大，没办法做到回复每一个反馈，但在产品发展中前期形成的口碑是非常有价值的，给用户留下了深刻的印象 。再如，网易云音乐的分享歌词图片功能（见图 3-9）、经典的唱片播放界面设计等都形成了很好的口碑，这些功能都针对一些用户感受上的细节做了深入的思考和设计。很多人年少时都有在本子上抄歌词的经历，我们通过一个生成歌词图片的功能重现了这个经历，这个设计赢得了广泛的好评，用户会分享到朋友圈进行传播。

- **不同维度**。在用户的预期与产品带来的感知处于同一维度的时候，想要用户产生惊喜感是难度很大的。仍以音乐为例，有音乐产品曾经在听音乐层面上做了比较多的优化和尝试，如音效的优化。从"深"的角度上说，其做得挺深入的，但为何音效方面没有产生像网易云音乐一些功能那样的好口碑呢？这是因为音效仍与用户听音乐这个最基本的需求处于同一维度。所谓的要超出用户预期，一定要与用户最基本的感受拉开差距才行，音效带来的差距还不够，因而也就没办法产生很广泛的口碑。反观网易云音乐的评论功能则口碑非常好，这是因为评论互动与听音乐处于不同的维度，差距一下子就拉开了。同理，还有很多与播放器相关的功能优化，都比较难产生好口碑。某音乐产品付出了很大的资源来做歌词翻译，不能否认其的确为用户提供了很好的体验，比如，韩语歌词会注明发音，这可谓是做到了极致。这件事产生了中等口碑，由于歌词翻译与听歌是同一维度上的事情，给用户的触动、惊喜感没有那么大，因而没有爆发出更大的能量。

图 3-9　网易云音乐的分享歌词图片功能

因此当产品经理打磨产品体验、揣摩用户需求时，不能把所有注意力都放在用户的基本需求上。这些需求通常表现得理所当然、四平八稳，实现它们带来的效果也比较波澜不惊。好口碑的产生一定是超出用户预期的，那么也就一定伴随着风险，团队内部可能对此会有争论，优秀的产品经理需要有一些冒险精神。

2. 乐意传播

用户口碑最明显的特征就是用户会在自己的圈子里传播。如果能让用户乐意传播产品的功能，那么就更能引发好口碑。传播与口碑是相辅相成、互相促进的。口碑会引发传播，而大量的传播会成倍地加强口碑。那么如何能引起用户传播呢？我在下面总结了常见的三个思路。

- **感同身受**。这点即前面所谈到的用户心理——共鸣，在此不做赘述。有共鸣，用户就有了传播的动机。微信公众号文章的经典案例《逃离北上广》，即是此道。

- **打开眼界**。人都有好奇心，未知而有趣的东西容易引发传播。知乎的问答、打开眼界的视频、网易云音乐的歌单和评论功能等都能让用户满足求知欲，因而乐于在自己的圈子中奔走相告。

- **展示自己**。这点即前面所谈到的用户心理——爱现，同样不做赘述。这是很常见的现象，有时候分享内容到朋友圈的目的不是让朋友们看这个内容，而是将自己与这个内容建立联系，表达了一种姿态。如果产品做到了这点，那么会非常容易产生好口碑。若能够让用户感觉到自己的地位有所提高，那么他们自然会多多地跟朋友们推荐这个产品。

产品经理需要有一定的市场思维，这样才能更好地捕捉用户乐意传播的点。在分析需求的时候，需要提前考虑传播，这样才能更好地打造口碑。

3. 大体量的用户

有些需求只有少数用户在意，即便满足了，产生了口碑，也只限于一小群用户，难以对产品产生巨大的推动作用——那些以专家型用户为主的产品除外。产品经理在面对用户需求时，需要甄别哪些是大体量的用户需求，满足这样的需求产生的口碑会具有巨大的能量。因为人人都这样说，那用户口碑就进化成了一种潮流，品牌价值就会提升很多，相应地会带来巨大的用户增长。

产品经理可以通过平时的锻炼来增强自己对用户口碑的敏感程度，方法很简单，在各种各样的用户发声渠道中观察用户的发言即可。微博、微信、贴吧、知乎……观察用户是怎么评价一个产品、怎样表达自己的喜欢或厌恶的，从中积累自己对用户口碑的把握能力。

第 4 章

产品经理的基本功

除了用户研究和需求分析，产品经理还需要修炼哪些基本功？

在面试产品经理、考察其能力时，我会看重两个方面：一个是基本功，另一个是天赋。天赋包括洞察能力和商业嗅觉，这对一个出类拔萃的产品经理来说十分重要（会在后面的章节中介绍）。而基本功则是产品经理能否做到 80 分的硬性条件。遗憾的是，相比于程序员群体的编码基本功，产品经理群体中能够练好基本功的比例要小一些（这也难怪程序员会"吐槽"产品经理）。

产品经理的很多技能都是随经验积累越来越扎实的，它不是一门"玄学"，恰恰相反，它是有规律可循，以及能够不断实践、日积月累得到提升的，而且这种提升（如本书前言所讲）会逐渐增强产品经理的技能。哪怕产品经理在天赋方面差一些，也能够通过努力来获得洞察能力和商业嗅觉（天赋在 99% 的情况下只是加分项）。

产品经理的基本功除了用户研究和需求分析（这在前面的章节中已经介绍过），还包括数据分析、交互设计、信息架构、UI 设计、编程能力（UI 设计和编程能力严格来说是可选的，但我认为它们挺有益处的，故而仍放在基本功中）、审美能力、竞品分析等，如图 4-1 所示。其中竞品分析与市场、行业的分析判断一脉相承，而且写起来篇幅较长，因此放在后面的章节中单独展开。在本章中，我们会聊一聊数据分析等基本功。

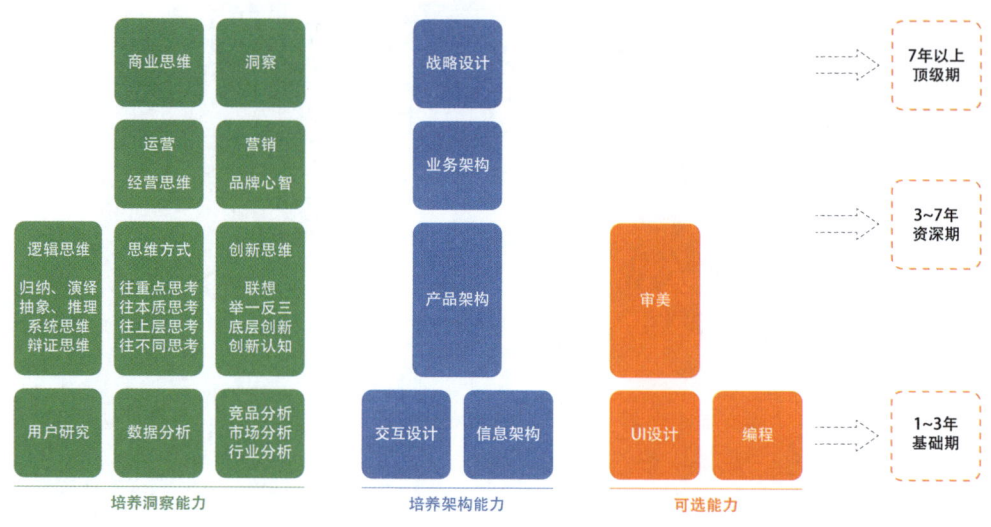

图 4-1　产品经理技能树

第 1 节　数据分析

今日头条系产品为何能快速发展？它们的产品方法论是什么？

从某种程度上讲，今日头条是一家流量运作公司，对流量 ROI（投资回报率）的运用纯熟度与效率非常高。如果我们剖析今日头条系产品的成长路线，会发现一条规律，在今日头条本身拥有很不错的广告变现能力的基础上，今日头条系产品在市场推广上非常舍得花钱——这里的原因就在于它们对流量 ROI 的掌握非常精细、纯熟。通过流量分发和广告售卖算法，能保证流入的流量高效变现，从而引入更多的符合 ROI 指标的流量——这样的流量获取速度会比其他公司快好几个量级，在其他公司正在犹豫的时候，今日头条已经将市场上的红利流量吸走了一大半，然后进一步促进广告变现，获得更多的现金流，从而进入了一个良性循环。上一家在中国互联网上这么运作流量的公司是阿里巴巴。

这样的流量运作非常依赖强大的数据和算法系统，而这正是今日头条起步和赖以生存的核心能力。要构建这样的数据和算法系统，需要非常高的数据运用能力和非常好的数据算法意识，而这些都依赖于数据分析的基础，练好这个基本功才有可能拥有好的数据和算法洞察能力，从而构建出一条清晰的数据和算法驱动的发展逻辑。

今日头条系产品的方法论基本上是构建在数据和算法上的。并不是说产品经理的世界中只有这么一个有效的方法论，而是在我们拥有基于数据和算法的产品方法后，配合我们对用户和业务的洞察能力、商业嗅觉，就像配上了先进的现代化武器去对付装备很差的军队。数据和算法本质上极大地提升了产品决策、运营 / 运作的效率。

在讨论数据分析的基本功之前，我想先分享一些数据和算法意识。中国互联网已经进入一个获取流量成本很高的时期，尤其是获取一二线城市用户流量的成本很高（就算是三四线城市的用户流量，大部分公司因为没有掌握优质渠道，所以获取成本也非常高）。那么产品只要想增长，不管是同质化的业务还是创新业务，如何高效而低成本地获取流量都是非常重要的问题（因为如果一个创新业务运营得不错，很快就会有竞争对手复制相同或类似的业务进入市场）。在这个时候，效率会成为最重要的因素。在流量获取、流量分发、流量变现这三个阶段，如何通过数据和算法提高效率则是产品负责人需要考虑的非常重要的问题。这个趋势从 2012 年左右就开始了，到如今仍只有部分头部公司拥有非常好的数据和算法系统来提高运营效率。而越是头部的公司，数据量级越大，数据和算法系统的效果就越好，这样就会形成强者恒强，而弱者很难追赶的局面。因此，对每一个有增长诉求的产品来说，尽快掌握这套方法是很关键的（即便是刚"出生"不久的小产品，有了这套武器也会更好，因为有思路和方法高效地获取第一波流量）。

正如本书所强调的，产品经理的基本功非常重要，数据和算法的意识也来自日复一日、年复一年数据分析的应用和积累。市面上有不少数据分析方面的好书，比如《精益数据分析》[1]，知乎上也有不少数据分析方面的专业人士以及精彩问答，这些书籍和网上的内容能很好地帮助我们学习数据分析技能，强烈推荐大家看。产品经理不需要成为数据分析方面的专家，但什么时候分析数据、分析哪些数据、如何分析数据、如何用数据辅助决策、如何用数据驱动业务，这些问题是产品经理必须要回答的。

我最早是从 Web 时代开始做产品的，那时大家都用 Alexa、Google Analytics 做网站的数据分析，我也学习了 UV/PV（独立访客 / 访问量）、跳出率、停留时长、留存率、漏斗、

1　阿利斯泰尔·克罗尔（Alistair Croll）、本杰明·尤科维奇（Benjamin Yoskovitz）著，韩知白、王鹤达译，《精益数据分析》，人民邮电出版社，2015 年。

路径转化等数据分析中的一些基本概念，当时养成的好的数据分析习惯一直保留到现在。除了看书和学习数据分析技能，还获得了一些数据分析方面的感悟。

（1）不能只看大数据，需要精细化分析。这应该是我最重要的感悟，也是很多产品经理可能缺乏的意识。下面用网易云音乐的两个小案例来说明一下。网易云音乐的评论非常受用户欢迎，数据表现也非常好：每天评论总数、点赞总数不断增加，领先竞争对手的优势很大。如果只看这个数据，是否就意味着评论系统已经非常好、不用再进一步优化了呢？答案是否定的，我们应当更加深入地思考如何用数据评估评论系统。评论总数和点赞总数可以从宏观方面看到评论系统的量级和质量，但我们还可以问如下问题。

- 超过 100 条评论的歌曲数量占比是多少？

- 评论、点赞数量的分布是怎样的，大量点赞是否集中在少数评论上，还是有长尾效应？

- 新的精彩评论数量占比是多少？被用户浏览过、点赞或回复过的评论数量占比是多少？

- 用户互相回复的比例有多少？

类似这样的问题实际上是针对评论系统的真实运营状态提问的。如果大量的评论集中在热门歌曲上，那么这可能是虚假繁荣，即并没有形成一个真正热爱音乐的社区，用户更多的是跟风。如果大量点赞集中在少数评论上，那么只有少数评论生产者获益，也就是我们常说的马太效应 [1]，这对社区的健康发展是很不利的。新的精彩评论数量占比、被用户浏览过的评论数量占比则是为了看更长尾的评论社区能否形成。UGC 的生产与互动覆盖率越高，这个社区的生命力越旺盛。

精细化地分析数据是非常重要的意识，从一个宏观数据上往下细分更多的数据维度，能让我们真正了解一个业务的真实状态，而不是表面上的情况。这需要耐心、定力和钻研精神，与浮躁、功利的风气格格不入，只有真正沉下心来做产品，才能不断去打磨、培养这个意识。

（2）需要看数据的变化、趋势。这点从字面意思上看，比较简单，容易理解。其中需要多讲一下趋势，产品经理需要有敏锐的发现数据趋势的能力。在业务快速增长期，核心业务数据都在快速增长；但在业务平缓期，数据看上去会很平稳，这个时候尤其需要敏锐地往细粒度看，从而发现数据趋势。例如，当一个内容型产品处于平缓期时，每日的用户活跃数、内容发布量、消费量等数据可能都处于平稳的状态，这时我们需要寻找一些突破口。我们可以把内容拆细了看，看每个一级、二级类别内容的数据情况，看有哪些变化趋势。在大盘数据

1　马太效应（Matthew Effect），指强者愈强、弱者愈弱的现象，广泛应用于社会心理学、教育、金融以及科学领域。

不变的情况下，细分的内容数据有可能有变化趋势，因为随着时间的推移，会有新的内容形态、流行趋势冒出来，而我们需要敏锐地发现它们，并且把它们规模化，这样才能找到新的内容型产品的用户增长点。

（3）需要对比数据，做到心中有谱。这里最普遍的问题是，是否知道某项数据的天花板在哪里。有时候我们觉得一个数据表现得不错，但其放在大盘里可能不突出。也就是说，我们要把数据和天花板、大盘做对比。例如，网易云音乐的独立音乐人数量这一数据，2017 年宣布有两万名音乐人在平台上活跃，如果把这一数据与竞争对手的数据做比较，那么无疑是较高的。但如果仔细思考音乐人的定义，是只有主流的民谣、电子、摇滚、嘻哈原创音乐人才是音乐人吗？中国每年从音乐院校毕业的学生都远远不止这个数。那么在酒吧、街头抱着一把吉他唱歌的人，他们是音乐人吗？在幕后作词、作曲、演奏的人，他们是音乐人吗？站在整个行业的角度，他们其实都应当算是音乐人，他们都为中国的音乐行业做出了自己的贡献。如果从这个角度看，中国的音乐人数量至少有几十万人，那么两万人与其相比就是一个小数了。因此，对网易云音乐而言，服务好所有的音乐人，而不止两万名已经入驻的音乐人，才是服务音乐人这项业务最高的使命。

（4）找到关键数据。在专门介绍用户增长（User Growth）的书籍里，对找到衡量业务增长的关键数据指标有很详细的描述，其被称为"北极星"数据，例如，Facebook 的用户关系数等。一个产品在不同阶段可能会有不同的关键数据；在不同的子业务里，也会有不同的关键数据。拥有关键数据的意识，产品经理就能够在众多繁复的数据中找到最核心、最能衡量 / 驱动业务增长的数据指标——因为在业务发展的过程中，总会出现不同的业务数据之间相互冲突的情况，所以很难做到面面俱到。关于关键数据，有一些一般性的经验，例如，内容型产品多为内容消费人数、数量；电商产品多为订单量、客单价；社交产品多为关系数、互动数等。但具体的情况还需要分析和验证数据，例如，一个产品的互动行为有评论、点赞、分享等，究竟哪个最能衡量 / 驱动业务，则需要进行测试和证验。网易云音乐在最初发展歌单系统时，有好几个数据可以考虑：播放歌单率、下载歌单率、收藏歌单率、分享歌单率……因为我们最希望提高用户留存率、不断增加 DAU（日活跃用户数量），所以就计算了这些数据哪一个和用户留存率是最相关的，最后分析出来的结果是收藏行为，于是我们就利用推荐算法将歌单收藏率作为指标，来优化用户于首页消费歌单的体验，从而不断地提高用户留存率，以驱动 DAU 的增长。

（5）数据约等于效率的意识。数据分析帮助产品经理做决策，甚至 A/B 测试可以代替产品经理做部分决策，这些都是为了降低决策的失误率和风险，将人的脑力用在更适合、更有深度、更有价值的地方——洞察。如同前文所介绍的，数据和算法的意识会是之后很多互联网产品的标配，那么产品经理在工作中需要不断地培养、实践这样的意识。在能够通过 A/B 测试和数据分析来决策的事项上，尽可能地用这些方法辅助决策，同时也要影响整个团队去适应这样的做法（尤其是产品经理的上级、产品的老板等应该这样做）。就现状来看，很多公司和产品团队还没有这样的意识。一个产品负责人是超级计算机，如果每天处理 100 个决策，那么一年几万个决策里面到底有多少是正确、靠谱的？很难说，并且这样的团队协作效率也是很低的。希望产品经理都能在职业生涯的起步期就牢牢地练好数据基本功，培养数据分析和算法的效率意识，未来去影响一个产品团队、一家公司，乃至整个行业。

得益于"用户增长"概念的风行，很多产品经理接触到了这个概念。这个概念本身并不新鲜，所涉及的具体事项也就是 BI、数据分析、市场投放、用户研究的日常工作，但真正能把这件事情做好的人，一定不是只了解皮毛的人，而是有扎实的数据基本功和意识的人；真正能把用户增长做好的公司，也一定不是赶时髦设立一个用户增长部门的公司（实际上不少公司在设立了独立的增长团队后反而影响了业务的发展，因为增长一定是与业务紧密结合在一起的，增长团队和业务团队的配合带来了新的问题），而是从上至下都具备数据驱动意识并且认真落地执行的公司。

第 2 节　交互设计和信息架构

产品经理是否需要掌握交互设计？

很多产品经理是设计师转型而来的，抛开这个情况不谈，交互设计也是产品经理的基本功之一。大部分互联网公司都会有专门的交互设计师与产品经理协同工作，但同时大部分产品经理会在产品需求文档中配上"低保真"的交互原型来描述需求——因为界面化的需求内容更容易沟通和理解。

产品经理要求同时具备出色的抽象和具象能力：抽象运用在系统级别的思考上，而具象运用在用户体验级别的思考上。交互设计和信息架构是锻炼这两种能力很好的基础与实践方式。在具象层面，交互设计不仅是画出页面功能的线框图，更本质的是将满足用户需求的想法具象化；在抽象层面，信息架构不仅是产品导航的设计，更本质的是产品元信息 / 数据的梳理、功能的划分与组织、产品与用户之间的交互关系，这些抽象逻辑将在之后更进一步地发展成业务架构。

从这个角度来说，掌握交互设计不仅是产品经理日常工作产出交付物的需要，同时也是锻炼自己能力的需要，并且它是核心的动手能力。一个产品经理是不是眼高手低，往往通过他的交互设计和信息架构技能就能够看出来。关于交互设计和信息架构成体系的专业知识，有很多优秀的书籍可供学习（当然可能也有些"古老"），如《界面设计模式（第 2 版）》[1]《信息架构：超越 Web 设计（第 4 版）》[2]、About Face 系列[3]……另外，在网上也有很多学习这些专业知识的方法。除了看书和网上自我学习外，下面分享一些我在交互设计和信息架构方面的感悟。

（1）具象层面，交互设计最关键的是考虑用户认知、使用场景。《点石成金：访客至上的 Web 和移动可用性设计秘笈（原书第 3 版）》[4] 一书虽然讲了非常多的实际交互案例，但带给我最大的收获是知道了什么是用户认知，用一句很浅白的话来讲就是在用户使用产品的时候，不要让他有任何思考。如何才能让我们的感受和用户一致？除了熟悉大量的交互案例，例如，一次只让用户注意一个重点信息；由于用户无法在手机上看清楚多行文字，主按钮要足够醒目……最关键的是不断积累用户认知。这里有一些经验性的结论可供参考：用户是很"懒"的，用户在同一时间只能理解一件事情，用户的耐心通常只有几秒，用户是冲动的，用户是"贪心"的（爱占小便宜）……本质上都是一些人性上的事情。有人可能会说，我的产品是专门针对某些资深用户进行设计的，不需要考虑这些用户认知。我想拿白居易写诗的故事来做比喻——传言他每次写完诗，都会把自己的诗念给那些不识字的农村老爷爷和老奶奶听，他们听懂了才会最终定稿；要是没有听懂，那么会一直修改，直到人们能够听懂为止。如果一个产品设计能让最平常的用户理解、用得顺手，那么它服务于所有的人就不存在障碍。部分用户的特殊性可以用其他的方式来满足，而非给所有用户增加认知门槛。关于对用户认知的积累，除了心理学外，我们要掌握根据具体的使用场景进行思考的能力。对使用场景的理解和分析，也是进行交互设计所必须要掌握的。这是一种意识、一个思维习惯，在面对每个设计时，都要从这点出发思考，不断地训练自己，达到秒变小白用户的状态。

（2）具象层面，不断地积累自己熟悉的设计模式。很多交互设计的书会详尽地列出常用

1　Jenifer Tidwell 著，De Dream 译，《界面设计模式（第 2 版）》，电子工业出版社，2013 年。这本书系统地介绍了用户界面模式。

2　Peter Morville、Louis Rosenfeld 著，樊旺斌译，《信息架构：超越 Web 设计（第 4 版）》，电子工业出版社，2016 年。这本书涵盖了信息架构基本原理和实践应用的方方面面。

3　Alan Cooper、Robert Reimann、David Cronin 著，About Face 系列，电子工业出版社。这套书全面系统地介绍了交互设计的过程、原理和方法。

4　克鲁格（Steve Krug）著，蒋芳译，《点石成金：访客至上的 Web 和移动可用性设计秘笈（原书第 3 版）》，机械工业出版社，2015 年。

的交互控件、设计规律等，熟悉这些设计模式，一方面积累了自己的专业知识，提高了产品设计的质量和效率，另一方面也积累了自己对用户认知的把握能力。需要注意的是，随着移动互联网的快速发展，设计模式更新迭代很快，未来在 AI、AR 等技术的带动下，人机交互会继续快速发展，设计模式也会不断地快速革新。在日常工作中，我常会发现交互设计师已掌握了新的设计模式，而产品经理还停留在过去的认知上，这就成为双方对用户和交互设计理解上的阻隔。所以，在设计模式上，不断地刷新自己的"数据库"是十分必要的。

（3）抽象层面，思考用户与信息 / 内容 / 服务……的关系。从具象层面来说，交互设计是在做用户在界面上的操作、对信息的获取；从抽象层面来说，其就是在分析、设计用户与信息的关系（此处的信息囊括了各种内容、服务等）。这涉及三个元素：用户、信息、用户到信息之间的路径。其中用户部分在用户研究的方法论中已经阐述，信息部分则在需求分析方法论中阐述，而路径部分就是去思考用户获取信息的链路，以及链路上的各个环节。一个产品的主要链路越清晰、不必要的环节越少，用户到达信息的效率就越高、体验就越好，对产品的整体感知就越清晰。相反，一个产品的主要链路如果不清晰、环节过多，那么用户对产品的感知就很模糊，最常见的反馈意见是，不知道这个产品要做什么。不断地思考和实践用户与信息之间的路径设计，就是在培养我们对产品业务主要链路的思考深度，为将来做产品架构、业务架构做准备。需要注意的是，有时候用户与信息之间的路径不是越短越好，最典型的例子应该是电商交易中女生想买一条连衣裙的场景，如果其路径设计只有一个连衣裙的商品详情页，恐怕要被非常多的女生"吐槽"，这剥夺了她们逛的需求——也就是在用户和连衣裙之间需要长一些的、丰富一些的路径。

（4）抽象层面，考虑复杂的多路径，设计整体的信息架构。当我们思考用户与信息之间的多路径时，就是在考虑导航和架构（当然还包括不同用户与不同信息之间的多路径）。这里的思考会很复杂，首先，我们看同用户、同信息情况下对多路径的思考。以网易云音乐为例，用户与音乐内容之间的路径有很多：主动搜索、识别音乐、按分类找歌、按歌手找歌、找新歌等，被动地听官方推荐的歌、用户分享的歌、按口味个性化推荐的歌等，如图 4-2 所示。我们要根据这些路径的优先级和复杂程度（考虑链路的长度、环节等），将相似的路径放在一起，将优先级高的路径放在导航上更靠前的地方。这就是设计导航和架构过程的一个缩影。

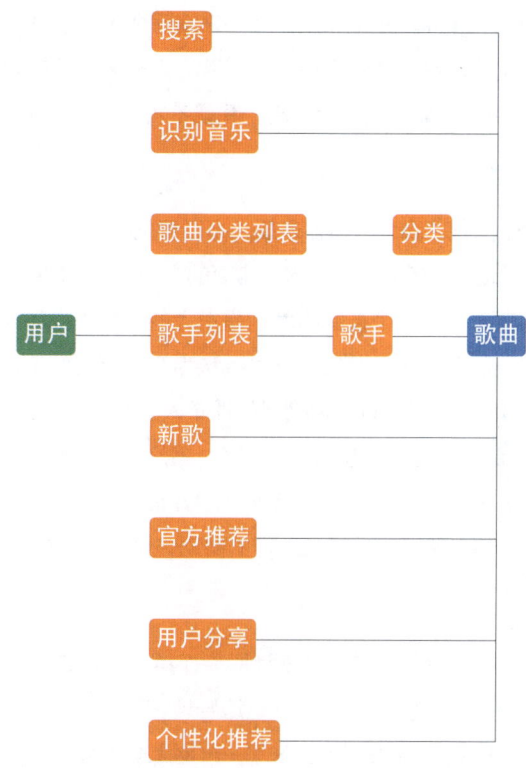

图 4-2　用户获取音乐内容的多路径

　　交互设计是一个产品经理的基本功，学习掌握它的方法就是熟能生巧。这个过程需要短则一年、长则三年时间的积累。而对导航和架构的思考和掌握，则需要更长时间的实践和总结，并不断地学习新的案例和深化自己的思考，我们会在后面的章节中讨论产品架构能力。大部分产品经理其实还没有熟练地掌握交互设计，没有掌握对用户认知和使用场景的理解、分析，没有打下扎实的基础，这对于产品想法的落地和自身的职业发展都会产生较大的影响。我们如何才能沉得下心、耐得住寂寞地练好基本功，而不是在很多产品经理社群中评头论足，这是我们自身需要回答的问题。

第 3 节　UI 设计和编程能力

　　产品经理是否需要掌握 UI 设计和编程能力？

　　这个问题我思考了很长时间，我自己的经历如下。在我读大学的时候，我恰好自学了用

Photoshop 做网页设计，用简单的前端和后端代码来编写个人网站程序；在我刚实习入行时，我会用这些技能做一些支撑产品设计的事情（小团队人力有限，我的网页设计和编程能力刚好派上了用场）；在我负责的产品规模变大之后，我就不再直接使用这些技能了，它们以另一种形式存在于我的工作中。

对于本节开始的这个问题，我也一直很矛盾，是否要把 UI 设计和编程能力作为产品经理的必备技能呢？产品经理是一个综合能力要求非常高的岗位，要了解产品生命周期中的几乎所有领域，但熟练掌握和有所了解一个技能的差别是很大的。关于产品经理的学习发展，我也思考了很长时间，想法经历了变化、发展。最早我认为产品经理的模板应该就是我自己，于是更多的是总结自己身上的优缺点，以要求产品经理新人的学习、成长方向；后来我逐渐明白，每个人都不同，培养产品经理更重要的可能是点亮一盏灯，营造好土壤、阳光、空气、水分的环境，让优秀的人自己成长。因此，现在我认为，UI 设计和编程能力是可选能力，我会告诉大家它们能在视觉和架构上带给产品经理一定的帮助，至于是否需要熟练掌握，因人而异、因自己的兴趣和驱动力而异。

首先，我们聊聊 UI 设计。在专门的 UI 设计职能被具体明确之前，与 UI 设计相关的几个专业领域有信息传达、平面构成、色彩构成等，这些理论知识曾广泛应用于广告设计。在互联网的网页设计开始流行起来后，学习设计更快了——网上有大量的 Web design gallery（网页设计展览馆，收集了很多互联网上出色的网页设计案例）可供学习借鉴，也可以学习国外的设计风格。到了设计手机 App UI 的时候，情形依然如此。现在全世界设计师集中的地方是 Dribbble、Behance 等，对于一名新手而言，不需要从理论开始学起，可以直接从全世界优秀的设计作品开始学习。当然，如果想要成为一名功底扎实的设计师，那些专业领域的理论知识必不可少（可以帮助我们理解和运用设计的本质）。对于产品经理来说，了解一些设计思路，达到能简单地做一做 UI，或对产品视觉有具体的触感，在 Dribbble、Behance 上学习足矣。顺带一提，网易云音乐的设计灵感也有部分来自 Dribbble。所以大量地观摩设计作品，是产品经理培养自己对 UI 的感觉、审美意识的最佳实践。

接下来我们聊聊编程能力和架构能力。对于那些喜欢自己动手做网页、H5 页面、App、小程序的人，写一些简单的代码是一种乐趣，就如同亲手用乐高积木将脑海中的画面搭建出来一样。在 PC 时代，会用 HTML、CSS、JavaScript 来编写网站程序的产品经理不少，这给了他们很多实践自己想法的机会（不会发生"我有一个主意，就缺程序员"的情况）。写代码除了带给产品经理对产品实现过程的真切体感、与程序员沟通更顺畅的好处，更重要的是能提高产品经理的产品架构能力。以 HTML 为例，它的 <header>、<body>、<footer>、<div> 等标签其实代表了分拆网页结构的思想，甚至在 HTML5 中有 <nav>（表示导航）标签。经常用 HTML 代码编写网页，就会锻炼自己将产品导航做得更加合理、优雅的能力——因为在代码实现层面，合理、优雅的导航必然意味着合理、优雅的代码结构。看一段优雅的 HTML 标签是很享受的事情，通过代码结构就能觉察到这个网页架构设计得是否合理。

　　此外，写代码能锻炼产品经理的逻辑思维能力。一般而言，初步学习前端语言是从临摹实现一个网页开始的。这个时候有点像线性思维，把一个网页从上到下、一点一点地编写出来。之后随着对实现网页越来越熟悉，在拿到一个网页设计的时候，就会首先思考这个网页的架构，思考怎样组织才能够让代码更合理、优雅。这其实就是逻辑思考的过程。而持续不断地如此锻炼，会让产品经理在设计产品的时候，在大脑中就把代码模块连接起来，这意味着对架构的理解会更加深刻——如果懂得骨骼，自然对人体血肉更了解。事实上，我们所学习的导航设计、信息架构等本身就是一个技术活，可从《信息架构：超越 Web 设计（第 4 版）》一书（见图 4-3）中得知，信息架构中的元数据、索引、字母表等专业词汇就是技术领域的。在我们了解了 CSS、JavaScript，甚至 PHP、Python 等后端语言后，就会对网站设计的实现理解得更深：CSS 和 JavaScript 可以让我们更加清楚 UI 样式的实现，以及交互动作是如何通过脚本语言实现的，从而设计更合理的布局和交互；而后端语言则会让我们初步理解前后端分离的思想，对 UI 实现与业务逻辑之间如何解耦有更深刻的理解，这将有利于产品经理做出更棒的产品架构——业务逻辑与产品形态之间如何解耦并保持灵活。

图 4-3　《信息架构：超越 Web 设计（第 4 版）》

UI 设计和编程能力所带来的好处，除亲身经历获得外，别无其他途径。所以虽然说 UI 设计和编程能力是产品经理可选择的基本功，但如果想要负责系统很复杂的产品、对品牌塑造与人文素养有高要求的产品，那么在我看来它们就是必备的基本功了，因为无论是审美能力还是架构能力，都需要日复一日地积累、升华。

第 4 节　审美能力

审美能力究竟在多大程度上影响我们做产品？

在产品经理技能树中，我把审美能力归于可选能力，这其实是有点矛盾的。一方面，通过我个人的经历总结与观察思考，我很确定审美能力对于出类拔萃的产品经理而言十分重要；另一方面，我又觉得审美能力在现阶段的教育认知中处于不太重要的地位（尽管它正在变得越来越重要），同时并非所有的产品工作都需要用到它。因此，我对审美能力的态度是，并非每一个产品经理都需要练就这一扎实的基本功，但若想做出杰出的产品，它是必不可少的（甚至有时候是决定性因素）。另外，审美能力除非天赋异禀，通常需要通过经年累月的培养才能厚积而薄发。

这里可能有一个误区，即提高审美能力后，我们都要做所谓的"高大上"的产品设计吗？其实并不是。提高审美能力是为了让我们在美的理解上提高自己的上限、拓宽自己的认知幅度。见得足够多，我们才能有针对性地根据具体的人群选择具体的设计。另外，也要认识到，美是不断变化和发展的，每年都有流行的潘通色[1]，隔几年设计风格就会改变一次（甚至还经常回潮，近几年复古风格和极简风格一直交替引领时尚）。优秀的设计师会提前预测之后的设计风格，在大众之前先觉察到并应用于设计中，这样带给大众的感知就是这个产品设计新潮、吸引眼球。所以我们提高审美能力也是为了让产品经理对美的感知和体验能领先大众半个身位——能感受到今后流行的设计趋势，同时也能感受到大众对美的接受边界在哪里。

以往在谈到产品的美时，它究竟影响什么，以及美的评价标准是什么等，是很含糊的。我们这里谈到的美不只是狭义上的优美、好看，还包含了"真善美"中的美。美学博大精深，本书就不去谈其评价标准了（这块还挺有争议的），只剖析一下审美能力对产品的影响作用，以期望能更清晰地展现这项基本功的影响范围。

1　潘通色：潘通（PANTONE）色卡是色彩信息的国际统一标准，涵盖印刷、纺织、塑胶、绘图、数码科技等领域。

由表及里，审美能力对产品的影响范围分为三层：视觉 / 体验层、用户行为 / 产品层、价值观 / 世界观层。

视觉 / 体验层：这是最快、最直接让用户感受到的地方。美好的视觉体验能让用户产生愉悦感，精巧的细节设计能够给用户留下深刻的印象。相比电脑，手机上 App 的视觉体验更容易让用户沉浸。需要注意的是，视觉体验并不是只有一种风格好，如今简单、冷淡的风格很受部分人推崇，但只要多打开一些 App，我们就会发现不同的风格百花齐放。事实上，视觉风格的潮流也是几年一变的，iPhone 刚诞生时流行拟物的设计风格，随后越来越简单、清淡，发展过程中吸收了 Android 和 Windows Phone 的很多设计理念，不断变化着。因此，切忌走马观花或跟风，而应该根据产品自身的特点来不断地强化优势、包容并蓄。另外，在实际工作中，视觉体验经常与其他产品要素有冲突，比如，极其醒目且吸引眼球的购买按钮、降价促销的夸张宣传图片、恨不得让用户看几十个信息的页面……我并不反对在业务之中聚焦业务目标，从产品的方方面面都考量业务目标，但产品经理心里需要有一把尺子，用以度量用户对这些与视觉体验相关元素的感受，思考夸张的购买按钮和降价促销宣传图是否真的有用，是否一直有用？我们应该小心验证、求得答案。此外，即便我们通过一些刺激眼球的方式达到了初期的效果，那也不意味着我们产品的视觉体验要一直停留在这个层次上，为何不通过更好的视觉体验让用户更喜爱产品，产生更多的品牌认同、情感连接呢？现在很多优秀的 App、游戏的视觉体验设计得十分出色，在满足业务目标和商业考量之外，产品也更优美，如果能兼得，我们何乐而不为？很多时候，是我们的审美能力或价值取向决定了我们的选择。

用户行为 / 产品层：从这一层开始，就涉及"真善美"中美的部分了，即会包含更多人文素养的内容。我最早是从豆瓣上观察到这一现象的（产品中包含人文素养）。阿北是一位审美能力相当高的产品经理、公司老板，我虽然没有机缘与他交流，但通过豆瓣这个产品感受到了他的审美层次。豆瓣上书籍、电影、音乐的条目信息做得非常细致，鼓励爱好者们共建互联网上的交流家园。当我查看豆瓣上的电影页面时，脑海里会浮现出一个庞大而丰富的电影资料库和很多影迷聚集在一起的景象，可以感受到大家对文化、艺术的喜爱与尊重，这超越了视觉体验的层面。人文素养并不是人人具备的，但具备的人数不多并不意味着我们的产品中不应该体现和提倡。就如同豆瓣的电影条目、网易云音乐的评论、哔哩哔哩的弹幕、微信的公众号，最早只是一小部分人的乐趣，而如今已经在大众中流行起来。产品中的人文气息是可以传播的，但如果没有最开始的把握，也就没有后来的传播。这意味着我们需要用户能更加深入地参与、共建（以前可能只适用于社区产品，但未来我相信会适用于更广阔范围的产品），也意味着我们需要具备审美能力，使用户与产品互相看得上，也就意味着我们和用户之间的关系不仅是以前服务与被服务的关系，同时还发生了新的变化，下面就来到了第三层。

价值观 / 世界观层：一个产品需要有自己的价值观 / 世界观吗？我的答案是一定要有。如果这个产品想追求卓越的品质并且存活得尽可能久，就需要有。我常被问及一些问题：网易云音乐以小众音乐起家，未来用户数量增加之后，这个小众音乐的定位会不会变？变为大众音乐产品之后，之前的用户会不会流失？在网易云音乐诞生之初，我们的团队就确定了这个问题的答案，我们不想只做一个小众产品或者曲高和寡的产品。除了希望有更大用户规模的商业考量，我内心里始终觉得，音乐是全人类的精神食粮，它不分国家、种族、语言，每个人都有听自己喜欢音乐的权利，每首好听的歌也都有自己的受众。我们喜欢的音乐与我们的个性、气质、成长、家庭、教育、生活环境等很多因素相关，是我们个性的一部分。作为一个发现与分享音乐的平台，我们不应该歧视任何一种音乐，不应该以小众或大众来区别对待不同的音乐，不应该排斥喜欢某一类音乐的用户，而应该提倡包容、开放的社区氛围，尊重他人的音乐喜好，我们可以严肃或轻松地讨论音乐，但绝不该诋毁和人身攻击。这就是我内心里的网易云音乐的价值观、世界观。其投射到网易云音乐的社区上，就是一个社区的运营准则。我相信在产品发展的过程中，一定会有用户因为不适应这样的审美观而离开，但会有更多的具有相同审美观的用户加入进来，与我们共建产品。如果我们希望用户参与进来，那么一个产品其实就是一个世界。游戏是一个世界，社区是一个世界，未来会有更多的产品是一个世界。在一个世界中就需要有价值观、世界观。我们的审美观会影响我们的价值观，进一步影响我们所创造产品的品质。仔细看看张小龙的产品分享内容，就会发现有很多内容在描述微信的价值观、世界观，就是这个道理。

产品最终的品质其实是由产品负责人的审美能力决定的（至少是相当重要的决定因素）。如上面所述，对品质的影响有三层。需要注意的是，即便这三层是递进关系，但从用户的角度来看，它们都挺重要的——毕竟除了有利可图外（但利益驱动不长久），没有人会在产品既不优美也不优雅的情况下去感受所谓的价值观、世界观。那么我们如何培养自己的审美能力呢？

一是可以接触大量的视觉艺术（Visual Art），不仅是 App 设计、网页设计，还包括平面设计、字体设计，甚至绘画、雕塑等，而且要尽早开始。审美能力的积累和培养除了靠天赋，还需要大量的时间。另外，这些视觉艺术和人文素养也是相通的。譬如拍电影，优秀的摄影语言往往与精巧的剧本相通，能够让观众通过视觉感受到导演、编剧、演员等想传达的内涵。这在艺术和设计上被称为形式与内涵，二者都很重要（虽然历史上会有在不同阶段更提倡形式或内涵的情况）。

二是积累人文素养，读书、看电影、听音乐、了解文史哲等都是拓展我们眼界和人文知识面的好方式，也要尽早开始。国内有很多顶级的产品经理、游戏制作人，其人文素养造诣都很高，对中国文化、西方文化如数家珍，这些都需要经年累月的积累，非朝夕可成。此外，如有条件，周游各地、拜访贤者，甚至亲身去体验风土民情，则会更好。功利点说，人文素养的积累会成为以后做产品时的素材；往深处说，审美能力提高后，整个人的气质自然得以提升，即所谓的"腹有诗书气自华"，而这些都会在无形中塑造产品。

最后，审美能力是厚积而薄发的，无法急功近利，心态不好反而会适得其反。切记不能功利地看待这件事情，而要将它视为自我修养的提升。

前面章节所介绍的产品经理基本功：用户研究、需求分析、数据分析、交互设计、信息架构、UI 设计、编程能力、审美能力等，将会伴随产品经理的整个职业生涯。我们持续不断地实践、锻炼它们，从而也持续不断地从中获益。真切地希望每一位产品经理在这个略显浮躁的社会环境中能重视基本功的打磨。古人云：博观而约取，厚积而薄发。

第 5 章

在激烈的竞争中
寻找产品定位

产品如何才能形成差异化竞争？

移动互联网发展到现在，基本上已经没有蓝海了。而大数据、云计算、VR/AR 之争早已开始，竞争越来越充分，也越来越激烈。从今往后立项的新产品面对的很可能都是竞争激烈的市场。

在竞争市场中确定产品定位至关重要，因为它决定了：

- 产品能否在开始阶段活下来。
- 产品今后发展的天花板。

如果产品定位有偏差，那么整个产品的发展和团队都会陷入困境：产品似乎没有命中用户的痛点需求、产品与竞争对手太像、产品太小众、产品没办法赢利……这些问题都可以溯源到产品定位。

产品经理对产品定位的把握需要大量的经验积累，这些经验来自用户需求洞察的实践、产品架构的设计，以及行业市场的分析等。其中行业市场的分析是源头的部分，也是最关键的部分。源头如果模糊、偏移，那么自然会造成结果的偏差。

在做产品定位时，也有一套基本的方法论。这个方法论适用于资深产品经理、产品负责人。本章讨论的方法论包括如下内容。

- 分析行业、市场、竞争对手，从抽象到具象一步步地剖析你的产品所处的环境。

- 寻找产品的切入点，结合外部的分析和自身用户群、优势的分析，找到产品打开市场的切口。

- 在切入点的基础上，对产品定位和长期发展做出阶段性的规划，并设计扩张的接口。

- 整套方法论中最关键的当属"变化"二字，机会往往处于变化之中。

第1节　看清楚一个行业

为什么视频 App 能导致电影、电视行业发生变革？

中国的互联网视频产品出现距今也不过短短十年时间。在这十年里涌现的视频产品成百上千，用户观看电视、电影的习惯也随之发生了剧烈的变化。以往，电视台的竞争对手只有电视台，电影行业的玩家也一直是制片厂、发行方和院线。而如今局面已经截然不同，互联网视频产品中的顶尖玩家成为引领行业变革的人，并且也加入视频制作源头的竞争之中。仅十年而已，电视、电影的编剧和导演发现同行们已经换成了通过互联网平台成长、发展起来的人才。如图 5-1 所示为互联网视频的演变。

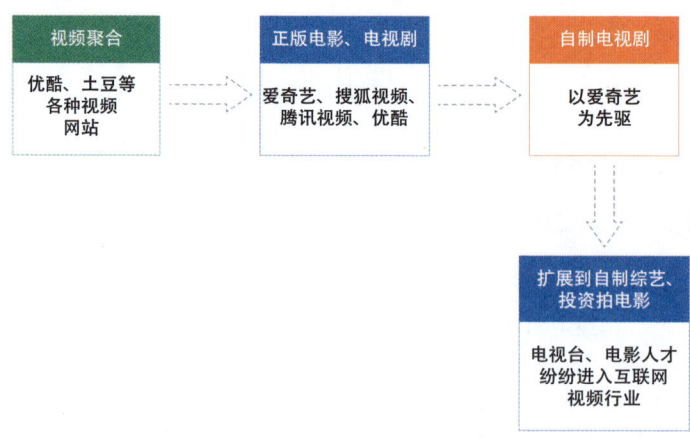

图 5-1　互联网视频的演变

机会往往出现在未来会发生巨大变化的行业中。如果单看互联网本身，近几年最大的机会无疑会出现在 PC 互联网向移动互联网的发展变化中，社交、新闻、视频、音乐、工具等领域在这个过程中都有改朝换代的机会。而如果结合互联网和其他行业来看，机会则存在于互联网的作用和影响下以及发生变革的过程中，近几年火热的互联网医疗、教育、O2O 等概念均基于此，但每个像 O2O 这样的概念在目前并不一定都能实现。

因而作为产品经理，思考产品定位的第一步就是要弄清楚自己产品所在行业的情况，这是发现机会的开始。我在分析思考一个行业时，会问自己如下三个问题。

- 这个行业有哪些玩家？他们之间的关系是怎样的？

- 未来几年，这个行业会发生什么变化？在这些变化中会产生什么机会？

- 行业里的玩家会如何抓住变化中的机会？

想要弄清楚这三个问题，除自己刚好身处这个行业之中，特别熟悉、了解行业外，每个产品经理都需要进行大量的研究，翻阅大量的资料，与此同时，还需要具备国内外类比、不同行业类比等各种举一反三的能力。这对于产品经理的眼界要求非常高，只有看得足够多，才能做到了然于胸，才不会出现"书到用时方恨少"的情况。

眼界的确是一个产品经理从执行层面迈向决策层面最关键的素质之一。而这项素质似乎只能在日复一日地吸收、积累中培养，从观察、分析每一个产品，与各行各业的人不断交流，到查看每一份行业数据报告，看每一本"与互联网无关"的书籍，产品经理唯有把自己当成海绵，才能做到开阔眼界。并且，越是处于高位的产品经理，越需要海绵精神。接下来，我们会通过案例来看看对上面关于行业的三个问题的思考。

时间回到 2013 年，看那个时候的音乐行业，会是什么情况？有哪些玩家？

我对音乐行业的研究，是从一份 IFPI（国际唱片业协会）的报告 *Digital Music Report 2012* 开始的。我在通过搜索引擎搜索与音乐行业相关的信息时，无意在豆瓣的小组帖子中发现了这份报告的链接。根据这份报告的描述，全球唱片业形势在好转，2011 年，数字音乐收入 52 亿美元，比前一年增长了 8%（而之前几年数字音乐的收入涨幅在不断下降）。另外，IFPI 还盛赞了韩国在著作权保护和唱片业发展上取得的成果，而中国目前这方面的现状最差、潜力最大。

中国音乐行业的玩家有下面这几类。

- 词曲作者等幕后工作人员。

- 艺人。

- 经纪公司、唱片公司、版权公司。

- 音乐演出公司。

- 唱片店等实体销售渠道。

- 电台 DJ、乐评人、音乐杂志等媒体。

- 在线音乐平台。

- 乐迷、听众。

- 游戏、广告、影视、彩铃等相关获利者。

上面这些音乐行业的玩家，处于音乐的制作、发行、传播、评价、演出、获利等一系列环节之中。音乐是一种内容，围绕这个内容会产生更多的衍生效应。但内容是源头，因此这个行业最关键的就是内容，整个音乐行业的兴衰起伏也由一个时代的音乐内容品质和流行情况所决定。

如果看从 20 世纪 80、90 年代到现在中国以及西方的流行音乐发展情况，会发现每一个时代都有自己鲜明的音乐风格、特色。摇滚、流行、民谣、电子成为最受这几代人喜爱的音乐流派。每一代人的不同、社会环境的不同催生出了不同的音乐。而每个人都会听音乐，都会或多或少地受音乐的影响，从某种程度上说，音乐也在精神和文化上影响了一代代人，优秀的音乐和艺人甚至会成为一个群体的精神支柱。

因此，处于音乐行业上游的几类玩家都是围绕音乐内容来明确自己位置的。作词、作曲、编曲等幕后工作人员是一首音乐作品的灵魂；艺人将音乐作品演绎到极致，打上明显的个人标签；经纪人、唱片公司、版权公司则帮助艺人及其团队制作、发行音乐，并明确版权归属；大的唱片公司还会负责音乐的推广、传播，围绕音乐的营收来做文章。

总的来说，音乐行业的玩家可以分为三类：内容源部分、中间部分、听众部分，如图 5-2 所示。

- **内容源部分**：词曲作者等幕后工作人员、艺人。

- **中间部分**：涉及音乐的发行、传播、产生营收等诸多环节，从经纪人、唱片公司到演出公司、在线音乐平台等都可以归为此部分。

- **听众部分**：听众。

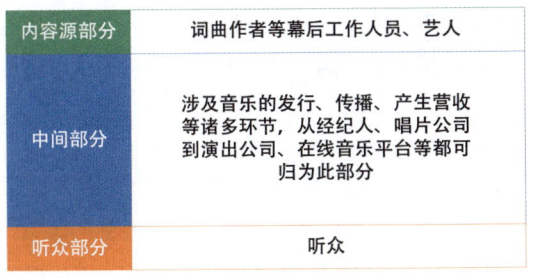

内容源部分	词曲作者等幕后工作人员、艺人
中间部分	涉及音乐的发行、传播、产生营收等诸多环节，从经纪人、唱片公司到演出公司、在线音乐平台等都可归为此部分
听众部分	听众

图 5-2　音乐行业的三类玩家

中间部分帮助上游的内容源部分更好地输送内容到下游的听众部分，并在整个过程中获取利润。这三类中最强势的玩家就可以把控内容的输送以及利润的分配。在过去 20 世纪 80、90 年代，唱片店、音乐电台 / 排行榜、大型唱片公司都把持过中间部分，在音乐行业里发挥了举足轻重的影响力。在 CD 销售的黄金年代，由于利润非常丰厚，处于上游的艺人往往是社会收入的顶级阶层，而作词、作曲等幕后工作人员也能获得不错的收入，因而在那个时代，中国的音乐行业里人才辈出，出现了一大批优秀的作品和偶像。而自从互联网开始兴起，数字音乐逐渐取代 CD 之后，由于音乐版权管理不善、音乐行业收入降低、没有新的商业模式，整个行业的利润不断下滑，因而这个行业的人才也逐渐凋零，只剩下最好的一批艺人。还能坚持下去的只剩下坚持梦想做音乐的人，而唱片公司也无力变革，更多地依靠之前获得的音乐内容赚取版权费用，对新兴的音乐内容和艺人的开发则处于懈怠状态。整个行业在做一些新尝试的玩家只剩下如下两类。

- 电视台，拍摄音乐综艺节目，从更娱乐的角度挖掘音乐的价值，以《超级女声》《中国好声音》《我是歌手》等为代表。

- 演出公司，聚焦在年轻人喜欢的现场音乐上，从城市年轻人需要的释放活力的角度去探索新的演出形态，以迷笛音乐节、草莓音乐节等为代表。

的确，如 IFPI 的报告中所描述的，互联网让中国的听众更容易接触到音乐、更方便地听到音乐，但也打破了原本稳固的商业模式。中国的版权制度一直不太完善，过去曾出现过盗版磁带横行的局面，在互联网兴起之后，中国市场是盗版最严重的地方。过去用户需要花费数十元来购买一张 CD，而现在则无须分文。从最早的 MP3 搜索下载开始，到音乐的门户网站产品，用户获取音乐的方式越来越便捷，而音乐行业也越来越穷，其中最穷的就是艺人和词曲作者。由于互联网广泛传播、难以监管的特性，之前把持行业龙头位置的传统唱片公司没能想出有效处理盗版问题的办法。大家似乎都知道这艘"船"正在下沉，但都使不上劲。

中国的音乐行业会发生变化吗？未来几年在这些变化中会有什么机会？

在中国音乐行业的收入只剩下演出、彩铃、广告等收入，音乐本身并不赚钱的时候，选择进入这个行业，似乎很像炒股中的抄底。但在下手前，还应该仔细分析一下这个行业未来的变化情况。

如果对比世界上的其他国家，它们同样受互联网的冲击，但音乐行业的情况则要好得多。最典型的例子是韩国，这个在流行文化输出方面居于世界前列的国家，音乐行业曾经也饱受互联网冲击、盗版横行的影响，但在政府整治盗版的决心之下，它们很快就止住了颓势。其中一个手段非常有效：政府会要求运营商监控用户是否在下载盗版音乐，如果确定，就会弹出一个警告给用户（听上去有点惊悚，而我们的运营商与此同时却在做浏览器劫持放广告的事情）。另外，在美国，下载盗版音乐甚至是一种触犯法律的行为。

除了对比世界其他国家，相近行业之间的类比也是产品经理常用的分析方法。和音乐行业最相似的是视频行业，视频行业同样也在互联网的影响之下开始出现大量盗版内容。而后经过正版化的洗牌，这个行业目前正处于蓬勃发展的时期，行业中的人才——无论是专业的导演、演员，还是业余的视频制作者，数量都远比以前多。行业中的各类玩家也风生水起：制作视频的工作室层出不穷，视频内容平台几家争霸，就连电视台也开始自我改革接入互联网，大家一起产出更优质的内容，做大这块"蛋糕"。

由此我感到，音乐行业未来一定会发生变化，并且朝着越来越好的方向变化，移动互联网和正版化会是音乐行业变化的最关键的两个因素。如果将互联网音乐行业看成音乐行业的一个子集，那么它们的关系如图 5-3 所示。随着时间的推移，音乐行业与互联网的结合会越来越深入，互联网音乐行业的份额（圈）会越来越大。

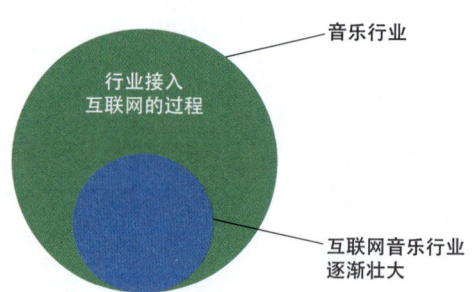

图 5-3　互联网音乐行业与音乐行业

移动互联网的特点：资源极多、时间碎片化、传播极广。移动互联网会极大地影响听众关于音乐的体验，进而引发行业中间部分的变革（这与视频行业也很像）。

（1）听众随时随地都能听音乐，而且能很方便地获取全世界的音乐。

（2）听众更愿意互动和分享了，微博和微信"教育"了用户随时随地分享自己的生活状态。

（3）互联网会让音乐的传播速度变得飞快，一首歌曲能立刻在数百万人之间传播，以往打榜、媒体介绍的方式会被用户之间的分享、传播取代。

（4）用户的影响力比 CD 时代大得多。以前一张唱片是否受欢迎，往往至少要等一个月的 CD 销量出来才知道。而现在不需要了，几分钟内用户马上就能评价自己是否喜欢这首歌曲，这给音乐制作带来了非常大的影响——音乐制作人会更加重视听众的反馈。

（5）以往没有任何一家电台、排行榜、唱片公司能够覆盖数亿音乐用户，而互联网音乐平台则有这个机会。美国的 iTunes、Spotify、Pandora 等都已经证明了自己强大的影响力。

（6）中国用户不再限于只听港台、大陆流行音乐了，全世界各种各样的音乐都可以被所有用户听到。让好音乐更广泛地传播，是互联网音乐平台的立身之本。

……

这里面变化最大的就是音乐的传播和互动，这也是互联网连接的本质。四通八达的网络能让原本散落四处的信息和人连接起来，并且存在减少中间环节的机会。用户以前需要经过好几个中间环节（唱片公司、电台、排行榜、CD 店等）才能接触到音乐，而现在音乐的传播更加直接、迅速，就像形成了一个音乐领域的社交网络。同时，在用户与音乐、用户与用户连接起来之后，他们之间的互动也丰富了许多，每个音乐节点（如一首歌、一张专辑、一个艺人等）都可能是一次互动的契机，这样频繁而丰富的互动会完全改变以往用户看音乐杂志、听 DJ 介绍的单向互动模式，也会让用户感受到原来世界上有这么多和自己音乐口味相似的人。

当音乐的传播方式发生改变时，音乐行业的利润分配机制也有可能随之改变。就如同国外的 YouTube、iTunes 等平台会将更多的利润分配给视频、音乐的直接生产者，中国的音乐行业也会在行业变化中产生更利于内容源的利润分配机制，更加鼓励内容的产生，重视整个行业的长远发展，而非竭泽而渔。《泰坦尼克号》永远是影史经典，但如果十年之后它还是观看人数最多的电影，那问题就非常大了。现在中国的音乐行业很缺少优秀的新的音乐内容，老内容占据了大量的消费时间——KTV 中最常唱的歌曲一直不怎么变化，从中可以窥知一二。只有让音乐制作者至少能从中赚钱养活自己，音乐行业才能健康地向前发展。

对于音乐行业的理解，我们还剩下一个问题：音乐行业的玩家应该如何抓住这个机会？

　　这个问题是在思考未来行业变化中的机会点对各角色的影响，进而在之后思考产品定位时能判断哪些角色是至关重要的。在上面的分析中，我总结了音乐行业未来变化的三个方面：音乐传播、音乐互动、利润分配。这三个方面对每个玩家来说都有很大的变化，下面逐步分析。

　　（1）对内容源部分的玩家（艺人、词曲作者等幕后工作人员）来说，变化如下。

- 能获得更多来自互联网的流量，而且流量结构很扁平、直接。

- 能直接获得听众的互动反馈。

- 能自主地营销、传播自己。

- 也许有新的营收方法，能让自己赚钱。

　　他们能更直接地接触听众。自从微博出现后，用户就开始逐渐习惯在网上发表自己生活中的各种体会，其中就包括对一首歌曲的喜恶。内容制作人能够很方便地从社交网络、音乐平台上获取用户对自己作品的评价，非常及时并且评价数量巨大。这些信息能帮助那些想要作品更受欢迎的制作人做出更符合用户口味的作品；而那些想要保持自己艺术风格的人，也至少可以看到最喜欢自己风格的是哪些用户，有利于其思考如何保持自己最纯正的音乐。与此同时，互联网带来了更多的流量、更扁平的渠道，内容源部分能获得更多的用户——只要玩家善于用互联网发展自己、营销自己。这会产生与传统音乐行业不同的偶像与优质内容，就像视频行业中的《万万没想到》一样。

　　（2）对中间部分的玩家（经纪人、唱片公司、演出公司、互联网音乐平台等）来说，变化如下。

- 向互联网的传播方式靠拢，更多地接入互联网。

- 推广音乐和艺人时，逐渐加入了互联网的营销方法。

- 加快音乐内容的推广节奏，加快对市场的反应速度，加快对年轻用户群体的获取速度。

- 甚至将自己完全互联网化，或者互联网音乐平台开始有唱片公司的职能。

- 开始利用互联网媒介，让自己的音乐营收更加多元化，而非仅依靠音乐版权、演出的销售赢利。

　　传统中间部分的玩家（如唱片公司），在过去的音乐行业中占据垄断地位，但面对互联网对音乐行业的冲击，主要的实体音乐营收部分锐减，大部分唱片公司都船大难掉头，难以马上建立新的营收模式。相比于新兴的互联网音乐平台的轻快，他们对新方向的探索速度会比较慢。而其中反应、探索速度越快的玩家，就能越早地让自己在未来的变化中占据先机。同时，互联网强大的连接能力也让中间部分的玩家能注意到彼此——这在过去是很难的，很难知道其他人在做什么。玩家们能更好地知道竞争对手的情况，也能更好地学习。

（3）对听众部分来说，变化如下。

- 可以听到全世界的音乐。

- 可以更容易地找到音乐上的知己——相比于以前只能在现实生活中遇见。

- 可以更近距离地与偶像互动——微博已经成功证明。

- 对自己喜欢的音乐更有话语权了，国内外听众都会直接表达自己对于音乐的喜恶。

- 可以自主地选择自己的音乐兴趣，通过唾手可得的海量内容和数据，用户可以更容易地找到自己喜欢的音乐。

- 可以看到音乐行业上游玩家们的一举一动。制作、传播、演出等过程对大众都变得透明了。

互联网非常强调用户的力量，在文字、视频等领域，互联网上都产生了大量的草根明星，音乐领域未来的变化亦会如此。乐于分享、传播好音乐的听众会成为未来音乐行业中能影响很多人听歌兴趣的意见领袖。如果说过去中国音乐行业的专业编辑、DJ 成千上万，那么在互联网时代，音乐的意见领袖人数可能是以十万计的。

如图 5-4 所示是音乐行业变化中各个玩家的机会。

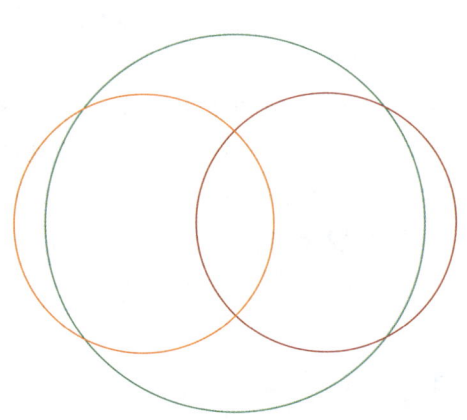

三个部分越来越融合，
其中平台最大，
平台中用户的力量最大。

对内容源：
长尾化，获得的流量更多、更直接，
与用户的互动更直接，
自主的营销、传播，
也许有新的营收方式。

平台的机会：
使用户与内容源更加靠近，
取代传统的电台、媒体，成为制定规则、
分配利益的平台。

图 5-4　音乐行业变化中各个玩家的机会

在思考行业变化的过程中，需要运用逻辑思维分解行业中的不同玩家，理清他们之间的关系，从每类玩家入手分析行业发展变化时他们自身会产生的变化。在分析过程中，会用到很多复杂信息理解、拆解、类比的思维方法。与此同时，要掌握很多资料和数据，这些信息都可以通过互联网获取，这里由于篇幅有限，就不展开描述这些信息和数据的获取过程了。本章一系列分析的关键所在是，产品经理要掌握全方位的逻辑思考、推理能力。

第 2 节　分析市场的竞争局面

如何看待豆瓣电影近十年的得与失？

我是一个影迷，豆瓣电影是我很喜欢的产品，它至今仍聚集了中国大量的电影爱好者——那些不光去电影院，也会在互联网上到处搜罗电影来看的人。可以说，豆瓣电影是中国互联网 Web 2.0 时代非常成功的产品，影响了很多电影爱好者，为其打开了电影世界的大门。随着移动互联网的发展，曾经的诸多电影社区和媒体 App 的更新迭代次数变少、对用户的影响力有所下降，不过它们的电影评分仍旧是中国电影的重要风向标。它们起伏背后的原因是什么呢？

豆瓣电影的起伏是一个很典型的可以用于分析市场的案例。产品经理在清楚地了解一个行业之后，需要对市场的竞争局面进行细致的分析。本节内容会讨论相关市场、上下游、平台与应用、零和市场等概念，也同样会用发展、变化的眼光去分析市场。

像 SWOT 这样基本的市场分析方法在此就不做介绍了，互联网上已有非常多的相关内容。经过很长时间的检验，SWOT 方法对于初步分析产品所处的市场环境是很有用的，但随着互联网的发展，市场的变化速度非常快，往往看似不相关的两个市场也会产生竞争，这种情况在互联网时代发生过许多案例：做手机的小米突然"抢"了很多电视厂商的份额；做社交的微信开通了支付功能后让支付宝感到危机……因此，在移动互联网时代，我分析市场的方法是放在更大的环境中去思考，不仅要寻找突破口，也要寻找防御点。

在分析市场时，我会从如下三个方面考虑。

- 这个市场的相关市场是什么？它的上下游有哪些？谁是平台，谁是应用？
- 这是一个零和市场吗？有没有办法做非零和市场？
- 这个市场未来的变化是怎样的？应该如何抓住机会？

同分析行业一样，要想搞清楚这几个市场分析的问题，需要大量的时间投入其中。越是高阶的产品经理，花在分析和思考上的时间越多。在了解大量的案例后，产品经理对市场分析的灵敏度会上升几个档次，这里再强调一下，眼界是产品经理非常重要的高级素质。

下面从豆瓣电影的案例来讨论市场分析的方法论。

在 2008 年前后，互联网上最出名的电影网站是时光网。当时的时光网汇聚了大量的影迷，因为在中文互联网世界中，它将电影资料库做到了极致：丰富的电影信息、导演 / 演员数据库、IMDB（互联网电影资料库）的评分、影迷们的论坛。我在大学的 BBS 电影版块做过版主，可以说时光网影响了互联网上的一批资深影迷。

但几年之后豆瓣电影在用户量和知名度上就超过了时光网，其中的原因是什么呢？而如今电影购票 App 的用户量和知名度不断扩大和提升，原因又是什么呢？

我们先从对电影市场上下游的分析开始。

电影的上游：制片商、发行商、拍摄团队、营销团队……

电影的中游：看片、字幕、电影院、电影票、爆米花……

电影的下游：电影资料库、下载网站、讨论社区、推荐引擎……

在 Web 1.0 时代，互联网上影响力最大的时光网是做电影资料库的。如果仅在电影资料库这个市场上与时光网竞争，那么豆瓣电影与时光网进行的是零和市场竞争。在零和市场中，竞争很可能只依靠资源投入和执行力，这肯定不是豆瓣电影的强项。那有没有机会探寻非零和市场来竞争呢？

在 Web 2.0 时代，电影市场上引人瞩目的网站是豆瓣电影、BT 下载、字幕下载（以射手网为主），这些产品主打的市场是电影资料库的相关市场，从而避开了最直接的竞争。而其中豆瓣电影以推荐引擎和影评社区为主，这两点吸引了大量的电影爱好者，从而反过来逐渐"吃掉"了原本时光网的市场份额。这里值得思考的是，推荐引擎和影评社区是比电影资料库覆盖更广的市场，满足了更多用户的需求。

而在移动互联网时代，引人瞩目的产品变成了爱奇艺、腾讯视频、格瓦拉、淘票票、猫眼电影、微票儿……过去的电影爱好者更多地在互联网上搜索并下载电影来看，而现在中国的电影市场成功地撬动了更广泛的大众用户——那些懒得搜索、下载的人，这些人可以直接在视频产品上看电影。另外，国内院线的火爆、数量急剧上升也让大众的电影娱乐需求得到了充分释放。过去年轻人爱 K 歌聚会，而现在电影院则是更受欢迎的去处。视频产品和购买电影票产品在切入电影市场的时候，没有选择和豆瓣电影直接竞争影评社区和推荐引擎，而是在电影的中游看片和电影票上找到了机会。看片和电影票显然比影评社区更加靠近用户使用电影相关产品的入口，并且更贴近大众用户的需求。如今视频产品和电影票产品的用户活跃度已经超过了豆瓣电影，并且它们顺水推舟地也做了影评社区和推荐引擎，豆瓣电影过去引以为傲的社区优势逐渐丧失。豆瓣曾经也尝试过发展电影票业务，无奈步伐不够快，短短一两年内，电影市场的版图就发生了巨大的变化。像 2016 年上海电影节这样的文艺青年关注的盛事，不仅在豆瓣上进行了发酵，而且淘票票显然通过影院合作、售票合作等拉动了更多的用户需求。豆瓣电影在文艺青年中的绝对优势也在逐渐流失。图 5-5 展示了时光网、豆瓣电影、电影购票 App 等的兴衰。

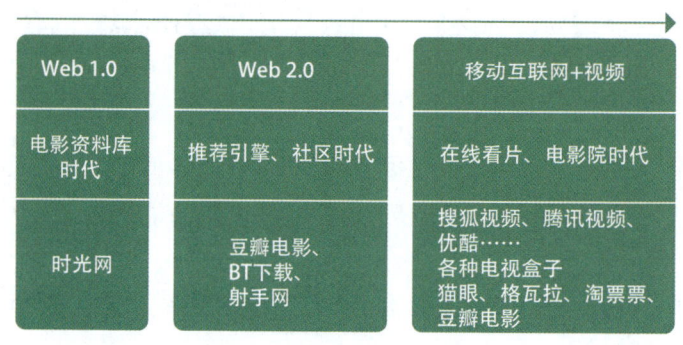

图 5-5　时光网、豆瓣电影、电影购票 App 等的兴衰

互联网对行业的很多影响和渗透都是从下游开始逐渐往上游走的，从应用开始逐渐发展成平台。这是因为越依赖互联网的部分，越容易在前期就受到互联网的影响——只需要一部手机和一个 App 就能连接千万用户。但这并不意味着这个市场就没机会了，这时需要分析市场的上下游，以及平台和垂直应用的关系。

- **分析市场的上下游**。上游和下游同时有着竞争与合作的关系。下游市场在用户基数变大之后，势必会向上发展，从而更多地影响整个行业；上游市场在掌握了资源后，也势必会向下发展，去拓展更多的渠道。它们在充分竞争后达到一个平衡。电影行业的万达就是从上游往下游走；而优酷旗下的合一业就是从下游往上游走。互联网公司更擅长从下游切入，网易云音乐也如此，在我们通过三年时间获得了海量用户和好口碑之后，会试图用互联网和用户的力量去影响音乐行业，比如，对音乐人制作作品和赢利的支持，对整体用户音乐审美观的影响。当市场的下游已经被占据时，可以看它的中游、上游是否还有新机会，尤其是那些尚未完全爆发的市场，电影娱乐在豆瓣电影时代还是小众文艺青年的爱好；而现在这个市场扩大了好几倍，成倍增长的市场会给中游、上游带来更多的机会。

- **分析平台和垂直应用**。平台可以支撑垂直应用的发展，垂直应用发展壮大后也可以成为平台。阿里巴巴及其促成的生态体系是很典型的平台—垂直—平台的发展路径。淘宝作为一个平台，很好地支撑了支付应用、生活服务、返利应用……而如今支付宝也成为一个平台，发展出了互联网财富管理、金融应用；大众点评也成为一个平台，发展出了面向 O2O 的各种应用；而围绕电商的导购产品更是层出不穷。在没有平台的时候，在市场中要开拓一个垂直应用是很艰难的。平台需要用户频繁使用，不断提升用户黏性，它承担了教育用户、培养市场的责任。在用户的需求逐渐成熟、发散出来后，平台就可以带动周围的垂直应用，让整个市场更快地向前发展。在音乐市场上，随着网易云音乐逐渐成长为平台，并且在提高了中国用户的独立音乐审美层次之后，越来越多的小型创业产品开始进入市场——围绕音乐人演出、作品制作发行、粉丝互动的各类产品在 2015 年、2016 年如雨后春笋般出现。当研究市场中的平台和垂直应用时，我们需要思考两个问题：市场中有没有平台？如果没有的话，我们要做的应用是不是高频应用，能否发展成平台？

- **探寻非零和市场**。如前文所述，豆瓣电影之于时光网、格瓦拉等之于豆瓣电影都不是在一个零和市场中直接竞争的，而是探寻了非零和市场，甚至产生了超出原有市场的影响力。这在互联网的市场竞争中非常重要，尤其是对那些希望创新的公司来说——如何在巨头们的版图之间找到机会。网易云音乐也如此，没有直接和音乐市场上的巨头竞争曲库、播放器，而是选择了歌单、社交，最终打出了新天地。关于零和市场，彼得·蒂尔（PayPal 的创始人）在他的著作《从 0 到 1：开启商业与未来的秘密》[1] 中阐述得很有意思，推荐这本书给产品经理们阅读。

- **分析市场中的变化机会**。在互联网发生了剧烈变化的今天，我们需要带着变化的眼光去看几乎所有事情。市场分析是前期确定产品定位的重要工作，如前文所述，它是产品后续能否发展的关键。市场中的变化机会往往因用户需求发生变化，需求的变化主要来自需求越来越丰富、出现新的消费形式等。在上面的电影市场案例中，时光网、豆瓣电影、一众影票 App 在市场上不同的时间段内各领风骚，这正是因为用户需求发生了变化。具体的分析变化的思路与行业分析中的一致，这里就不再赘述了。

以上这些分析市场的方法，着眼于分析市场中的机会点或应该防御之处。互联网里充满

1　彼得·蒂尔、布莱克·马斯特斯著，高玉芳译，《从 0 到 1：开启商业与未来的秘密》，中信出版社，2015 年。这本书详细描述了从 0 到 1 的创业和创新，其中的如何发现新的市场方面值得产品经理深入研究。

了竞争，同时也充满了合作，这些方法并非过度夸大了竞争（过度关注竞争可能会导致对业务和用户的关注减弱）。产品经理在运用时，也需要注意不要被市场竞争牵着鼻子走——所有的研究与分析最后都应服务于产品经理对用户需求和产品自身的判断和策略。在具体做决策时，市场分析只是众多考虑因素中的一环。

第 3 节　比竞争对手还了解竞争对手

为什么我不赞成依照《用户体验要素：以用户为中心的产品设计》一书来做竞品分析？

这本书是我当年学习用户体验设计的启蒙书，其中提出了 Web 产品包含：战略层、范围层、结构层、框架层、表现层的产品设计要素。我看到不少产品经理会用这五个要素做竞品分析。

我不赞成的原因是，这五层是宏观思路，而竞品分析除了宏观的战略方面外，更重要的是落在实处地对竞争对手了如指掌。所谓知己知彼，百战不殆。很多产品经理在分析竞争对手时，缺乏对数据的敏锐观察，缺乏对用户反馈的收集、掌握。分析的产物更多的是从自己思路出发的偏主观的逻辑判断，而没有站在客观的角度去看。

通过脑图将一个产品的导航、功能画出来并加上自己的点评，这只能算部分竞品分析，只能算初步了解了竞争对手。那么如何才能做到对竞争对手了若指掌呢？这需要更多客观的信息，其中最重要的就是数据和用户反馈。竞品做了很多功能，这些功能的数据表现如何？用户评价如何？通过足够多的客观信息，我们才能真正地了解竞争对手，甚至比他们自己更了解——因为不是每个团队对数据和用户反馈都有最高的重视程度。

我常用的竞品分析方法可以总结为从产品、用户、数据三个角度去分析的方法。本章前面两节已经讨论了行业、市场的战略层面，在本节中我们将重点讨论落在每个细节上的产品分析方法。很多产品经理有一个误区，认为竞品分析是一次性的：用几天时间分析了某个产品，完成了一份报告，竞品分析就完成了，其实不然。

首先，竞品分析是贯穿产品经理工作始终的。对一个产品的深入了解不会是一次性的，而需要日积月累地加深，最终达到了若指掌的程度。这意味着产品经理随时都会进入分析一个竞品的状态中。

其次，竞品的不断发展、变化也要求产品经理持续地跟踪、了解。这里再次强调"变化"这个词，我们可以通过竞品的变化，揣摩它业务方向的调整、发展，它的财务情况，它团队的变化。这些对产品经理来说都是很重要的信息，有利于把握竞争局面。

下面对产品、用户、数据这套竞品分析方法进行具体介绍。

1. 数据方面

- 竞品整体数据，了解竞品在市场中的体量和位置。
- 竞品数据趋势，了解竞品整体数据的变化趋势。

2. 用户方面

- 竞品核心用户，熟悉竞品最忠诚的用户群。
- 竞品主流用户，熟悉竞品占比最大的主流用户群。
- 用户构成，熟悉竞品各类用户群的构成比例。

3. 产品方面

- 竞品核心竞争力，分析核心功能的特点、详细数据情况、用户评价。
- 竞品主要功能，分析竞品的主要功能特点、详细数据情况、用户评价。
- 竞品发展趋势，了解竞品过去、现在、未来的功能发展走向。

以上三个方面并不是割裂的。在我们分析一个产品的时候，往往会同时分析它的功能、数据和用户，而不是先了解一遍功能，再分析一遍数据，最后分析一遍用户。

可以看到，这其中最关键的就是对数据和用户行为、评价的挖掘，下面先从数据开始。当分析一个产品时，首先要看它的整体数据。很多行业数据报告（多为公关软文）会说到一个产品的总用户量，通常大得惊人，但我们还需要查看产品的日活跃用户数、周活跃用户数或者月活跃用户数，以及使用时长、使用频次等。我们可以通过一些更加公正、客观的第三方统计机构获取这些数据，如 QuestMobile、联通沃指数等的数据。此外，还可以查看百度指数、微指数，从用户对一个产品的搜索频次、社交讨论频次来侧面揣摩产品的用户体量。另外，苹果应用商店和各大 Android 市场的应用排名和下载量也是可以参考的数据。在看这些数据的过程中，产品经理需要做出自己的判断，总的来说，整体数据能帮助我们在初期判断一个产品在市场中的体量和位置。

在分析整体数据时，我们还应该看产品的变化趋势，如产品在过去一年中活跃用户的增长情况、使用时长的变化情况、各个重要产品迭代时间点前后的数据变化、重要的市场营销行为对产品知名度的影响等。只要结合数据和趋势一起看，可以挤掉大部分水分（例如，可以观察出在应用市场上刷榜的行为），同时也能知道一个产品的发展状态。一个产品是在快速向上，还是在走下坡路，这无疑是很重要的信息。

下面还有一些关于活跃用户比例的经验数据可以分享给大家。这些数据并不是某个产品的，而是从我分析数据的过程中积累下来的，是当下国内互联网上比较健康的产品（较大体量以上）的平均数据。

- 日活跃用户数／总用户数 = 5%。

- 周活跃用户数／总用户数 = 10%。

- 月活跃用户数／总用户数 = 20%。

- 次日留存率 = 40%。

- 7 日留存率 = 20%。

- 30 日留存率 = 10%。

这些经验数据可以帮助我们怀疑明显有疑问的数据报告，比如，宣称有 1000 万用户，然而日活跃用户数不足 10 万，活跃用户比例太低了。有可能大部分用户是通过低质量的推广拉来的用户。

在了解清楚整体数据后，我们可以开始挖掘产品功能的详细数据。为何一定要看功能的详细数据呢？理清一款产品的功能结构，找到它的核心功能、基础功能都很容易，但如何评价一个功能是否命中了用户需求、是否表现很好呢？这时就需要通过查看这个功能的详细数据来分析了。

例如，如果要分析网易云音乐歌单功能的数据情况，可以从以下几个角度看。

- 每天新增的推荐歌单数量，通过在歌单栏目中观察新歌单的数量、标签下新歌单的数量来计算。

- 热门歌单的收听量、收藏量、评论数，以及它们之间的比例。

- 新歌单的收听量、收藏量、评论数，以及它们之间的比例，这个比例还可以与热门歌单的情况做比较。

- 不同标签下的歌单数量和消费数据的对比，从而知道哪些是热门标签，哪些是冷门标签。

- 一个活跃的 UGC 用户创建的歌单数量。

- 一个活跃的消费型用户创建的歌单数量、收藏的歌单数量。

- 活跃的 UGC 用户数量，通过在歌单栏目中记录数字，以及持续观察用户榜来计算。

- 在歌单的评论区中查看用户不同时间的评论，以此来观察歌单能否形成长尾的传播。

- 歌单中热门歌曲的占比、冷门歌曲的占比。

- 新奇特主题的歌单占比，以此来观察歌单是否丰富多样。

……

随着对功能的分析、研究越来越深入，会出现越来越多有意思的数据，也会让我们掌握真实的信息（部分产品的功能缺乏直接的数据显示，从而无法分析）。除此之外，我们还应该挖掘用户的行为和反馈。类似地，先看看产品整体用户群的情况。

（1）了解产品的核心用户群，也就是最忠实的用户、黏性最高的用户。一个产品有很多功能，但大部分用户只用到其中20%左右的功能，而核心用户可能会用到一个产品80%左右的功能。不同产品的核心用户情况不一样。有些产品功能很简单，其实就没有核心用户，绝大部分用户的使用体验都差不多，比如，前几年的产品 A，打开听歌即可，所有用户的行为非常统一。而有些产品功能较多，有各式各样针对不同用户的功能，于是就有了核心用户，如另一产品 B，有经常使用小组、Loop 这样功能的用户，这些用户就属于它的核心用户。然后，运用前面描述的用户研究方法，给核心用户做一个用户画像。

（2）了解产品的主流用户群，大部分用户是沉默的大多数，只使用产品 20% 左右的功能，似乎也无法获得他们对于功能的评价，但分析主流用户也同样重要。例如，产品 A 的功能非常统一又比较简单，就是一个根据用户兴趣随机播放音乐的产品，所以它的用户群相对来说高度统一，也基本上都是它的主流用户。它的主流用户非常"懒"，并不希望通过搜索等复杂的操作来播放音乐，更希望打开产品 A 后放在一旁，然后音乐就会响起，用户去干自己的事情，一般把音乐当作背景音乐来使用，这就是产品 A 主流用户的特点。

（3）了解产品的不同用户群构成，这一部分在前面所述的用户研究方法中有提及，这里就不做赘述了。

在了解整体用户群后，我们可以开始挖掘用户针对产品功能的具体行为和反馈，仍以网易云音乐的歌单功能为例，可以从以下几个角度去看。

- 用户在歌单的评论中会说些什么？用户在喜欢某个歌单时会如何表达？用户在不喜欢

某个歌单时会如何表达？由此来观察用户眼中歌单的优点和缺点。

- 不同的用户对同一歌单会有不一样的观点吗？是什么导致了不一样？
- 用户在把歌单分享到社交产品上时会写什么？是什么因素驱动了用户的分享？
- 统计一下用户在对歌单进行评论和分享时，用得最多的关键词。
- 在应用市场的用户评价中，寻找描述歌单功能的反馈。
- 在微博、贴吧、豆瓣、知乎等社交和社区产品中，寻找用户关于歌单功能的讨论内容。

……

同样，在获取用户对于某个功能的反馈和评价时，也会获得一些有意思的发现，让我们可以了解真实的用户态度，一个功能受不受人欢迎。其中一些观点甚至能激发我们对于竞品功能的一些新的思考。

在做完这些脚踏实地的工作之后，产品经理应当对竞争对手形成了一个很具体而深入的理解。简单判断以上工作是否做到位的方法就是，能否非常快速地判断出一篇公关软文的水分在哪里。如此日积月累的训练会逐渐让产品经理的感觉越来越敏锐，因为接触到的这些数据、反馈都是真材实料的信息之源，远比画一个个基本的产品功能脑图价值大得多。这就是所谓的产品经理真正看过了很多产品，才能做到举一反三。

在本章前三节中，我们从行业、市场、竞品的角度，从抽象到具象一步步地分析了产品所处的竞争环境，这些都是为了"知彼"。如此这样，当我们在之后做产品定位和设计决策时，才能尽可能地达到信息透明并提高决策的正确率。

第 4 节　寻找切入点

如何在充分竞争的市场中找到产品切入点？

产品最难的地方就在于从 0 到 1，而从 0 到 1 最难的地方就在于寻找产品切入点。互联网历史上已经有很多成功产品的切入点分析案例了，然而在做一款新产品时，产品经理还是会很头疼切入点的问题。这是因为市场形势和用户需求始终处于变化之中，不同市场之间的差异也很大，任何一个产品寻找切入点都不容易。

我在做新产品寻找切入点的过程中，尝试总结了一个方法，希望产品经理在实际工作中寻找切入点时能有脉络可循,这个方法除前面所述的对行业、市场、竞品的分析,以及对用户的研究、理解外,最关键之处是两个词——细分、新兴。

- **细分**:足够尖锐,切开一道口子。

- **新兴**:足够前瞻,未来改变现在。

这个思路不难理解,竞争激烈的市场一般都存在强大且发展良久的竞争对手,他们拥有自己的优势(除了独特的产品技术洞见外,通常这个优势是随着时间积累的用户、资源等),想要挑战这样的对手,如果用对手曾经使用过的方法发展,那无疑是很难产生差异化、很难发展起来的。因此要着眼于未来、用未来可能发生的变化来推导现在应该如何规划。而又因为竞品强大,一开始就想从正面战场直接硬碰硬,无疑是以卵击石。正因为如此,需要我们寻找细分市场,瞄准这个市场全力做下去,撕开一道口子,从而求得发展机会。综合来看,就是在强大竞争对手可能忽视的地方,寻找未来的发展机会点。

我们以 2013 年网易云音乐诞生时分析、寻找产品切入点为例,来看看细分和新兴的思考方法。2013 年,在线音乐市场的新兴方向是什么呢? 未来会有什么变化? 那时是移动互联网快速发展的时期,越来越多的用户开始使用手机听音乐,同时音乐产品中 App 产品所占的比重越来越大,不管是活跃用户数量还是在线时长都是 App 产品占优。用手机听音乐和用 PC 听音乐,有很不一样的特点。

- PC 时代,用户要么坐在电脑前面听(一般是办公、学习状态,当作背景音乐),要么从电脑上把歌曲下载下来传到音乐播放器里听。

- 手机时代,用户可以直接用手机听音乐,随时随地地听。

听音乐环境与设备的变化会带来很大的影响,产生连锁反应。这时我们需要抓住手机时代的特点,思考未来会有怎样的变化。

- 用户使用 PC 越来越少,在 PC 上下载歌曲然后传送到手机上听的行为越来越少,流媒体会越来越流行。国外的 Spotify 正是流媒体播放器的代表,其发展迅速。下载减少,趋向在云端同步收藏的歌曲。

- 用户在手机上听音乐的频次相比 PC 上更高。因为打开 App 的成本远低于打开 PC 的成本,用户有更多的机会随时随地听音乐,这也形成了用户行为越来越碎片化的特点。碎片化会对音乐产生什么样的影响? 对内容的更新、变化,对兴趣点的即时捕捉,都有了更多的要求。

- 用户越来越懒，智能手机比 PC 更进一步，通过移动互联网为用户解决了更多的问题。最直观地看，智能手机的操作系统比 PC 的操作系统简单、易用很多，从 2 岁小孩到 70 岁老人都能很快学会使用手机；用户在听音乐时也如此，最好打开 App 就能听，而不是像 PC 上那样操作复杂。

- 用户会用手机进行更多的社交互动。手机是用户的一种延伸，用户上网的时间大幅延长，有更多的时间接触互联网上各种各样的人。相比 PC 时代用户的社交互动功能基本被 QQ 垄断，手机上各种各样的 App 都有了社交互动功能，这是因为手机能让用户之间随时随地地联络上。那么更多的社交互动会给音乐带来什么变化呢？

下面就是网易云音乐所思考的，在移动互联网开始快速发展时互联网音乐会出现的新兴变化：云同步、碎片化、用户越来越"懒"、更多的社交互动。

- **云同步**：未来，不管在哪个设备上，用户在网易云音乐中收藏的音乐都应该是实时同步的，这免去了在不同设备间传输音乐的繁复步骤。我们观察到在国外市场上，诸如 Spotify、Rdio、Deezer 等产品，已经有云同步音乐列表的发展趋势，这成为网易云音乐歌单想法的雏形——我们要通过云同步的歌单打造更好的管理、播放音乐的体验，取代传统 PC 音乐产品的播放列表功能。

- **碎片化**：碎片化意味着比起 PC 上的音乐软件，用户打开音乐 App 的频次更高了，而且每次打开应该看到不同的新内容。这对内容数量的要求高了非常多，传统的编辑推荐模式逐渐不再适用，拥有海量内容的产品才适合在碎片化的移动互联网上发展。网易云音乐之所以定位为一个音乐社区产品而非一个音乐播放器，正是瞄准了未来用户碎片化需求的特点，我们决定主打 UGC。

- **用户越来越"懒"**：人都是懒的。传统的音乐产品更偏重曲库型的体验，大部分用户通过搜索查找自己想听的歌曲。对于懒人而言，这是一件很麻烦的事情。最好的体验是打开 App 后，几秒内就能听歌，甚至只需要一步操作就能听歌。而不同用户的音乐口味是不一样的，那么一款面向大众的音乐 App 如何做到所有用户都只用操作一步就能听歌呢？我们决定将个性化推荐作为产品最重要的发展方向之一。

- **社交互动**：如今，大部分 App 或多或少都会带一些社交互动的成分。而在 2013 年，音乐社交这个概念还非常新，大部分人会持审慎的态度来看待它。网易云音乐看到了社交产品在移动互联网上发展飞速，于是将社交互动也作为产品最重要的发展方向之一。一开始，我们并不是全知全能，直到网易云音乐评论功能开始火爆，音乐社交才真正引爆。但如果没有一开始在这个方向上的投入和探索，恐怕也不会有后面的一切。

针对这些，一个新的音乐 App 应该如何规划呢？（见图 5-6）

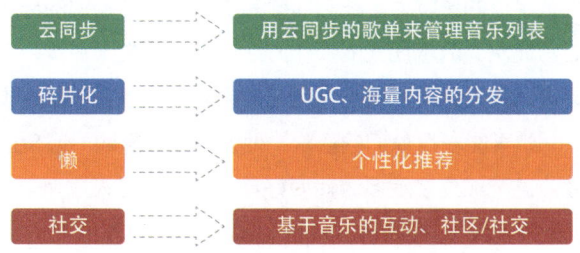

图 5-6　针对未来的变化，新的 App 应该如何规划

在分析了未来的发展方向后，我们再来看看如何寻找细分领域。如前面在划分用户群时所分析的，在 2013 年的互联网音乐行业中，占据领先地位的主要是酷狗音乐、酷我音乐、QQ 音乐、天天动听等，它们占据了近 80% 的在线音乐市场，主流市场的用户群是大众用户，那么细分市场在哪里？

内容社区型的产品通常会考虑将某个领域的资深用户作为细分市场切入点，这主要是因为如下原因。

- 资深用户可以产生高质量的内容，高质量的内容才有好的消费价值。

- 聚集资深用户有利于做格调较高的品牌，品牌从高往低辐射比较容易发展，从低往高则困难得多。

以上理念现在已经被很多互联网从业者熟知，很多内容型产品的创业项目也都会选择某领域的资深用户来切入。需要注意的是，这里资深的含义是一个相对说法：网易云音乐的歌单创建者相对网易云音乐的听众来说，是听音乐这件事情上的资深用户；GIF 快手上的搞笑短视频作者，相对 GIF 快手上的观众来说，是恶搞娱乐这件事情上的资深用户。

除了内容社区型产品外，我们来看看广义上的产品形态，在选择细分市场时，需要重点考虑如下因素。

- 细分用户的关键需求是否没有被很好地满足，而且他们的需求也是大众市场的需求，只是市场上目前没有很好的解决方案。例如，网易云音乐选择的资深音乐爱好者，发现好音乐的数量是他们的痛点。尽管在 2013 年，所有用户都能通过音乐产品发现音乐，但大部分行为是搜索，是纯主动的发现方式。当用户仔细回想自己喜欢听的音乐从何而来时，发现完全依赖于自己的认知和身边人的推荐。那么用户是否需要发现更多的音乐呢？答案是显然的，没有人会拒绝听自己喜欢的音乐，这点不管对资深用户还是对大众用户来说都是一致的，尽管他们在听音乐的数量上会有较大差别。

- 细分市场是否有足够的影响力，在之后产品扩张时能影响别的群体。这点其实在网络游戏行业是非常成熟、流水线式的操作方法了。在过去十多年，几乎所有网络游戏在内测初期都会做好几轮邀请测试，并且邀请码的获取是有一定成本的，旨在吸引那些游戏爱好者——如果能获得他们的喜欢，他们可能会影响一起玩游戏的小伙伴。这个现象发展至今，甚至成立了很多游戏爱好者公会，这些人成为半职业化的人群——当然这并非完全是好现象，一个兴趣变成很功利的事情，甚至这批玩家能够影响游戏系统，例如，游戏策划需要额外地做很多经济系统的安全措施以应对"游戏商人公会"的冲击。这个例子不是为了讨论游戏爱好者公会存在的意义，而是用于说明细分市场的影响力作用。

- 我们的产品能否在细分市场上占据前三，甚至第一的位置（通常我们的目标是希望达到第一）。要么这个细分市场上没有竞争者，要么竞争者还比较弱小，完全有机会赶超。如果是前者，那么其实需要很小心，为啥没有人看到这个机会呢？需要谨慎思考上面的第一点。如果是后者，我们可以根据前面竞品分析的方法来判断。产品需要在细分市场上占据领先位置、占据用户的心智模型，例如，资深音乐爱好者都用网易云音乐、网易云音乐上的电子音乐最全、哔哩哔哩上的弹幕中"吐槽"最多、高质量的问答多在知乎上等。

从网易云音乐的案例来看，在寻找产品切入点时，我们选择了资深爱好者的细分市场：他们的需求——发现更多的好音乐——没有被很好地满足；在音乐领域内，他们具有足够的影响力去影响身边更多的人；在这个细分市场上，其他产品都还没有成为现象级产品，市场上还有很大的机会。同时，我们瞄准了新兴方向：UGC、个性化推荐、社交互动。在这三个方向上，音乐领域的资深爱好者均能发挥自己的力量。这个切入点在网易云音乐之后的发展过程中果真切开了一道口子，顺利占据了资深爱好者的细分市场；而如今几乎所有音乐产品都含有了 UGC、个性化推荐、社交互动，未来的确改变了现在。

此外，很多创业产品最容易忽视的一点是，寻找的细分市场缺乏与大众之间的连接。除非可以在一个细分市场中赢利、自给自足，（即便如此）绝大部分产品面临的永恒问题都是如何进一步扩大市场。2012 年，我做音乐市场的研究时，对产品 S 进行了详细的研究。该产品选择的细分市场切入点是资深音乐爱好者——每个人可以自己写一句话来推荐一首歌，其他人可以来听。这是非常简单的产品逻辑，也的确能帮助用户发现更多的音乐，但这个做法忽略了最重要的问题：大众用户会习惯这样的使用方式吗？

用户习惯以列表的形式听音乐，大部分歌曲时长在五分钟以内，而用户通常会连续听几首歌，并且中间不希望做很多操作，如找歌、选歌等（用户是很"懒"的）。而产品 S 虽然聚集了不少音乐爱好者，发现了很多冷门音乐，但由于它强调单曲形式，因此不利于更大众的用户使用。细分市场上的音乐爱好者所产出的价值无法传递给大众用户，形成了一个明显的断层。在产品 S 运营几年之后，它的确建立起了资深音乐爱好者的口碑，但它本身无法靠这个细分市场来赢利，同时受限于产品定位，很难扩大用户群，后来加上音乐版权大战，它逐渐淡出了人们的视野。

与产品 S 相比，网易云音乐强调歌单的做法，同样是初期主打资深音乐爱好者，歌单鼓励用户生产有主题的音乐列表，大量的歌单覆盖了用户各式各样的听歌需求和场景。大众用户在从原有的播放器听歌切换到听歌单的过程中，没有致命的门槛；同时资深音乐爱好者所产生的价值能很好地服务于大众用户，产品在扩大用户群的过程中不会遇到明显的断层。在 Geoffrey A. Moore 的《跨越鸿沟：颠覆性产品营销圣经》[1] 一书（见图 5-7）中，对一个产品的初期尝鲜者到大众之间的鸿沟有很细致的描述，尽管它是一本市场营销书籍，但也很适合产品经理看。

图 5-7　《跨越鸿沟：颠覆性产品营销圣经》

---

[1]　杰弗里·摩尔（Geoffrey A. Moore）著，赵娅译，《跨越鸿沟：颠覆性产品营销圣经》，机械工业出版社，2009 年。这是著名的市场营销书籍，书中提出了高科技企业的早期市场和主流市场之间存在着一条巨大的"鸿沟"，能否顺利跨越鸿沟并进入主流市场，成功赢得实用主义者的支持，决定了一项高科技产品的成败。

第 5 节　以切入点考虑产品架构

产品如何通过最初的几个版本迭代做好从 0 到 1？

在互联网历史上有很多失败的产品。在产品发展过程中大改产品架构，从而扭转局面的少之又少。可以说在快速发展的环境中，每个产品只有一两次机会。尽管我们通过种种分析找到了产品切入点，弄清了产品定位，但也不意味着我们就能设计出一款好产品，从而赢得用户的喜爱。在整个设计过程中，产品经理对于其核心——产品架构的把控，是至关重要的。它就像是骨架，支撑起整个产品的发展。

我们从产品切入点出发，在设计最初的产品架构时，需要考虑以下方面。

- 产品瞄准的细分市场。
- 产品的发展方向。
- 产品的核心功能。
- 信息架构。

需要注意的是，产品架构并不只是用一张脑图画出的产品导航结构图，产品导航结构图只是产品架构的一部分。产品经理很容易忽略的是，用户在产品上的主要行为路径，这一点往往决定了我们头脑中设想的产品亮点能否真正成为产品的发力点。

在做了多年网易云音乐之后，我总结了一些做产品架构上的经验与方法。下面就以网易云音乐最初的产品架构为例，介绍整个思考过程。从产品切入点出发，网易云音乐决心选择比较资深的音乐爱好者作为细分市场，从满足发现音乐的痛点开始，以 UGC（用户原创内容，在网易云音乐中就是歌单）、个性化推荐、社交互动作为产品的发展方向。我们面临的第一个问题就是，如何选择产品初期主打的核心功能点。

人们都能畅想出产品发展到 100 时备受用户欢迎的场面，但在产品从 0 到 1 的时候究竟以什么为核心，是一个非常难的问题。因此下面来看看在选择核心功能点时，产品经理应该考虑什么。

产品经理应该思考核心功能点有哪些待选项，即研究能实现产品成功切入市场的可能路径有哪些。在满足比较资深的音乐爱好者发现音乐的需求上，我们面临的可选方式有：UGC（歌单）、标签、电台（与豆瓣 FM、Songza 类似的形态）、MV（音悦台的形态）、音频直播聊天室（虾米音乐 Loop 的形态）。经过调研，我们首先排除了如下方式。

- 音频直播聊天室：产品受众太小，用户门槛过高。

- MV：市场体量不如音乐，并非用户的刚性需求，适合产品迭代之后做。

- 电台：当时用户的刚性需求仍偏点播、下载，如果上来就以豆瓣 FM 的方式切入市场，难以撬动大众用户。适合产品迭代之后做。

然后我们需要在歌单、标签方式中选择。这时可以用如下的权衡利弊的方法来思考。

- 歌单的好处：用户间可以围绕歌单进行互动，形成关系，进而打造社区。

- 歌单的坏处：会有类似、重复的歌单，无法多维度交叉，不能形成网状结构，不如标签灵活。

- 标签的好处：网状结构，有更多交叉探索的可能性，更加灵活，同时也能作为轴心串起整个产品（像 Stack Overflow 那样，将标签用到了极致）。

- 标签的坏处：如果直接用标签做音乐的发现与分享，UGC 的行为会弱化，用户之间的互动会减弱。

总的来说，歌单包含了更多的用户创造的成分，更符合打造 UGC 社区的长远目标。它存在弊端，但影响不是很大（类似、重复的歌单可以通过技术手段降权；网状结构也并不是必需品）。相对来说，它的好处对产品的发展更有利，更何况用户本来就习惯以歌单的形式听音乐，只不过之前大家称其为"播放列表"。

因此，我们决定以歌单作为核心功能来设计产品架构。在设计的过程，需要考虑下面这些重点。

- 核心功能突出，用户上手简单，使用户马上能感受到产品的优点。对于一款新产品，用户对它的认知越清晰越好，因此产品也就不能有过多的功能。为了在产品架构上突出歌单，我们在初期的网易云音乐 App 版本中砍掉了排行榜、新歌、歌曲分类等常见的音乐发现功能，除了搜索外，整个产品发现音乐的途径只有 UGC。这样，当新用户打开 App 时，接收到的信息是，这是一款以歌单为主的音乐产品。当然，这样一定会对用户产生影响，因为大部分用户习惯一个有排行榜、新歌、歌曲分类等功能的产品。但在一个竞争十分激烈的市场中，一个新产品拥有自己的特色相比于看上去与其他音乐产品差不多，前者应该更重要。

- 核心功能与整体产品的架构布局。一图胜千言，图 5-8 可以阐释网易云音乐以歌单为核心功能演化整个产品架构布局的思路。很重要的一点是，产品架构上没有断层，而且重要模块间是可以互相借力、协同发展的。例如，UGC 可以积累数据，促进算法发展，而算法发展起来后又可以有效地区分人群、促进社区互动、减少"噪声"（音乐口味不同而带来的冲突）；社区氛围越来越好，则又反哺 UGC 系统，不断地产生高质量的歌单。

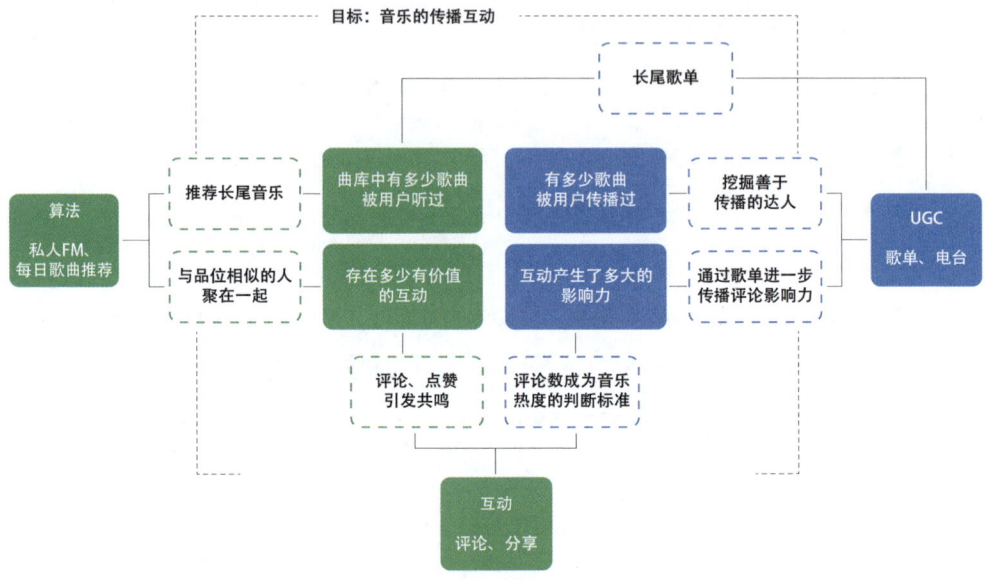

图 5-8　网易云音乐的产品架构布局

- 产品架构逐步完善的顺序和节奏（UGC、个性化推荐、社区 / 社交三步骤）。在这个架构中，由于歌单是一个用户本身既有的高频需求（用户都是以列表方式来听歌的，歌曲消费很快，因而歌单消费也很高频），它是适合在这三个核心功能中首先发力的部分，这点尤为关键，选取正确的发力点往往能事半功倍。如果顺序反了，在基础支撑的核心功能没有做好之前，先做了一个依赖基础方能更好发展的核心功能，那么产品的运营过程就会很吃力，事倍功半，这就好比没有学会加减乘除就直接学习微积分一样。

需要注意的是，这个架构并不一定适合其他产品。每个产品都有自身的特性、所处环境，切忌直接套用在其他产品上。网络上有很多产品模式，真正实践做产品的人都知道，模式只能参考，或者成为引发思考的起因，真正的困难在于深入研究，直抵关键核心。

本节讲述了从切入点出发，探索产品架构方面的方法与经验，并没有具体涉及复杂产品架构的方法。复杂产品的架构能力属于产品负责人的能力范畴，会在后面的章节中给大家介绍。

第 6 节　为未来发展设计接口

在产品发展的过程中，到底该不该坚持最初的产品定位？

用户量的增长时常会带来产品定位的改变。比如，某产品开始时定位于服务一二线城市中高收入人群，之后扩大用户量时需要服务三四线城市的用户；或者某产品开始时定位于服务喜欢旅行的人群，之后扩展到喜欢读书、电影的人群。

移动互联网上的竞争越来越激烈，产品时刻都处于如何进一步发展的境况中。我们可以明确的是，产品定位并不是一成不变的，完全可以期待它有变化：从陷入困境变化为进入发展轨道，或者百尺竿头更进一步，找到新的增长点。

产品定位的改变会放大具体产品设计和运营策略的变化，这些变化会带来高昂的团队资源成本。在本节中，我们就来讨论新产品在设计产品定位时，如何考虑未来发展而设计接口，避免中后期因变化太多，导致团队成本大幅增加，从而影响产品的发展速度。

首先，我们应当思考产品的未来发展，这可能是设计接口时最难的问题。在产品定位都无法保证 100% 准确的情况下，思考定位上的产品发展就更难做到准确了。我们以网易云音乐为例，分享其中的一些方法。

前面章节有过介绍，网易云音乐初期的产品定位是通过歌单来解决用户发现更多音乐的问题。在此定位上，我们制定了网易云音乐 UGC、个性化推荐、社区 / 社交的三大发展方向。这里面的要点在于，要思考清楚大方向。大方向上的事情一定是和未来三至五年发展相关的事情，并且具有模糊性（大方向并不能确定我们接下来的每一步需要做哪些具体的事情）。从事后来看，现在几乎所有互联网上与内容相关的产品都会提 UGC、社交、个性化推荐这些大方向，网易云音乐当初定下的方向是比较准确的。但从实际的观点来看，定出这些方向只是一小步，设定这些方向的产品成千上万，但最终成长起来的屈指可数。因此，在大方向上产品如何规划、如何执行，才是真正决定性的要素。

其次，所有的产品都是从最初的一点点架子逐步搭建完成的。设计接口的理念就是在最基础的产品架构上能与未来产品要做的功能、系统更好地衔接上。这其中有如下几个重要思路。

（1）考虑占位，即在大方向上需要占位，以做积累，从而为以后的发展提供资源、数据、能力……这就是所谓的厚积薄发。以网易云音乐为例，个性化推荐是我们的重要方向，针对这一点在产品设计初期如何考虑占位？这需要剖析个性化推荐包含的要素（见图 5-9）。

- 我们希望曲库中的歌曲被尽可能地播放，以采集数据为个性化推荐做准备。因此我们做了歌单 UGC，做了歌单的分类标签，歌单内容重点挖掘了长尾音乐，做了用户分享生成动态，做了歌曲、专辑、艺人、相关艺人、相关歌曲推荐的各种链接，使曲库中的歌曲形成了网状连接。

- 我们希望每个用户都能有很丰富的行为数据，以积累对每个用户的了解，因此做了默认歌单（我喜欢的音乐），做了收藏歌手，统计了用户每次播放音乐的实际时长，鼓励用户给歌单打标签，从而为用户计算标签偏好……通过种种手段让歌曲与用户之间也形成网状连接。

- 同理，采用了种种手段，在用户之间建立了网状连接，部分原因也是为了积累用户之间的关系数据。这些数据积累得越多，越能产生巨大的作用。在产品设计初期就做好一部分积累，有助于在真正发力时万事俱备，而不是在想做个性化推荐时发现缺乏必要的数据。

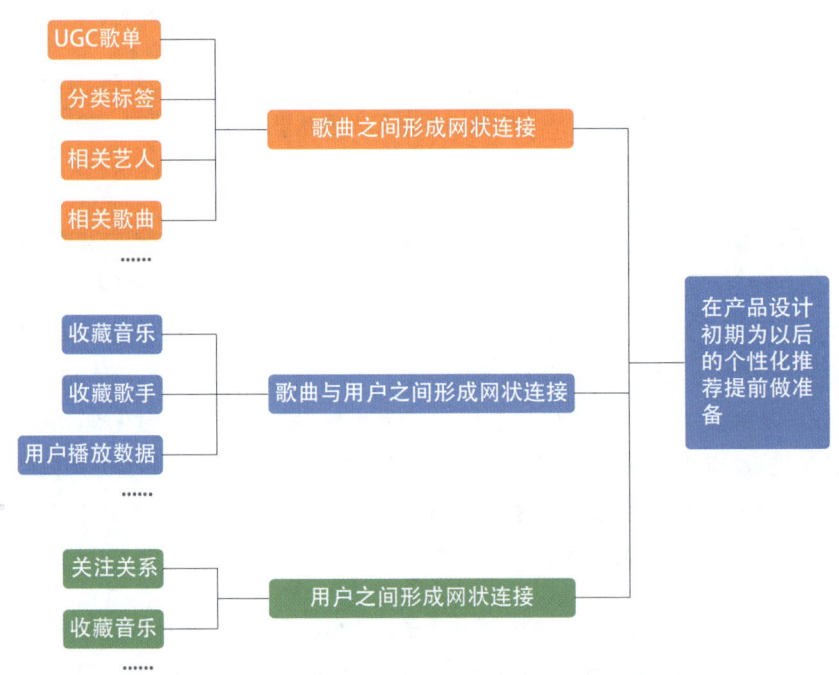

图 5-9　个性化推荐的占位

（2）考虑高概率，即在大方向上，从多种可能性中选择高概率确定的策略。例如，我们要发展网易云音乐的社区/社交方向，在这个方向上我们可以尝试的策略有很多，包括但不限于：小组、问答、关系链、IM……因为产品初期的核心是做好 UGC 歌单，所以不管是从产品架构上还是资源上，都不可能同时做很多社区 / 社交功能，此时产品经理就要有所甄选。这里面最高概率的策略是什么呢？我们要发展 UGC 系统，必然要做好给歌单达人的激励，要让他们在这个产品中成为大家敬佩、欣赏的人，在这一点上与社区 / 社交联系最紧密的莫过于建立用户与歌单达人之间的关系。这个方向上的探索充满未知，有很多不确定性，那么我们应该从高概率的策略入手，留足充分的空间以及试错机会。

（3）考虑低成本，即思考接口的成本，如果成本低，则可以大胆尝试。例如，网易云音乐的歌曲评论功能。当产品上线两三个月时，我们讨论是否要做歌曲评论功能，最终决定做的一个重要原因是，增加歌曲评论功能的成本并不高，尽管它当时很难成为亮点，但低成本的评论符合社区 / 社交大方向。在随后的两年内，网易云音乐的歌曲评论功能最终成为火爆互联网的存在，这离不开当初我们提早设计了接口，积累了很多评论内容，从而挖掘出引起用户共鸣的核心。

（4）考虑扩展，就如程序架构一样，要考虑代码的可扩展性、模块的可复用性等，对于产品架构而言，也需要考虑如何支撑产品的未来发展——功能会越来越丰富，系统会越来越复杂。优秀产品架构的主干会相对少而统一，分支围绕主干发展，这是最理想的状态，因此产品经理要充分考虑可扩展的接口。例如，歌单与排行榜的关系，为何网易云音乐要将排行榜也做成歌单？如果歌单本身能提供排行榜所需的特性，那么就不用多增加一个概念，因为多增加一个概念可能使系统更复杂：排行榜也可以收藏、分享、评论，一下子就多了好几个功能点。而以歌单为基本型，网易云音乐中的其他列表形态尽量往歌单的方向靠拢，会让整个产品的主干更统一。又例如，网易云音乐的私信功能，我们将艺人发布的新作品、个性化推送的音乐等都集成到私信中，这也减少了不必要的额外功能。私信这个可扩展的接口可以做很多事，最突出的案例就是微信的 IM 功能（发展出了公众号、服务号等高级形式），值得好好思考其中的产品设计理念。

需要说明的是，接口的设计很依赖产品经理的经验，因为只有见得多、做得多，才可以清楚、准确地理解每种产品的设计方法和思路，才可以为未来可能用到的策略提供接口。这方面的能力是在实践中不断增长的。在做产品设计时，不需要刻意追求为未来发展而设计接口，因为它有可能导致产品经理对产品定位、架构设计本身产生偏差、关注不足，从而带来更大的影响——毕竟如果产品的定位和架构出了问题，产品可能在还没有到要考虑进一步发展的时候就遇到很大的困境，此即所谓的舍本逐末。

第 6 章

好的思维方式

为什么有的产品经理的思路很清晰?

除了老生常谈的逻辑思维外,究竟是什么让不同的人对同一个问题、同一件事情的看法天差地别?思维方式很重要,好的思维方式能让人快速抓住重点、抓住问题的本质、抓住做大 / 做强的思路。

产品经理在往更高的层面发展时,需要能够做到深度思考。如果我们日常始终在做产品功能的设计,而不锻炼自己的思维方式,那么无论在业务层面还是在战略层面,我们都没办法达到一定的高度。除了本书前面所提到的联想、举一反三等外,本章我想和大家分享四个思维方式:往重点思考、往本质思考、往上层思考、往不同思考。这些是我工作经历中最常用、最受益的几种思维方式,常常能帮助我更好地梳理千丝万缕的关系,抽丝剥茧地找到解决问题的关键所在。

需要说明的是,产品经理培养自己的思维方式也最好从做产品的第一天就开始(当然切忌眼高手低),而不是度过了产品经理的初级阶段后才开始培养。养成好的思维方式非一日之功，早几年开始训练自己，功力自然会上升得更多。思维方式从某种程度上讲，是做产品的人的核心竞争力。因为产品可以模仿，方法论可以学习、应用，而思维方式只能自己领悟。看书或者听别人分享只能接触到这些思维方式的门，真正要打开这些门，需要不断积累以及与高手交流学习，不断地提高自己深度思考的水平，从而在某个时间点突破自己思维的瓶颈，对这些好的思维方式应用自如。因此，我们从做产品的第一天开始，就应当有意识地锻炼自己深度思考的能力、实践好的思维方式。

此外，深度思考的能力和好的思维方式已经成为我们进行互联网创新的必需品。过去，互联网产品的做法大体是"中学为体、西学为用"，借鉴国外优秀产品，然后使其本土化并发展壮大。而如今，我们有不少互联网产品开始走在世界的前列（当然，当下的国外创新模式也很多），更多未知的路需要自己探索。这个时候传统的做法就不太起作用了，毕竟国外也没有的东西我们自然无处借鉴，这时就需要通过我们自身的思考来创新。如果我们只思考产品功能设计等表现层，而对业务模式、商业模式等的深度思考较少，那么创新从何而来？因而，随着中国互联网的发展，我们越多地走出国门，创新的挑战就越大，对我们深度思考和思维方式的要求就越高。

第 1 节　往重点思考

产品经理要考虑的事情很多，如何才能抓住重点？

很多人能处理好单一的事情，但在情况错综复杂的时候，就没有了头绪。产品经理恰恰面对的事情都是错综复杂的，一个产品问世所面对的因素包括：行业趋势、市场环境、用户需求、竞争力、流量来源、资源情况、合作伙伴、竞争对手、团队内部……很多信息都需要处理。在这种情况下，抓住重点是很难的，需要深厚的积累。我们当然不会从这里开始，每个人都可以锻炼往重点思考的思维方式，从一些小规模的情况开始。

往重点思考可以分为这么几个环节：思考关键目标、思考实现关键目标的关键行动、思考关键行动的关键依赖，然后加以权衡。如果思考来思考去关键的东西还是很多，那么就要考虑哪些是可以放弃的（放弃很重要）。我们接下来就具体地讨论这几个环节。

思考关键目标：对关键目标的思考尤为重要，因为这是往重点思考的核心部分。在我们面对一个具体的产品问题的时候，先不要马上动手去解决问题，而是想想我们的关键目标是什么。用白话来说，就是多问自己为什么。以网易云音乐为例，我们要发力做短视频，如果没搞清楚关键目标，那么我们可能会这样：参考很多竞品，学一些竞品中做得好的功能，想一些竞品还没有实现的功能（多半还不一定能想到，因为没多问为什么），然后开始产品迭代。结果可能是短视频做得还好，但与网易云音乐主体没什么关系，也可能根本就没有得到什么结果。这种情况已经发生在不少产品上了，原因其实很简单：没搞清楚关键目标。在做网易云音乐的短视频之前，我们要花非常多的时间思考短视频与音乐的关系，短视频如何围绕网易云音乐的大战略目标来做，最终我们确定短视频对音乐的传播具有很大的价值，应该围绕更好地传播音乐、更好地服务音乐人的目标来做。

在思考关键目标时，需要跳出习惯的思维框架。如果我们脑海里只有一些具象的功能和数字，那么很容易忽略目标，而错误地以实现一个功能、达到一个数字为目标，这时就有可能走偏。相比于西方教育，我们从小受到的教育在这方面涉及得偏少。中国学生很擅长做应用题，也就是在已经明确目标的情况下给出解决方案，但对目标模糊，甚至不提供目标的情况，则比较陌生。好在现在的小学、中学教育已经发生改变，在解答出一道题之后，老师会询问学生有没有更多的解题方法，这看似很小的变化，其实是我们教育中很大的进步。学会多问为什么，有助于产品经理跳出现有的思维框架，帮助自己在目标层面思考得更深入，从而找到真正的聚焦点。这应当是一个"先发散，后收敛"的过程。

思考关键行动：在我们明确了关键目标后，就可以拆解关键行动了。这样的思考顺序可以有效地帮助我们抓住最能解决问题的关键部分，而不是做出可能偏离目标的行动。以网易云音乐为例，在产品上线之初，我们的关键目标是让用户发现喜欢听的歌曲。针对这个目标，我们可以做下面的拆解。首先，要拓展用户听音乐的范围，如果用户只能听已经知道的歌曲，那么范围十分有限，自然也谈不上发现，而拓展音乐内容范围最好的办法就是 UGC 系统；其次，我们务必要做到个性化推荐，因为全世界歌曲的数量可达数千万甚至上亿首，让用户在浩如烟海的音乐世界中自己寻找喜欢的歌曲，成本太高，而个性化推荐可以让用户做懒人；最后，我们要建造音乐在用户间的传播网络，这样能让好音乐的传播更高效，让用户能够通过社交方式发现喜欢的歌曲。以上就是针对一个关键目标拆解关键行动的案例。

思考关键依赖：在明确了关键行动后，我们可以思考实现这些行动的关键依赖，即思考我们所需的资源、我们的团队、我们的合作伙伴等。例如，我们要做 UGC 系统以拓展用户听音乐的范围，其中包含了几个依赖。一是我们必须有足够大的曲库，这是做发现音乐的基础；二是我们要有善于做 UGC 歌单的用户，在冷启动的时候我们要储备足够多的种子用户（资深音乐爱好者）。这些依赖对我们能否做成这件事情有很大的影响，因此要提前准备应对方案。

权衡：有时候如果我们想的关键目标比较多，还需要权衡一下，最终需要放弃、搁置一些目标。最理想的情况是，我们每个阶段只有一个关键目标，这样最容易聚焦。聚焦的好处除了方向清晰外，同时对团队作战而言，也会更高效地瞄准一个目标执行，而不是各有偏差，导致执行不力。权衡的方法就是不断地问自己这是最生死攸关的吗？是一定必须要做的吗？通过这样的思考，我们一定能得出那个最关键的目标、行动。当然有些时候，不一定只有一个关键目标。比如，我们在打造一个系统时，好几个环节有较强的耦合，这时需要大致同一时间去启动、推进这几个环节，所以我们可以同时有多个关键目标。但这个思考过程不可省略，只有真正思考清楚，才意味着这些关键目标就是我们真正的关键目标，而不是在没有深度思考的情况下提出过多的目标。

在实际的工作过程中，我们会发现优秀的人总能抓住重点，不管是自己思考做方案，还是与人开会讨论事情，他们总能一针见血地找到关键之处。这其实是不断学习、实践往重点思考方式的结果。我们每个做产品的人都需要掌握这个思维方式，只有这样才能够应对复杂的业务情况。

第 2 节　往本质思考

为什么有人总能透过现象看到事物的本质？

在互联网的日常工作中，我们时常遇到这些问题：用户的需求到底是什么？为什么某产品会做这个功能呢？为什么某家公司会持续地关注某个战略方向？这类问题其实可以抽象成一个问题，那就是如何抽丝剥茧地找到表面问题背后的本质。

这类问题越研究越深，归根结底是哲学领域的问题（哲学家思考的通常是人生、生命、宇宙的本质）。当然，当我们研究、解决互联网工作领域中的本质问题时，不需要研究得那么深奥。人最初在面临问题、事物时，通常会做出直接、立即的本我反应，随着对世界的认知、思考越来越深刻，我们学会了不那么快反应，先冷静下来，把来龙去脉条条线索梳理一下，从自己的思维惯性中跳出来，"旁观地"思考问题、事物，探寻背后的本质。在这个层面上，我们与哲学家的起点并无不同。

我对哲学领域没有太多涉猎，仅仅读过几本书，我了解比较多的哲学家也只有王阳明和先秦时期的诸子百家，所以本节仅和大家分享我个人思考本质问题的一些感悟。按道理来说，如果大家多看哲学书，多学习逻辑思维，一定会对思考本质大有裨益。

关于思考本质，我个人比较深刻的几点体会：跳出思维惯性、一层一层往下多提问题、日常实践并与人交流。

跳出思维惯性。这是思考本质的第一步，没有它就没有后续。我们每个人都会有思维惯性，这是由大脑结构决定的，因为这样会给大脑减轻负担。小时候的我们对世界的认知较少，充满了好奇心，那个时候也没有思维惯性。如今我们想跳出思维惯性，最主要的就是要找回好奇心。一方面，我们在日常工作、生活中，对身边的事物要保持好奇心，多想多问；另一方面，我们要给自己的脑袋设一道关卡，一旦意识到自己在用经验、过往的思路思考问题时，马上打住，先想一想这些经验和思路是否还适合现在。我们不可能做到 100% 地跳出思维惯性（这也不现实，大脑负荷太高，而且以往的经验和思路是有用的），但我们可以做到培养、锻炼出好的思维方式，让自己不会轻易地落入思维惯性。

一层一层往下多提问题。很多大牛前辈的分享中都提到提问其实是一门很深的学问。好的问题能发人深省，而不是止步不前。哲学家提出来的问题非常深奥，需要他们花费数十年甚至一辈子的时间去上下求索。我们应当学习这种精神。例如，我们在做网易云音乐的时候会去想：音乐对用户到底意味着什么？音乐有哪些区别于其他内容形态的特点？为什么用户会喜欢一些音乐？是什么让网易云音乐与其他音乐产品不同的？几十年来流行音乐风格为什么会发生变化？未来的音乐会是怎样的？我们在其中会扮演什么角色？……我相信，只要我们持续不断地提出问题、勤加思考，最终会思考出问题的本质。

日常实践并与人交流。大脑是越思考越活跃的，因此如果我们涉猎得广泛些、让大脑思考更多的题材，我们的"计算"能力就会增强；同时，与人交流也是打破思维惯性的好办法，不同人看问题的视角不一样，抛开对错心，我们会获得很多新的信息、学习到更多的思路。例如，在网易云音乐的平台化发展过程中，今日头条公司正处于突飞猛进之时，我会思考这家公司的增长逻辑到底是什么？在一层一层提问分析之后，我想今日头条公司的本质可能是一家运营流量的公司，在流量获取和获利的两端用大数据运营，其拥有很高的 ROI，驱动它增长的要素就在于不断地寻找大量符合 ROI 的流量，这也和今日头条公司短视频之后的一系列产品布局思路相匹配。从某种意义上说，今日头条公司和阿里巴巴本质上有相通之处：强项都在对流量的运营上。这番思考是在 2016 年，后来我通过与很多同行交流也获益匪浅，从大家对今日头条公司发展的思考上学到了很多。到了 2018 年，今日头条公司和阿里巴巴达成了战略层面的投资合作，这也是可以预见的。

一开始思考深层次的问题并不会很快获得答案，这不是容易的事情。但对我们做互联网产品的人来说，脑力的勤奋比体力的勤奋更重要。我们很容易落入日常体力勤奋的状态，这是比较危险的。对于产品经理的能力模型和培养发展，我的思考一直在迭代。现如今，如果要我总结产品经理最核心的能力，我会说是深度思考和用户洞察。方法论有时候其实没那么重要，重要的是我们不管在什么领域都能有很好的用户洞察，敏锐地捕捉到用户需求和商业机会，同时进行深度思考，能在这个领域内找到解决思路。所以对于一个产品经理来说，最重要的不是学习别人的方法论，而是通过自己的深度思考与用户洞察，不断地总结和迭代自己的方法论并形成闭环，这才是真正重要的事情。

第 3 节　往上层思考

Think big, think different.

如何理解 think big ？古人其实用一个词提炼了其精髓：登高望远。在互联网产品的世界里也是一样的。产品经理的思考高度决定了他所构想的产品到底有多大。当然也有一个词叫好高骛远，这并不是我们所希望的。两个词的区别在于，前者有一个"登"字，乃是一步一步脚踏实地地成长，不断地基于自己的能力来提升自己的眼界，从而思考的格局会越来越大；而后者中有一个"好"字，就像在平地上跳着摸高，但总归会落下来、看不真切，没有脚踏实地精神地往上层思考，就是好高骛远。

产品经理需要登高望远。一方面，在我们面对的问题越来越复杂的时候，在与问题相同的层面上可能很难梳理清楚。这和往本质思考有点相似。这时我们往上一层，会看到这些表面问题背后的问题，针对这些背后的问题进行思考和解决，就可以更有针对性地梳理复杂问题。在这个方面，我们已经讨论了往本质思考，这里就不赘述了。

另一方面，往上层思考是让我们的战略眼光更好，能看到更大的机会。从一个局部功能，到一个系统，再到整个产品，是一层一层向上、一脉相承的。譬如，我们做一个自动给用户的歌单生成封面的小功能，往上看一层是，我们希望用户生产歌单的成本尽可能低，让更多的"懒人"用户也能做歌单，同时在这一层里还有自动帮用户预填歌单名称等功能；再往上一层是，我们希望打造一个歌单 UGC 系统，让用户通过 UGC 歌单互相分享、发现各式各样的音乐，同时在这一层里有歌单的生产、展示、分发以及用户的互动、激励等围绕 UGC 系统的各种功能；再往上一层则到了战略层，问题变成了为什么我们要做歌单 UGC 系统。

这就是一层一层往上思考。当我们刚成为产品经理时，负责的是一个小功能模块，除了做好上级交代的任务外，不妨也思考一下该功能模块的上层是什么。以此类推，当我们负责整个产品时，更需要登高望远，站在公司的角度、商业的角度、行业的角度思考未来和当下。往上层思考还有一个好处，那就是在我们想到了上一层、理清了本层与上一层的逻辑关系后，我们在团队内的沟通、协作也会变得顺畅，不管是说服上级、项目组成员，还是更广泛的合作伙伴，都会更容易，这是因为我们总会在某一层的目标和想法上达成一致。在上层达成一致后，逐渐往下，下层也就更容易清晰地讨论，从而达成一致。

往上层思考，细想起来有这么几个部分：看上层的格局和眼界、思考上层与本层之间的逻辑关系、想象未来的可能性。

看上层的格局和眼界：如果我们的确是一步步登高望远、一个个案例分析、与一个个格局大的人交流来提高自己的格局和眼界的，那我们就能在面对自己的工作情况时思考到上层。这需要非常努力地学习和积累实践经验。当然有人会有这方面的天赋，天生就敏感、思考深、格局大。但对我们普通人而言，依然可以从互联网世界那些卓越的创始人、CEO 的经历中发现他们是如何一步步提高自己的格局和眼界的。关于我们的眼界，会在后面的章节中和大家讨论。有一个一定有用的办法可以告诉大家，与自己的主管或者主管的主管聊聊，多听听他对产品、业务的思考和描述，这一定是和你不一样的思考层级，而且在绝大多数情况下是一个更高的层级——且不论这些思考对或不对，至少是一个更高的层级、一个新角度，这些就会帮到你。

思考上层与本层之间的逻辑关系：这些也是随着我们对产品、业务的思考层级不断提升而越来越清晰和熟练的。下面举例来说。

- 模块和系统的关系。也就是上层是一个完整的系统，而本层是系统中的一个模块，本层与其他模块组成了一个系统，互相配合而让整个系统能运转。当层级越来越高时，可以发现其与宏观和微观的关系是相通的。

- 商业 / 经济上的驱动关系。上层是经济调控的动因，而本层是具体调控的措施。例如，近些年大家开始谈的供给侧改革，很多国家 / 世界经济层面的因素会影响互联网行业，面向企业的服务成为新热点。

想象未来的可能性：think big 是乔布斯说的，他的这句话更多的是指我们的思考应该充满了对未来可能性的想象，正如他用苹果电脑、iPod、iPhone 一次又一次地给我们阐述什么是 think big。这应该是最难的部分，或者说最依赖个人天赋的部分。我们也只能从最优秀的互联网和科技发明界的领袖身上，看到他们对于未来的畅想（因为政界和经济学家通常很难接触到）。但我们至少可以在自己所从事的领域里，想象未来三至五年的可能性，这的确是有迹可循、可以思考的。对未来发展的推演和思考，会在后面的章节中用详细的案例来分析、讨论。

第 4 节　往不同思考

Think big, think different.

往不同思考是一个人非常难能可贵的思维方式。就我所认识的世界里，只有乔布斯和查理·芒格闪耀着这样的思维方式：乔布斯总能有超出常人的关于产品非常简单而又引领未来的想法；而查理·芒格的逆向思维则非常与众不同，当其他人想着如何成功时，他会思考如何避免各种各样的失败。

这是一种天赋，通常很多专家在自己所处的领域内可以产生真知灼见、有不同的思考，但在换一个领域之后，可能就能做不到客观思考，而会产生主观臆断，更谈不上往不同思考了。但乔布斯和查理·芒格对很多领域都有鞭辟入里的思考，实属非常难得。那我们普通人该如何培养自己这样的思维方式呢？正如《穷查理宝典：查理·芒格智慧箴言录》[1] 里所说的，查理·芒格这样的大神将自己一生的智慧都言简意赅地表达出来，我们普通人研习这些精华，也能够逐步训练、培养出优秀的思维方式——哪怕一个逆向思维就能让我们受益无穷！所以强烈推荐大家去看《穷查理宝典：查理·芒格智慧箴言录》这本书。

关于往不同思考，以我现在的水平和见解，不能够思考和表达得很深刻、透彻。我仅将我从书上、他人身上学来并实践的一些所得所思，做一些抛砖引玉的分享，希望我们每个人都能从乔布斯、查理·芒格身上，以及中国伟大的诸子百家先贤的著作中，学到受益一生的思维方式。我通过实践获得的最深刻的体会分别是，客观地思考不同、逆向思维、捕捉创新、形成自己独特的思维框架。

客观地思考不同。我们不希望 think different 被滥用——因为讨论产品时经常会产生不同的观点，而如果只是为了观点之争、为了不同而不同，则没有太大的意义。但这样的事却在现实中经常发生，不管针对的是一些产品功能细节，还是产品发展战略。所以我想有必要在一开始就提出"客观地思考不同"的重要性。往不同思考，绝不是为了不同而不同。什么叫客观地思考不同呢？这就是当我们在思考不同时，要想一想背后的逻辑是否站得住脚，是否是客观存在的，而不只是自己想象臆断的。例如，在网易云音乐做音乐评论功能之前，音

1　查理·芒格著，彼得·考夫曼编，李继宏译，《穷查理宝典：查理·芒格智慧箴言录》，中信出版社，2016 年。

乐产品行业里没什么产品做评论，并且那时还有一份调研报告定量研究了这个情况，只有 5%
的用户表示愿意在听音乐的时候看评论，其中的一条理由是，音乐是很私人的事情，不会看
别人的评论。当时我们萌生了一个不同的想法，如果我们做评论并且让很多用户都来看音乐
评论，会怎么样？那这个想法是客观的还是主观臆断的呢？我们可以往深处思考。首先，在
音乐的历史上，本身是有乐评的——来自专业的乐评人等，从传统的媒体一直持续到互联网产
品（如豆瓣）上都有。其次，用户是否会看乐评？至少以前是会的，不然也不会有那么多
乐评人存在，我们看到在一些互联网音乐产品上仍有用户会去看乐评，虽然比起听歌的人来
说少得多，可能真的只有 5%。最后，我们设身处地地想自己在日常生活中是否会讨论音乐？
答案是当然会，当同学之间、朋友之间聊天时，音乐和明星就是一类话题。而且在各种论坛、
贴吧里，音乐版块也有很多人参与。也就是说，音乐评论其实是客观存在并且大量存在着的，
只是当时没有音乐产品去做，用户也没有表达出需求。这个想法是在客观地思考不同。

逆向思维。 查理·芒格将逆向思维运用得炉火纯青。想在股市里赚钱之前，会先考虑如
何在股市里避免亏钱；想成功运营一家公司之前，会先考虑如何避免公司倒闭。在互联网行业
里，我们也可以运用这样的逆向思维。比如，在大家都关注消费升级、新零售，思考如何让
消费者的客单价变得更高的时候，可以先考虑是否有让消费者客单价不变，甚至降低的机会？
名创优品就是这样的案例。这样的思维有时会让我们在一片红海竞争中找到差异化竞争的机
会。此外，我们通过逆向思维，可以深思熟虑导致失败的因素，并将它们排除在外。这样做
不一定能让我们得到很好的结果，但一定能帮助我们避免最糟糕的结果，避免不该犯的错误，
剩下的就是该做的都做好，好的结果自然而然就来了。因为实际上，互联网环境充满未知数，
我们很难想到一定能成功的点子——事实上几乎没有这样的点子，很少有产品的成功经验可
以复制到其他产品上，因为其中的因素太复杂了，不过失败教训是可以总结的。我们做产品，
实际上是在不断地提高成功率，也就是避免那些重大失败、尝试那些可能成功的方向。这个
世界上的失败案例非常多，可以从中得到很多经验，运用逆向思维就可以客观、理性地为自
己的产品找到最接近成功的发展之路。

捕捉创新。 我们的大脑中有时会闪现出一些不太寻常的点子，这通常会在大脑比较放松
的状态下发生。对我来说，在洗澡、睡觉、开车、看书时，都会时常萌发一些有趣的想法，这
时我会尽快将它们记录下来——因为这些想法总是转瞬即逝的。我们每天忙碌而规律的工作
让大脑的负荷一直比较重，这其实不利于一些创新点子自己跑出来。所以每个人，不管如何，
都应当每天给自己安排一些"放松时刻"，让大脑从繁复、紧张的状态中解放出来，养成发散
想法的习惯，经过成年累月的积累，相信记事本上会充满了创意。我个人最推崇的放松方式是
看书。看书不仅可以让自己的大脑放松，还可以通过看不同的书吸收不同的知识，创意最容易

从交叉领域冒出来。我们的工作和生活与这些不同角度的书产生交集，创新的想法就冒了出来。坚持每天看书的习惯，一定会让我们捕捉创新的能力越来越强。

形成自己独特的思维框架。这是最难的，也是最有魅力的部分。我们每个人思维的终极目标可能就是形成自己独特的思维框架。这套思维框架不是象牙塔里的纯粹理论研究，而是真正在现实生活中经过了千万种问题的实际考验，帮助我们解决问题的思维框架。不管遇到什么样的问题，我们都有一个客观而理性的分析、判断、思考策略以及执行的思维框架。我们乐于站在前人的肩膀上，通过学习和运用他们的思维方式来积累经验。每个人所面临的工作与生活状态各有不同，因而我们每个人都需要根据自己的实际情况来调整我们学到的思维方法，经年累月地不断总结升华，最终形成自己的思维框架。这很有趣，在我们有了思维框架之后，就会发现解决一个产品设计上的问题与解决自己与家人关系上的问题，本质上都是一样的。当然，思维框架是没有最终版的。我们不妨把这个思维框架理解成电脑的操作系统，它会随着我们不断地成长而不断地迭代升级，甚至回炉重造、脱胎换骨（这没什么可怕的，相反它意味着一次重大升级，会带来质的飞跃）。如何让自己的思维框架丰满而不偏颇呢？我们需要很多跨学科的知识储备，以及解决大量实际问题的经验积累。正如查理·芒格会对物理学非常着迷，他从中学到了分析世间万物的基本理念，我们也应该在各种科学、哲学、社会学、心理学等学科上有所涉猎。同时，切忌读书浮于表面、纸上谈兵，真正考验我们的是如何将那些吸收进来的思维方式应用在解决实际问题上。我时常感叹，在做网易云音乐时，解决一个复杂的商业竞争问题就像解一道多变量的，涉及代数、概率、博弈的综合问题一样，或者说得更简化一些，就像解一道应用数学题一样。这的确是非常令人着迷的部分，我们在不同时间、不同阶段所积累的思维方式会在未来的某天帮助我们解决问题。而在不断地解决问题之后，我们将这些思维方式总结沉淀、融会贯通，形成自己独特的思维框架，再进一步更有体系、更有针对性地提高。这就是我对思维方式提升的感悟。

思维方式的探索远不止本章所分享的内容。人类所有的深度思考加起来可谓浩如烟海，我们只取其中一瓢，即可做好工作、过好生活。但事实上很多人没有意识到这点，没有从每天不断重复的工作和生活中抽离出来，没有有意识地培养自己的思维方式，这就失去了让我们从量变提升到质变的机会。虽然我们每天都会和实际问题打交道，接触各种各样的案例和方法论，获得越来越多的经验，但我们一定要明白，内核是最重要的，也就是打造我们自己的思维框架是最重要的。希望本章所分享的内容，能对大家有所启发，有意识地锻炼自己深度思考的能力、培养自己的思维方式。

第 7 章

产品架构能力

为什么有的产品架构很简单，而有的却很复杂？

除了产品本身复杂与否的因素外，产品架构也有优秀与平庸之分。好的产品架构（如微信）囊括的功能非常多、涉及的业务非常多，但对绝大部分用户来说，可以获得一个简单、流畅、清晰的体验；而不好的产品架构则可能会让用户迷路，散乱、冗余感比较强。所有产品经理都应当追求优雅的产品架构，这不是为了自我欣赏，而是实实在在地能让用户用得爽，同时也给未来的业务发展提供了很好的架构基础，不至于让业务、团队越来越臃肿和复杂。

谈到架构时，程序员其实比产品经理更具洞见（就平均水平而言），这与两种角色在职业起步阶段所接触到的工作内容相关。优秀的程序员会追求优雅的代码，而优雅的代码往往体现了程序员在架构设计上的深思熟虑。我们通过阅读程序员所写的代码，其实可以感受到架构在其中所起的作用——这也是一种培养架构意识的方式。这是有程序员背景的产品经理的优势，也是我鼓励产品经理学习编程的原因。

另外，值得注意的是，产品架构的能力不是单一的能力。它与基础的交互设计、信息架构息息相关；同时也与上层的业务架构、战略架构一脉相承。因此产品架构能力是产品经理成长发展所必需的。在我们学习培养架构能力的过程中，从交互设计、信息架构开始打好基础，不断地练习、实践，直至熟练掌握产品架构、业务架构，进而深度思考战略架构。因此在本章中，我们会讨论产品架构的要点，信息架构、产品架构与业务架构的关系，以及培养架构能力的一些经验、方法。

第 1 节　产品架构的要点

我们应当追求什么样的产品架构呢?

互联网行业中的产品形态很多，我们能否从这么多的产品形态中总结、抽象出一些产品架构要点，以便我们在思考、设计产品架构时有所参照? 目前市面上的相关书籍和方法总结、研究不多，不过在有限的大牛的分享总结中，我们还是看到了很多的共性。这些共性可以帮助我们更好地理解架构、设计架构。另外，思考架构本身是一种抽象思维的训练，对提升产品经理的思考能力很有帮助。

我们需要先想明白产品架构是什么，架构的对象是什么。可能此前我们会混淆导航、信息架构和产品架构，事实上它们之间是有交集也有所不同的。产品架构自然是架构产品，对象是从用户需求、商业需求中产生的各种产品功能。一个产品是由各种各样的功能组成的，产品架构则是将这些不同的功能围绕目标进行分类、整合。如果这些功能不分主次、没有逻辑地堆砌在一起，用户会不知道如何上手，不知道怎样才能找到自己想要的东西，也不知道自己的操作会带来什么结果，最后只好沮丧地带着深深的挫败感离开。

这里有一个很重要的系统思维，即产品功能之间是有关系的，而非孤立存在的。如果是一些没有关系的功能组成的东西，则不能称之为系统。这是我们思考产品架构的基础，即不会单独思考产品系统中的功能，而是在整体系统层面上思考。

任何事物都是由一些元素所组成的，对于一个有确切边界的事物来说，我们总可以遍历它的所有组成元素（这和需求分析方法论中所描述的穷举法是一样的逻辑）。因此对于产品架构而言，在我们分析了所有产品功能之后，就要对产品功能之间的各种关系进行分析，最终形成由各种功能构成的产品系统的模型，成为一个整体形态。用户在实际使用的过程中，则会接触这个整体形态（在大部分情况下会接触其中的一部分），并开始对产品的整体形态形成认知。在这个过程中，用户建立产品认知的难易程度或者产品系统模型与用户认知模型的匹配程度，决定了用户对产品的接受程度。

对于产品功能之间的关系，我们通常会思考分类聚合、用户流程、相互配合这几个因素。

分类聚合：即从目标出发，将满足同个或同类用户需求、商业需求的产品功能聚合在一起。例如，网易云音乐的我的音乐页面，就将用户听本地音乐、收藏的音乐、创建的歌单、收藏的歌单等集合在一起，这样做的原因是这些功能都是围绕用户听自己已有音乐这个需求来做的，可以聚合在一起。在我们枚举出产品所有功能并分类聚合后，就形成了对产品架构的初步思考。这是最基础、最常见的对架构功能的思考方法。对这个方法运用得好坏，取决于我们思考分类聚合的准确性，而这更进一步地取决于我们分析过的功能类型（见多识广）和对用户需求、商业需求的把握程度（洞察和分析能力）。我们需要不断地在工作中思考实践，也需要不断地思考、分析互联网上的各种产品和商业案例，以积累这种经验。人类天生具有分类的逻辑思维，我们对熟悉事物进行分类通常能做到精确无误。当我们做一些不太熟悉、比较抽象的产品功能的分类时，则可能遇到问题，如果功能分类与用户的理解不一致，就会导致我们通过分类聚合而设计的产品架构并不方便用户使用。这是架构中需要思考的用户认知的问题，本章后续会详细讨论。

用户流程：适用于用户流程较长的情况，比如，电商的购物流程、一个活动的参与流程等。一个流程上的功能之间是上下游的关系，需要串联起来。单一的用户流程比较简单，多种用户流程须同时考虑时则比较复杂。例如，在电商系统中，单一的"用户付款→发货→收货"流程与复杂的"用户付款→发货→收货→不满意退款→退货"流程相比，后者多了一个逆向过程，如果产品经理在设计流程时涉及仓储库存管理系统，则流程整体复杂度又会上升很多，这时就需要非常仔细、小心地思考架构。这里面用的不是分类的思维逻辑，而是对于系统耦合、灵活度和复杂度的思考，既要满足需求，保持一定的灵活扩展性，又要避免系统过于复杂。设计这种产品架构，需要非常熟悉业务流程，同时对代码实现的逻辑也有一定的了解（最好是和程序员一起协作讨论以确定架构）。做一名谦虚好学的产品经理，优秀的程序员会愿意给你分享这些知识。本章后续也会讨论关于架构简练和扩展性的问题。

相互配合：除了考虑分类和流程外，在产品架构的系统中，我们还需要考虑不同功能（组）之间的配合。将同个或者同类流程的功能架构在一起可以理解为编成一个组。那么思考组与组之间的关系，则是为了在架构中设计相互配合的机制。最常见的例子是，在 UGC 系统中，针对内容生产者的功能组（例如，发布内容、获得激励、获得收益等）与针对内容消费者的功能组（例如，浏览内容、互动分享、付钱打赏等），它们之间是互相配合的。在我们设计产品架构时，就需要设计它们的关系，在 UGC 系统的例子中，这个关系包含了流量怎么分配、激励怎么传达、收益怎么流动、不同的角色如何感知等部分。UGC 系统中各功能相互配合的架构可以说是互联网世界中最常见、最普遍的案例，非常基础同时又足够深刻。在这个简单的配合模型上，可以继续深入挖掘更多的部分（始终围绕内容生产者与消费者两个角色），例如，加入达人体系、荣誉体系、等级体系等。而这个双边的关系模型，也是其他互联网产品与商业模式的基础，抽象地看电商系统中的商家和消费者的关系，也和 UGC 系统中的关系类似。近期火热的区块链技术应用于社区中，也是为了解决双边乃至多边在 UGC 社区里的激励和信任问题。最早支付宝的诞生则是双边关系的经典解决案例——为了解决商家和消费者之间付款、收款时的信任关系而诞生的第三方担保交易机构。在思考和设计这样的产品架构时，最重要的是需要具有双边关系的思维，而不只是从单边去思考。在本书中有大量关于 UGC 系统的案例探讨，可以帮助大家理解、感悟产品架构中相互配合的含义。同时在互联网世界中有生态系统做得出色的公司，如阿里巴巴、腾讯公司等，可以观察和思考它们的产品布局，从更高的层次理解双边关系问题。

以上是在产品架构的设计过程中对产品功能之间关系的思考。除此之外，我们需要有好的架构要点来做指引，最终希望达成一个各方面诉求都能平衡、满足的架构。下面是我认为很重要的架构要点。

用户易理解：这是我们首先考虑的要点。如果用户理解不了一个产品，那么即便其拥有很多优点，也没什么用——一开始用户可能就流失了，无法体验后续的优点。易于理解，即需要产品架构符合用户的认知和预期。产品架构应该是结构清晰、合乎逻辑、合乎用户认知的，让有明确目标的用户能够高效地找到所需信息、快速上手使用产品；而当目标不确定时，用户可以通过浏览逐渐发现自己需要的信息、逐渐理解产品。在前者的情况下，最重要的问题是我们所做功能的分类聚合是否符合用户认知。学习心理学有助于我们增强对用户认知的理解，除了看《设计心理学》《情感化设计》等著名的与产品设计相关的心理学书籍外，我们有必要掌握一些心理学原理，如格式塔心理学[1]（见图 7-1）。这些知识可以帮我们建立起一些关于架构方面用户认知的基本框架，掌握它们会让我们设计的架构避免一些很明显的错误。除了了解框架原则外，想要做出用户易于理解的架构设计，更重要的是对产品所在的领域和目标用户有专家级别的理解。下面以大众点评 App 的一个小例子来说明。在大众点评首页（见图 7-2）上方的工具栏中，同时有"美食""外卖"两个入口，而在通过"美食"入口进入的页面中，顶部也有"外卖"入口。纯粹从逻辑来看，外卖（美食的外卖）可以隶属于美食下面，美食可以有到店和外卖两种方式。那么该 App 的首页为何会这么设计呢？我想有两个原因，其一

1　格式塔心理学（Gestalt Psychology）：又叫完形心理学，是西方现代心理学的主要学派之一，创始人马克斯·韦特海默。格式塔心理学在设计领域中有诸多应用。

是当下用户点外卖的需求量很大，而且用户需要快速完成，那么就有必要将点外卖的需求单独分类聚合，成为一个独立的入口放在首页的醒目位置，让用户易于发现；其二是有部分用户的习惯是先点美食，再点外卖，因为他们的认知习惯是先想到要干什么（吃东西），然后想到点外卖，所以该 App 在"美食"页面下面还放着一个"外卖"入口，以便这部分用户进入"美食"页面后还能点外卖。当然后面的这部分用户占少数，他们的习惯之后也可能会改变，那时就不必在一级和二级页面上都放"外卖"入口了。在这个例子中，我们可以思考，人的天性是懒惰的，试想如果用户在简单地使用产品后就能记住操作，并且以后能重复使用，那么学习使用产品的成本就会很低，用户的体验就会很爽。对于产品经理而言，必须竭尽全力地让用户能够清晰、方便地找到他们所需要的信息，避免用户迷路。有时我们不需要为产品架构做出完美的逻辑，例如，在上面的这个例子中"外卖"作为独立的入口，我们需要将其放在醒目、显著的地方（如首页），而不是强行为了逻辑将它放在"美食"的二级页面上。我们也可以在微信的首页看到这类情况，微信页面右上角的"+"菜单中有发起群聊、添加朋友、扫一扫、收付款等快捷功能入口，这些都是尽量为了用户不迷路而做出的设计。所以，千万不要只为了分类聚合而做产品架构。

图 7-1　格式塔心理学

图 7-2　大众点评的首页

高效、易用：除了用户易理解外，在随后使用产品的过程中，我们还希望产品架构能高效、易用，持续地带给用户爽的感觉。除了少部分只满足用户单种简单需求的产品（如天气 App 等）外，产品通常是复杂的，即产品想满足用户多种复杂的需求，这时我们所考虑的就不只是一个用户使用产品的流程，而是多个流程。那么产品架构就需要解决多个流程之间的问题，让产品能够在所有场景下都高效、易用。这是一个权衡过程，毕竟通常我们无法做到让用户的每个流程都达到高效、易用的最优解，而是选择一个让用户所有的重要流程都比较高效、易用的解。所以，我们仍旧用枚举法，在产品功能架构层面考虑用户所有的重要使用流程和场景，依然努力做到让用户快速找到自己想要的、不迷路。这里的难点在于产品变复杂后，需要考虑、权衡的内容将成倍增加。我通常的做法是把不同的可能性都设计出来，然后逐一比较，排除最不靠谱的方案，然后深入地思考和测试。例如，当初在设计网易云音乐的产品架构时，"分类"和"歌单"之间的架构关系有三种，一种是"分类"在一级，"歌单"在它下面的次一级；一种是刚好反过来；还有一种是两者平级。这个问题不仅是"分类"和"歌单"的关系问题，同样也要考虑对整体产品架构的影响。我将不同的架构方案设计成原型（注意不只是想），之后与同事讨论，排除掉了平级方案（对用户来说，两者是近似功能），也排除掉了"分类"在一级的方案（用户最常用的是歌单，因此优先照顾歌单场景）。这样做会牺牲部分习惯找分类的用户的体验，但综合来看，是当时更好的选择。

尽量简练：我们应当持续不断地追求简练的架构。这里加上尽量的意思是，在追求简练的同时我们应当思考对用户需求的满足是否到位，不要过度追求。当然，我们大部分时候遇到的麻烦是不够简练。我曾经在知乎上回答了一个关于产品架构的问题（标签与分类的对比），展示了 StackOverflow 这款产品的标签架构简练之美。这个网站用标签架构了 UGC、话题结构、达人体系、声望、工作匹配等一系列系统，堪称简练产品架构的典范。几年前新浪微博的产品架构非常复杂，当时其战略是在各个细分领域做好腰部 UGC 用户，扶植大量 KOL（关键意见领袖）来做新一轮的增长驱动。战略本身是正确的，其需要微博在细分业务上都深入运营，比如影视、音乐、娱乐、美妆、穿搭、美食、旅游等兴趣领域。但当时微博在细分业务上的产品架构却没有做到简练而统一，而是做了比较多的细分特性的功能，造成整体产品复杂度快速上升，用户体验下降，开发和维护成本也明显增加。此后微博针对这个问题做了产品架构上的革新，将这些细分领域的运营场景抽象出来，以前是多种页面、多种功能，后来将人、机构、地点、兴趣等抽象成一种对象，并将对象的关系梳理统一为赞、关注等微博已有的体系，在此基础上再定义对象所包含的内容模块（细分领域中的不同内容模块可以不同）。这样做的好处就是围绕这个统一的对象进行架构，用户的操作习惯得以保留并且操作简单，开发、维护也简单，与以前做的微群、微吧等过于独立的产品形态完全不同。简练的架构就是将不同类型的需求和功能通过统一的架构组织起来，抽象和通用性是其关键之处。学习提升抽象能力和加深对通用性的理解，离不开产品经理学习信息系统分析的方法和技巧，同时对业务逻辑和代码实现也要足够了解。需要注意的是，我们不能过度追求架构简练——所有的架构都应该满足用户需求和商业需求。有些不能抽象和做成通用功能的模块，就不要去做，过度的抽象会让用户不理解。其中的度需要我们不断地对用户的真实使用场景做测试和研究来把握。

　　扩展性强：优秀的产品架构能低成本、快捷地支持功能扩展。相反，差的架构甚至没有扩展能力，只能重新开发新功能，这样浪费了人力和时间。扩展性强一部分与架构简练有关，功能模块通用性强，因而能支撑更多的功能。另一部分，则是我们在设计产品架构的时候，需要深入地思考和布局未来产品可能增加的功能，预留好接口。最典型、最值得深入学习的例子可能就是微信。微信的产品架构扩展性非常强，用户使用的直观感受就是即便有这么多功能，还是相当简练的。这一方面与微信产品的极度简练与克制有关，更重要的一方面是其对长远业务的深度思考，想得特别清楚后倒推出所需的产品架构，因而微信的布局很稳健，架构的扩展性很强，能支撑产品很长时间的发展。其中表现出来的产品功力非常深厚（当然也得益于微信所拥有的中国最大的社交网络，其做一些去中心化的产品架构得心应手）。从结构上讲，耦合程度越高的产品系统，扩展性越弱；耦合程度越低的、模块彼此之间是通过接口连接的产品系统，扩展性越强。所以当我们在设计一个产品系统时，可以考虑其中模块的耦合程度，来看看是否要做扩展性强的设计，为未来做准备。上面例子中的 StackOverflow，就是运用了扩展性极强的标签系统，在内容分类、用户、工作匹配等产品系统中都留下了通过标签系统来组织的接口。

　　StackOverflow 产品标签的通用性极强，支撑了很多功能。新功能在涉及内容分类时，也可以方便地接入已有的标签系统，而不用重新再搭建一套架构。这就是扩展性强架构的运用。产品经理如果想深入学习和理解架构的扩展性，需要更进一步地学习前、后端代码，例如，需要对软件设计模式中的 MVC 框架有所了解和认知。MVC 本身就是一种业务逻辑、数据流转、页面显示分离的代码设计框架，它的好处即扩展性强、避免重复造轮子——冗余的业务代码几乎是任何产品快速发展过程中的产物，所以需要架构师做架构升级，不断地分离、沉淀，让架构扩展性越来越强，支撑越来越多的业务。我们可以将了解 MVC 架构作为架构学习的起点，不断地增强自己的逻辑思维，为理解、学习更复杂的产品架构做准备。在我们的大脑存储了这些架构知识后，在做扩展性的设计时就有迹可循了。当然，与对简练性的追求一样，扩展性也应当符合实际业务需要。我们无须过早地做，也无须过多地做，因为实现扩展性强的架构所需要的人力和时间成本是很高的，在业务相对简单、产品迭代速度很快的情况下，不宜过分地追求架构之美，而应随着产品发展、业务扩充而逐步地完善架构。用白话来讲，就是不要在一开始就把摊子铺得太大。

　　设计产品架构是一位资深产品经理必须掌握的能力，它很难，需要很多的经验和方法积累。同时架构能力也是产品经理主要的技能之一，从宏观上说，很多产品经理分析、解决问题的逻辑思维都包含着架构思维。有时我们做产品，可以看作在创造一个世界观、建立一些玩法和规则，让这个世界中的相关元素自发地生长——这就是在架构一个产品世界。这是一个有趣、好玩的过程，是我做产品经理后发现的最大乐趣所在。架构师只是一个名号，架构能力却是每位志向高远的产品经理都需要掌握的，脚踏实地地一步步学习积累，最终我们都会发掘出架构之美。顺便说一下，最美的架构应是能够用非常简单的话语就阐释清楚的，而不是只有专家才能理解的复杂局面。

第 2 节　信息架构、产品架构与业务架构

如何从信息架构开始逐步提高架构能力？

互联网产品架构的终极场景是架构公司的战略和业务，这需要很好的商业意识、业务洞察、战略规划和架构能力来相互配合。除了天才外，这样的架构能力并不是凭空产生的，而是在工作中逐步积累、学习得来的。产品经理接触架构工作的起点是信息架构，当我们开始涉猎产品架构时，需要思考信息架构、产品架构，乃至未来的业务架构之间的关系，从而抽象一些发展架构能力方面的要素，让自己进步得更快。

信息架构、产品架构与业务架构的关系可以认为是递进式的：信息架构是最前端的表现层架构，产品架构是连接业务与用户表现层的产品功能、系统的架构，业务架构则是包含商业逻辑在内的业务运转机制的架构，如图 7-3 所示。如果反过来看，其实是从业务架构一步步推导出信息架构的，从而以前端的表现层呈现在用户面前。因此可以说，业务架构是内核、产品架构是骨架、信息架构是肌理脉络。

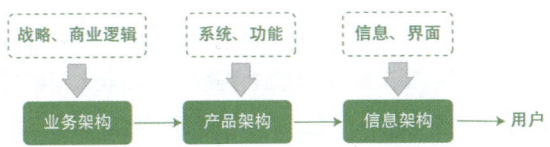

图 7-3　信息架构、产品架构与业务架构的关系

我们以网易云音乐为例来看看信息架构、产品架构与业务架构分别是什么。网易云音乐的业务架构需要放在音乐行业里来看，业务大致包括内容版权、音乐人、网易云音乐平台、社交业务、视频业务等。业务架构就是设计以什么业务作为驱动轮，以及业务之间如何互相配合达到整体发展的目的，也就是 Amazon 的 CEO 贝索斯所说的"飞轮效应"，同时也包含业务的商业模式设计。产品架构则是我们在产品系统的设计上如何抽象、整合，以最合适的架构去支撑业务，比如，我们通过 UGC 系统联动内容业务、平台业务、社交业务、视频业务等，

通过针对 B 端内容贡献者的大后台，来打通各个业务里针对 B 端用户的服务等。而信息架构则是具体地在 App 及各产品端的设计中，将业务架构、产品架构中所明确的产品要点，以合适的方式呈现在用户面前，例如，设计产品中的信息单元组织形式、App 的主导航、各主要页面的层级和跳转流程等。

从这个例子可以看出，信息架构、产品架构、业务架构是层层递进、互相联系的，它们之间会有交集。比如，信息架构和产品架构的交叉点在于产品系统的设计和界面呈现上；产品架构和业务架构的交叉点在于业务流程的梳理上等。实际上，当一个简单产品诞生时，它的业务、产品都相对简单，因此我们往往不需要将信息架构、产品架构、业务架构分开考虑，而是统筹在一起即可。而当我们面临的业务和产品变复杂时，就需要在工作流程上将这三个架构分开来思考和设计，从而保证每个架构都思考得足够深入、准确，同时也需要保证架构之间彼此能无缝地衔接在一起、避免错乱。这就对产品经理的能力提出了非常高的要求，要求产品经理既能够从信息架构开始从下往上思考，也能够从业务架构开始从上往下思考，从而保证架构的一致性。培养这种能力需要对架构进行大量的思考和实践，不断地由表及里、由里及表。

目前我们已经讨论了信息架构、产品架构，在本书后面的章节中还有关于业务架构的讨论。我们学习这些架构知识可以从分析现有产品开始。当我们面对一个复杂产品时，可以从三个层面入手分析：从界面层看信息架构、从功能层推敲产品架构、从商业和增长层梳理业务架构。我们以 2016 年以后的新浪微博为例来看看分析思路。在营收业务层面，新浪微博主要依靠流量变现业务（包含广告、电商导流、直播、新媒体营销平台等）；在用户增长业务层面，新浪微博主要的思路是将微博的各垂直领域的腰部 KOL 扶植起来，产生内容与社交关系，从而做大多个垂直领域的流量。因此我们可以初步估计新浪微博的业务架构以社交业务为平台性支撑，同时发力多个垂直业务增加活跃用户数以带来更多的广告变现，同时通过垂直业务不断地丰富社交关系和用户画像，使用户黏性不断增强、精准的广告收入不断提高，这其中垂直领域的业务可以认为是新浪微博业务架构中的驱动轮。在产品架构层面，为了服务这样的业务架构，很重要的是让微博从纯粹的社交媒体产品转变为能够兼容社交媒体＋兴趣社区的产品，并且产品架构要维持简练和扩展性。如果按照以前新浪微博的思路，会演变成微博＋贴吧，产品复杂度将大大提高。正如前面所说，微博在产品架构上做了革新，将用户的兴趣对象抽象出来，使其与用户之间依旧用关注关系进行连接，这就是尽可能地保持架构简练和扩展性的做法：以原有社交媒体的产品架构去兼容新的兴趣社区。而在信息架构层面，新浪微博则要复杂许多，主导航上每一个主页面均承载了大量的信息，并且彼此之间的定位有一定的重合，例如，首页的"热门"和"发现"中的内容。所以，在信息架构层面其还有不少优化空间，因为毕竟用户使用微博的主要场景可能只有两种：看与自己相关的（社交＋兴趣）内容、看大家都关心的（热门）内容。如何在功能和界面呈现信息上做优化、取舍，同时满足业务架构和商业化诉求，值得整体通盘考虑。

从上面的案例我们可以看到，在分析信息架构、产品架构、业务架构时思路是如何贯穿统一的，其中的核心就是在一个复杂的产品业务中对于驱动业务增长的关键点的把握。找准这个关键点并且思考清楚驱动业务增长的逻辑，产品架构和信息架构则围绕这个核心思路来展开。关于业务架构更多的讨论，我们会在后面的章节中展开。

需要注意的是，对这三个架构的思考只是我们做好产品、做好业务的框架知识，是一种让我们把事情做对的思考方法。而如果我们想做对的事情，则需要持续不断地对用户、业务、商业模式进行深刻的洞察（前面提到的业务驱动轮即属于此）。所以，不管我们产生了关于产品功能的小想法，还是关于业务和商业模式的大想法，除了持续思考这些想法是否靠谱外，还可以用这三个架构的思考框架来理清思路——从商业和增长层梳理业务架构，从功能层推敲产品架构，从界面层看信息架构。逻辑思维和深度思考是我们发展架构能力的重中之重，我们练习得越多，逻辑思维和深度思考的能力就越强，就像 CPU 的运算能力提高了一样，能处理更复杂的架构问题。这个螺旋上升的过程正是我们架构能力进步的过程，与大家共勉。

第 8 章

懂运营和营销

你有想过成为产品、运营和营销一专多能的多面手吗？

现在的互联网时代早已不是产品完全主导的时代了。在产品从 1 到 100 的过程中，运营和营销至关重要。同时，如果一个产品经理不具备运营、营销知识，也会很快遇到成长瓶颈，甚至如今的发展趋势表明，在产品从 0 到 1 的过程中需要产品、运营、营销三者齐头并进。

尽管我们都知道，产品经理成长几年之后，需要学习运营和营销的知识以继续提高，但这背后的原因是什么呢？除了能更好地在产品运营和营销过程中与团队配合，协力做出更好的产品外，我试图挖掘其更深的原因。这样也许能帮助我们更深入地学习、更融会贯通地运用这些知识。

如果我们做的是一款内容社区或社交产品，那么懂运营对产品经理的好处是显而易见的，可以帮助产品经理做出更符合长远运营思路的产品、更好地与负责运营的同事协作；同样，如果我们希望达到用户增长的目的，对营销有所了解可以帮助我们更好地与负责市场的同事配合，做好渠道投放、病毒式传播。这些是我们学习运营和营销知识最直接的收获，市面上已经有一些好书能教我们这些知识，如《参与感：小米口碑营销内部手册》[1]《疯传：让你的产品、思想、行为像病毒一样入侵》等。知乎上也有大量的讨论和案例可供我们参考学习，以网易云音乐为例，歌单的UGC产品和运营、屡次刷屏朋友圈的H5病毒式传播都是很好的学习材料。

因此本章我们将重点放在对产品经理与运营、营销之间更深层关系的思考上，包括产品的系统思维与运营的经营思维的比较，对产品、运营、营销三者塑造品牌心智的思考，运营与营销对洞察能力的加强作用。

第1节　系统思维与经营思维

我们能否同时具备系统思维与经营思维？

产品经理职位有其自身的思维特点，可以用系统思维来形容——其通常用系统性的办法解决问题；而运营则不一样，可以用经营思维来形容，在长久发展过程中一点一滴不断地深挖用户价值和商业价值。

我们可以通过一个简单的案例对比来初步说明这两者的差异。无论淘宝的崛起还是微博网红电商的崛起，都给整个生态带来了大量的商业机遇。在淘宝返利的年代，通过汇集大量的返利商品，吸引很多用户，然后赚取中间的返利分成，以及用这些分成黏住更多的用户，从而扩大流量，开展更多的商家合作业务，这是比较典型的系统思维；在如今微博网红电商的年代，一手对接网红资源，一手对接品牌广告主，花重点精力撮合每一单广告成交，逐渐积累网红资源和广告资源，进而开始签约培养网红，这是比较典型的经营思维。

这两种思维抽象出来都是广告成交模式，但表象的区别在于：前者每一笔交易的颗粒度很细，单笔交易价值低，但聚沙成塔后规模效应好，很适合用系统思维解决问题；而后者每一笔交易的颗粒度很粗，单笔交易价值高，每一笔交易都很重要，网红和广告主都是重点客户需要重点维护，用系统思维很难解决实际问题，适合典型的经营思维。

上面这个案例可以带给大家简单、直观的感受。在过去多年的互联网发展过程中，不少产品经理其实离最实际的商业环境还有一些远，因此对一些短平快的、能带来爆发式增长的机会不够了解和敏感。夸张一些说，产品经理更精于研究，更有一些学院派的书生气质。而运营则会在"江湖"上与各色人等、资源、招数打交道，更有摸爬滚打、江湖气的特点。具

1　黎万强著，《参与感：小米口碑营销内部手册》，中信出版社，2014年。

体到业务的表现上，产品经理的系统思维给业务提供了长远发展的方向和底层的动力；运营的经营思维则给业务提供一波又一波的高峰，带动业务快速发展，尽快聚集量变以达到产品预设的质变。每个业务阶段以此循环反复。

如果产品经理能更加了解经营思维，将有助于其协同团队取得更大的业务成就（同样的道理，运营若了解系统思维，也会大有助益，如图 8-1 所示），尤其是移动互联网现在已经非常难单靠产品取胜，因为仅在系统层面，很难有比巨头公司更优良的产品系统——当然这也不是绝对的，对于本质商业逻辑的思考、迭代、重构始终有机会，例如，拼多多抓住了机遇，完成了从人找商品到商品找人的本质改变。我们越了解经营思维，就越能在现有移动互联网的环境下找到能运用的资源和条件。我们可以观察到，这些年在淘宝生态、社交红利（微博、微信）、用户下沉红利、短视频红利等一系列发展过程中涌现出来的玩转资源和流量的业务形态，都是很好的经营思维的代表。

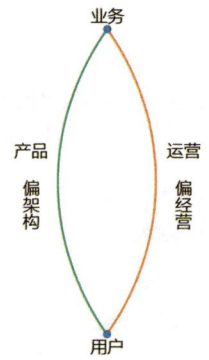

图 8-1　产品与运营的殊途同归

另外，寻找互联网产品的成功商业模式一直极具挑战，其与传统商业模式很不一样。在互联网体系中，判断一个公司／产品的价值，比较看重规模化、未来预期等。但我们仍需要看到，同样存在一些有所规模的公司／产品最终没有形成实际的商业模式并健康地运转下去。在此前一些"固有的"思维中，产品要在做大流量后再考虑变现问题，因为很多免费的互联网产品无法直接赢利，而是在做大流量之后通过广告等模式变现的。而现如今，互联网的流量流动性越来越差，大部分流量都聚集在已经成形的大产品手中，这时再想通过做大流量用广告变现就比较困难了。所以我们在做产品之初，就需要用经营思维来思考这个业务商业模式的本质是什么，究竟为用户、客户、行业等提供了什么新商业价值，我们如何从中获取利润。

作为产品经理，我们追求的是一专多能，在不断钻研专业能力的过程中，也要补足运营的经营思维。我们将从小处着手，逐步说明产品结合运营在实践中的应用，希望能让大家见微知著。这些应用主要包含三大方面：经营用户流量、经营资源、经营价值链。

1. 经营用户流量

万事开头难，互联网产品的冷启动一直是一个业界难题，并且没有放之四海皆准的解法。而"常规"产品经理的技能列表里，只有用户研究、需求分析等，并没有教我们在冷启动时去哪里找用户。如果我们只做一个电脑前面的书呆子产品经理，自然没办法学会经营用户流量的思路，尤其是在如今移动互联网流量红利消失的情况下，即便有很好的产品构思，产品也很容易在初期就夭折。

互联网上经营用户流量的成功案例有很多，其中也包括很多巧妙的招数。但万变不离其宗，我们可以归纳出一些思路来帮助学习，主要如下。

思考用户是谁、研究他们在哪里：这是最基础的思路，很多寻找用户的方法都是基于此产生的。首先要明确目标用户是谁。往往我们想要的用户很多，但需要选取一个当下最合适的用户群体来拓展。这并不是说我们要把产品的用户范围做小，而只是战术上的选择，因为贪多往往意味着很难集中优势。以网易云音乐吸引大学生人群为例，如本书前面所介绍的，我们选择大学生作为网易云音乐扩大用户群的突破口，期间又进一步选择了一些高校集中城市的大学生作为第一次尝试的对象。这样明确后，就容易回答下一个问题：用户在哪里。我们选取了几个中国高校集中的城市来做校园音乐活动，以此来作为接触大学生人群的渠道。同样，针对电子音乐爱好者人群、二次元音乐爱好者人群、偶像粉丝人群等的运营也都是以这个思路为出发点来经营用户流量的。只要弄清楚目标用户是谁以及找到他们，剩下的就是用合适的利益点和方法吸引他们了。网易云音乐用导入歌单的方法吸引音乐爱好者就是基于这个思路。另外，抖音在早期的发展过程中，也是在大学生中寻找擅长跳舞、搞怪的美女、帅哥，付费让他们配合抖音丰富多彩的主题活动制作优质的短视频，从而吸引更多的年轻人。明确了用户是谁、在哪里，并且有清晰有效的利益点和方法吸引用户，这样就能够长久、持续地经营用户流量。

寻找热点机遇、赚取流量红利：这也是很基础的思路，现在不论互联网上出现什么热点，运营同事都会去追。为了吸引大众的注意力，就算没有热点也要自己造出热点话题。记得在网易云音乐进行初期运营时，遇到艺人明星的生日、大事件，我们都会在微博上进行话题运营以吸引用户。在微博的用户活跃度逐渐向微信公众号和朋友圈转移之后，我们又做了许多微信生态圈中的 H5 传播，网易云音乐 M2 工作室的许多 H5 传播作品就基于此（没有热点的时候自己制造传播话题），它们在微信朋友圈中屡屡造成刷屏传播现象，给网易云音乐带来了很多新用户。如今，很多产品又将运营阵地扩展到了抖音上，这也是用户注意力聚集的结果。前几年新媒体运营还是一个比较新的词，是一个新的工作岗位，而现在互联网产品的运营已经很明确地不再局限于自身产品范围内了，运营的工作就包含了站外运营，而且这部分相当重要，因为要更大范围、更高频次地与我们的用户接触，否则用户就会将我们遗忘。寻找热点的思路需要很好的"网感"[1]支撑，需要很"接地气"，对用户有很敏锐的洞察。而产品经理虽然通常逻辑强大，但不够细腻入微。这两种能力恰好可以互补，所以我会在团队中有意识地引入"网感"很好、善于运营的人才，这样才能提高团队整体的综合能力、培养经营思维。另外，需要说明的是，寻找热点机遇是一个逐步培养、逐渐发酵的过程，这些创新并非一蹴而就，重要的是营造适合创新的环境，允许开脑洞、允许试错，而不是急功近利。通常想要在一两个季度内就抓住热点的想法，最后都会以失败告终。其实我们完全没必要着急，热点始终存在，就像公交车一样，错过了这辆还会有下一辆。最重要的是给予团队经营的环境，规划、培养团队能力，能力达到后好的结果自然而然就得到了。

裂变传播：这是社交网络效应出现后，杠杆力量最强的获取用户的思路。互联网上这类玩法已经成熟了，并且花样繁多，均是基于用户之间的传播来展开的。不管是早期的微信红包、得到 App 的分享减价、各种电商的裂变红包，还是拼多多的拼团，乃至被用烂了的好友砍价等玩法，均是利用用户关系来进行裂变传播，然后在外面包装一层运营的玩法。如今我们要做裂变传播，则需要在运营玩法上动更多的脑筋，让用户觉得有新鲜感，纯粹地跟风已经没有效果，用户已经麻木了。要创新玩法就需要我们非常深入地了解那些爱分享的人群都在社交网络上玩什么，需要每天泡在这些用户之中（或者自己本身就是这样的用户），需要时刻关注微信群、抖音、微博上有什么新的传播产生，有什么可以借鉴参考的。这些都是锻炼扎实的运营基本功的方法，同样也适用于我们培养社交裂变传播的嗅觉、培养经营用户流量的思路。同样，团队中也一定要有精于此道的人才，否则一群理性派是没办法做出吸引人的社交裂变传播的。

2. 经营资源

在产品发展壮大的过程中，我们会遇到各种各样的资源，就看是否会经营、运用它们了。同样的资源在不同经营水平的人手中，所产生的效用可能天差地别。我们同样可以归纳出一些思路帮助学习，包括识别资源、整合运用资源等。

识别资源：在经营资源的过程中，"空手套白狼"可能是产生最大效用的方法之一。这里所说的"空手套白狼"并不是什么都没有去忽悠，而是指灵活、聪明地看待、运用自己所拥

1　网感是互联网用语，字面意思为互联网的感觉。狭义上，可以将其理解为对互联网流行语、文化等第一时间感知、熟悉；广义上，可以将其理解为对互联网的运营、营销的预见、操控等。

有的资源。下面举两个例子进行说明。有的网红公司在起步时做撮合网红和品牌对接的生意，对于刚起步的公司来说，网红资源和品牌资源都很少，如果只看到这两块资源，则很难破局，会陷入一个"先有鸡还是先有蛋"的难题。但如果换一个视角，公司是否一定要签约网红才算拥有网红资源呢？其实未必，与网红合作也能达到一样的效果。网红拥有粉丝流量，品牌想在网红身上投放广告，但网红未必擅长做与品牌对接、商务合作的事情，因此可以将商务谈判能力视为资源，然后寻找缺乏这个资源的网红，再打包寻找有投放广告需求的品牌，这样就把各种资源整合在一起并能撮合一单生意。另一个例子则诠释了"预期"（俗称画饼）也是一种资源，这点能在很多淘宝运营人员与商家之间的合作中体现出来。商家希望获得淘宝的流量来提高销量，而淘宝运营人员则希望商家能提供更多的让利优惠和宣传推广资源来帮助自己争取到淘宝的流量以完成业绩。乍一看，这也是一个先有鸡还是先有蛋的问题。但淘宝运营人员拥有"预期"资源（淘宝的流量），这是很诱人的，如果商家的站外宣传推广资源都落到淘宝上的商家店铺，那么淘宝运营人员能够将他可以申请到的流量更多地导向商家。这样整合资源的结果是多方共赢，淘宝获得了更多的外部引入流量（商家在外部推广落地提供的）；商家获得了淘宝运营人员提供的内部流量，从而提高了销量，算上外部推广成本，整体上利润增加了；淘宝运营人员则完成了自己的业绩目标，并且充分、高效地运用了资源。总的来说，我们需要培养自己识别资源的能力，不是那些明显摆在桌面上的才是资源。在互联网上，除了流量、资金外，我们的股东、品牌、团队、能力、时间、预期、合作伙伴、竞争对手等都是资源，在经营过程中我们需要有意识地识别它们。

整合运用资源：在识别资源之后，整合运用资源的能力就决定了我们能使资源发挥多大的效用。整合运用资源的本质其实是思考各个资源之间如何配合并产生 1+1 大于或等于 2 的效果，其前提就是弄明白各资源的接口（所需要的输入以及能提供的输出）。整合不好的话，很容易造成 1+1 小于 2 甚至小于 1 的情况（资源互相产生反作用力）。这也属于意识问题，大部分长于逻辑的产品经理很少能接触到整合资源相关的事情，也就无从培养出这样的意识。这种意识有天赋（情商高的人通常善于此）的成分，同样也有后天的积累。运营岗位的同学在日常工作中会与很多行业中的相关角色打交道，日积月累下就会熟悉不同角色资源的特点和接口。越资深、级别越高的运营高手，接触到的资源就越多越厉害，整合资源就越得心应手。对于产品经理而言，我们需要有意识地培养自己这方面的能力，一方面要改变自己只钻研产品的心态，主动地研究行业中整合资源的案例，分析各资源的输入与输出，与运营岗位的高手多交流、学习；另一方面则要在工作中主动承担一些需要整合资源的工作，例如，简单的涉及公司内跨部门协作的事情，复杂的涉及与其他公司、组织、个体协作的事情，在实际工作中有意识地学以致用，避免以往那样只看事情、不看人的做法（情商不高的表现）。当然能整合资源的前提是自身有足够的吸引力、专业能力过硬。仍以之前提到的网红公司为例，在其发展了一段时间、掌握了一定的网红资源和品牌资源后，想扩大规模，但会遇到一些问题。如果只是撮合网红与品牌之间的广告生意，一来二去品牌广告主会熟悉现有网红，如果网红公司不能提供新的网红，品牌广告主大可不必通过网红公司做生意，而是自己联系网红即可。而网红公司如果只用广告生意吸引网红，也显得单薄。这个时候可以想到网红还有开淘宝店来变现的诉求，而运营淘宝店是一件很费时间的事情，并且现在有专业的淘宝代运营人才，则网红公司可以考虑整合淘宝代运营人才（这些人才需要更多的业务，可以让他们接现有合作网红的业务）来服务更多的网红（网红需要有人帮他们做粉丝变现），与更多的网红取得合作后再服务更多的品牌广告主（品牌广告主需要源源不断的新网红去触达更多的用户群），这样各资源的输入、输出匹配在一起，形成了整合的效用。这是一个比较简单的例子（只涉及三方资源），复杂的情况是增加资源的数量、需要考虑更多的接口和特点，这时难度会成倍增加（类似于排列组合数量增加的情况），并且其中变化的可能性和风险也会大大增加，这就需要很高的情商和资源整合能力来把控。

资源的投入 / 产出：产品经理本身就应当具备比较好的评估产品功能开发性价比的能力，现在我们需要学着将这样的能力迁移到对资源的运用上。有三个需要注意的地方，下面一一介绍。第一个是评估资源投入的 ROI（投资回报率），这通常是产品经理比较擅长的。产品经理经常会面对很多需求，想要全部上线是不可能的，这时不可避免地需要多方权衡来看优先级、性价比，如此日积月累下来，产品经理的 ROI 意识就会比较强（程序员也如此，有系统工程经验的职业都具备一定的 ROI 意识）。另外，需要补充商业和财务方面的知识，明确定义投入的资源和产生的收益价值几何。第二个是产品经理要培养资源投入的意识，明确产品功能只是搭建了一个框架，需要资源不断注入才能生长、发芽。不少产品经理离实际业务比较远，不太清楚业务是如何运转而创造价值的，这样就带来一个问题，产品经理只做了业务所需的功能框架，并不了解资源投入和产生效用的逻辑，无法真正地深入理解业务，这样他们做出的功能框架自然也很被动，无法提供真正有效的业务发展的底层动力。我们要避免成为一个功能型产品经理，而应该做业务型产品经理。下面提一个简单的问题，在产品经理做完了功能设计后，假如给 100 万元的资金，应该把钱投在哪些地方？如何让业务运转起来？这需要我们在日常工作中不断地思考和实践，不局限于产品功能层面，而要深入业务层面。当前的业务投入了哪些资源，产生了哪些效用，中间的流转过程是怎样的？如果我们在某个方向目前投入了 10 个人力，能带来 10 万用户量或 100 万元营收，那么如果我们增加投入 50 个人力，是否能让回报成倍增长呢？中间产生影响的环节和因素有哪些？如果不能成倍增长，我们应该怎么做？这些都是实际业务中关于资源投入的普遍问题，产品经理应当主动地思考和实践，才能真正推动业务的成长。第三个是产品经理要有多条腿走路的经营意识，避免将资源鸡蛋只装在一个篮子里。当然这并不意味着我们做产品时要做很多业务（业务复杂度越高，成本越高，经营越困难）。我们需要审视自己手上的资源，竭尽全力地想还有哪些可能性。这主要是为了规避风险，尤其是在产品初创期，没有一定的用户／营收基础的时候。做互联网产品，在绝大多数情况下，都是在做规避失败风险、提高成功概率的事情，难以保证我们一定能成功做成某件事情（我也从未经历过这样的情况），这是因为变量因素实在太多，远超出我们的控制范围。因此我们首先应当想的是活下来，在资源有限的情况下，综合机会成本、时间成本来考量如何分配、投入资源。例如，网易云音乐在发展特定的音乐品类和用户群的时候，不会只选择民谣或者电子等一个音乐品类，而会同时发展二次元、国风、嘻哈等多个音乐品类，在这些地方都投入资源做。最终的结果可能是网易云音乐在某些音乐品类上做得很出色，在某些音乐品类上做得一般。中国古代战国时期"田忌赛马"的故事，其实说的就是类似的道理。当然在业务发展明朗后，我们需要再调配资源做重点方向的重点投入，加快业务成长。

3. 经营价值链

经营资源的上一级就是经营价值链。如果我们用传统行业的视角看待互联网产品的价值链，也是类似的。一门生意一般来说脱离不了供应链、研发、生产、营销、销售、服务等环节。产品、研发部门生产出产品，经过运营部门培育壮大或变成服务，再经过营销部门宣传，最终产生营收。经营价值链就是使这个过程最大限度地实现营收。具体来说，就是低成本获取资源，然后增加附加价值，变成可营收的产品或服务，最后高价值地卖出去。传统的零售行业（如国美、苏宁）等在经营价值链时的目标是降低成本从而实现盈利，对于互联网产品而言，这个目标也很适用，出于互联网的特性，一旦产品／业务能够规模化运转，那么其成本将会显著降低（尤其是线上部分）。如果要将产品高价卖出，则需要相当大的品牌溢价，这在互联网行业中是非常难的（互联网本身就具有普惠性质），相对来说不太可行，因此经营价值链从而不断提高效率、降低成本就十分重要。这其中除了产品经理擅长的规模化方法（运用逻辑思考来抽象并分析寻找规模化机会点）外，更高层次的是全局地看整个价值链，在链条之间的配合效率及改变链条之间的关系上思考和经营。关于价值链的话题可以非常丰富，涉及企业经营发展的很多话题，我们可以阅读价值链概念的提出者迈克尔·波特的著作《竞争优势》[1] 来学习（这本书相当值得读，关于竞争战略有很多基本的方法论），而本书仅就与产品经理发展相关的经营价值链的一些思考进行讨论。

我们以音乐行业为例，看看一首新歌的价值链，如图 8-2 所示。一首新歌从产生到获得收益大致会经过几个环节：作词／作曲、录音、发行、推广／传播、获取版权收益，以及或许能让音乐人知名度提升，取得演唱或其他商业收益。在传统唱片公司时代，需要聚集起各个

1　迈克尔·波特（Michael Porter）著，陈丽芳译，《竞争优势》，中信出版社，2014 年。

环节所需要的资源，打包整合价值链。随着互联网对音乐行业的渗透，带来了价值链变革的机会。如前面所介绍的网易云音乐对推广／传播环节的提升，利用移动互联网的特性，新音乐作品的传播效率有了巨大的提升；又如迷笛音乐学校、摩登天空音乐节这样的机构，培养音乐人作词／作曲的能力，为其提供演出舞台，这也大大降低了音乐生产成本和演出成本。在价值链的多个环节中，不断地寻找降低成本的思路，提高整体价值链的效能，创造更大的收益。同时，网易云音乐、摩登天空音乐节等也在改变价值链中链条之间的关系，以往音乐人需要在积累大量优秀作品、提升知名度之后，才有机会在大的演出舞台上展现自己（否则，只能在酒吧驻场演出），但如今每年都在全国各地举办多次音乐节，这给很多还不是很出名的音乐人提供了舞台表演机会，音乐演出从以往的商业收益链条转换了一部分角色，成为音乐推广链条。而网易云音乐的音乐人战略之所以能吸引中国数量最多的音乐人在平台上运营，则正是因为它大大提高了从音乐发行到传播／推广的价值链的效率，音乐人能以非常低的成本来推广／宣传自己的音乐，从而让整条价值链能以比之前高得多的效率来产生更多高价值的音乐作品。未来音乐行业的发展会以平台整合更多价值链链条上的资源，进一步用互联网的方式打通环节、降低成本、提高效率、最大化变现。

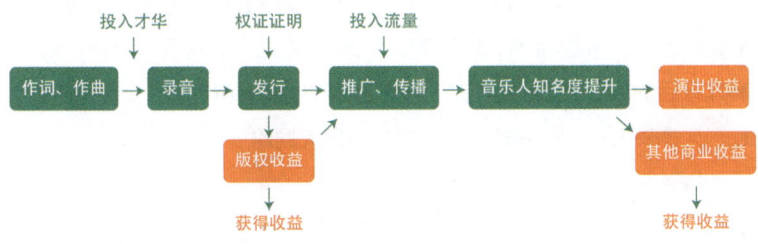

图 8-2　经营一首新歌的价值链

在一家公司的人力资源管理中，也有经营价值链的应用。过去人力资源部门、财务部门、法务部门等会作为一家公司的职能支撑部门，保证公司的人、财资源有效运转，支撑经营业务的部门。现在随着互联网进程的变革，市场变化越来越快，很多大企业因为跟不上变化而遭到淘汰。如果一家公司各部门更多的是串联而非并联——即只有面对用户和营收的部门可以感受到市场上的炮火，然后一节一节地向后方传递，那么这家公司的内部就感受不到市场的压力，也就不可能被市场所驱动，被淘汰也就不奇怪了。现在很多公司开始了内部职能部门的变革，强调职能支撑部门应该成为业务部门的 BP（Business Partner，合作伙伴），下沉到各个业务单元中，这其实就改变了过去职能支撑部门在价值链中的定位，它们不再是后勤单位。更深刻的在于，很多公司开始了平台化经营，重塑企业内部的价值链。以往人、财资源在企业内部执行的是层层传导制，在面对如今日新月异的市场时，其效率低下、成本高昂。如今，人是一切资源的中心，能够撬动经营；而财作为内部一切资源流转的交换货币，则承担起润滑剂的角色。为了实现公司部门价值链的并联，则必须建立一种市场化的机制，把人和财的流转规则说清楚。从这个意义上讲，传统的负责后勤的职能支撑部门实际上成了平台的经营者，设计机制和规则，用平台化的思维给业务单元赋能，并让公司 / 平台获益。这就完全改变了以往公司部门间串联的价值链。小米公司在上市后于 2018 年 9 月进行了最大的一次组织架构变革，成立了平台化的集团组织部、集团参谋部，同时整编了多个业务单元，正式形成了平台赋能 + 前台业务的组织架构，这其中就蕴含了一家公司价值链的变革，目标同样是提高整个集团的组织效率。

作为产品经理，我们需要像上面的案例那样去思考、分析价值链，学会经营价值链中降低成本、提高效率的思维方式，从而找到一个产品所在领域本质上的核心发展方向和解决方案。这需要我们对行业的价值链非常熟悉，同时具备经营意识，不断地探求成本更低、效率更高、收益最大化的方式。当我们在价值链的若干链条上做到极致时，我们就有机会整合整个价值链，进一步降低成本、获取更多的收益，同时推动领域的发展、变革。

以上进行了对经营用户流量、经营资源、经营价值链的初步探讨，希望能帮助产品经理了解和学习经营思维。同时我们也可以看到，系统思维和经营思维并不是毫无干系的，它们之间其实是紧密联系、相互配合的。对于产品经理来说，除了要懂运营外，我们也要在更深的层次上理解其背后的思维方式，这将有助于在认知层面上帮助我们扩大视野，而不是局限在产品设计上。而提高认知，则是成长过程中效用最大的途径。

第 2 节　品牌的用户心智与洞察

在用户眼中，互联网公司里持续最久的是什么？

产品会随着时间流逝经历一个生命周期，从出生到迈向成熟、顶峰，尔后进入衰退期。此后要么公司内部革命，产品被新的产品取代；要么被外部竞争对手超越，产品逐渐消失；要么时代环境变化，不再被用户需要，产品逐渐退出历史舞台。商业世界自诞生之日起就是这样运转的，能持续成功 20 年的产品凤毛麟角，在互联网世界中更是如此。那么究竟什么能超越产品兴衰的限制，能在用户眼中持续得更久呢？

我的理解是品牌，更具体地说是品牌所传递的用户心智，其能更久远地存在，比一个产品或服务要久得多。这点在零售行业中的奢侈品品牌上体现得尤为明显。很多奢侈品品牌风靡世界的时间超过了 100 年，期间发布了很多产品，甚至不少品牌主营的品类也有变化（例如，在 19 世纪爱马仕是以马具闻名遐迩的，LV 是以行李箱风靡全球的），但它们直到今天仍牢牢占据着用户心智，这中间有很多品牌打造相关的学问值得我们学习，如图 8-3 所示。

图 8-3　持续久远的奢侈品品牌

只有品牌存续得久远，企业才能在时间的浪潮中不断地革新自己、发展自己。一些产品会在经历辉煌之后开始衰落，但只要品牌仍拥有强大的用户心智，企业就还拥有自己忠实的客户群体，就能不断推陈出新，用新的产品满足用户。品牌如此重要，但它绝对不属于营销岗位的职能范畴。从表象来看，在产品、运营、营销人员的日常工作中，都会有涉及品牌、影响品牌的部分；更深层次地，从用户心智的角度来看，这三者本质上是从不同的角度塑造一个品牌的用户心智——三者应该合而为一，即便他们在职能上有所分工：产品经理偏重搭建框架、运营人员偏重经营血肉、营销人员偏重宣传 / 推广。但从本质上讲，三者所做的每一次功，都应当给塑造的品牌加分，从而不断地加强品牌的用户心智。

下面从几个案例来看看产品、运营和营销人员是如何给品牌的用户心智添砖加瓦的。以网易云音乐为例，结合网易公司的品牌以及网易云音乐的产品定位，我们希望带给品牌的用户心智是高品质的音乐服务。在网易云音乐的 UI 设计上，播放页黑胶唱片的构思就是为了给用户带来高品质的感觉；而歌单等 UGC 机制，也是想吸引比较资深的音乐爱好者，这些用户本身追求的是高品质的音乐服务，同时他们创建的歌单也会给其他用户带来高品质的感觉；在运营层面，我们邀请到王东、有待等知名 DJ 加入网易云音乐来做电台节目，主推全世界丰富多样的优秀音乐作品，做线下音乐会等活动，这些也都带给了用户高品质的感觉;而在营销层面，网易云音乐所做的地铁乐评传播则对高品质品牌的塑造做出了极大的贡献，这是一场毫无商业痕迹、直达用户心灵的传播，起到了轰动社会的传播效果。可能在此之前社会上从未有过如此大规模的音乐情感共鸣的传播，而情感共鸣则极大地增强了品牌高品质的用户心智。

所以，一方面，我们要有意识地在日常工作中，把品牌塑造作为必要因素之一去考虑，尽量不要做给品牌减分的事情（哪怕是微小的减分，尤其是在产品发展的初期阶段，这时品牌价值薄弱），多做给品牌加分的事情，不断增加品牌价值；另一方面，我们需要理解品牌的用户心智，公司里一般都有市场部、公关部，但想让公司的品牌占据用户心智，很难依靠哪一个部门就行的，而是要依靠全公司之力。作为产品、运营、营销人员等这些业务部门的角色，就需要了解各自的工作能影响品牌用户心智的原因，如此才能在日常工作中为品牌增值发挥最大效用。

对于第一个方面，在产品做大之后，或多或少都会因为一些因素要做可能给品牌减分的事情。比如，想要进一步扩大用户规模，则可能会对原本高端的品牌形象有所影响；想要谋求商业变现、实现盈利，则所使用的营收手段可能会对品牌产生负面影响；想要孵化更多的产品，则子品牌可能会对母品牌造成稀释……这都是不可避免的，我们需要明确地评估这些影响，可以设计一个对品牌产生正负影响的量表，评估未来计划中的事项对品牌产生的正负影响，并且有意识地在一段时间内让会对产品产生正负影响的事情交替进行，以此来对冲，尽量做到对品牌的长远影响保持正向。

对于第二个方面，关于品牌用户心智的系统性说明，在《定位：有史以来对美国营销影响最大的观念》一书中有很详细的阐述。网易云音乐的歌单定位就是比较典型的例子。在中国音乐行业中，网易云音乐第一个占据 UGC "歌单"的定位并获得成功，占据了用户心智，后来者再想使用同样的定位就比较困难了。在实现品牌占据用户心智的思考中，我认为产品、运营和营销三方面都十分重要，下面总结了一些经验和方法供大家参考。

产品时刻都需要思考差异化定位：对于一个新品牌的诞生来说，定位最重要，它是用户心智最初对品牌形成的认知。在互联网行业中，大部分领域最终可能只有两个品牌能较好地存活，当领先品牌占据大部分市场时，其他品牌必须做差异化定位，否则将无法存活下来。关于差异化的思考，我们可以创造新的品类、新的概念，例如，反复提到的网易云音乐的歌单就是如此的；也可以与其他品牌相反，例如，当初音乐行业里的竞争对手都是曲库型的，争夺头部版权，网易云音乐则走了原创音乐人长尾路线，强调丰富、广阔的音乐口味。在产品发展的全过程中，要持续不断地思考差异化，因为差异化的效果会随着时间和竞争对手的努力而减弱，我们必须在原有差异化的定位上不断加强及持续创新，做更多相关的差异化，形成一个更强大的合力。例如，围绕发现更多喜欢音乐的定位、高品质的品牌形象，网易云音乐持续地用私人 FM、每日歌曲推荐、音乐评论、歌词分享等创新来不断地加强品牌的用户心智。另外，我们需要注意的是，我们选择的差异化一定要在一定程度上超出用户的预期，而不能选择用户认为理所当然应该有的特性。这取决于用户的心智模型，理所当然的事情无法成为一个新品牌的定位，因为用户会拿它与传统事物进行比较（即便在当前领域并没有这个品牌定位）。这其实也从另一个角度证明了，随着时间的推移，在用户对现有的品牌定位越来越熟悉、认为理所当然之后，我们必须发展和创造新的定位，来持续地占据用户心智。最后强调一下，由于大部分互联网产品在初创时都是由产品经理来思考产品定位的，而一个产品的定位就决定了品牌初期是怎么回事，即使用户形成初步的认知，因此产品经理在思考产品定位时，务必要把品牌的差异化一并考虑清楚。

聚焦并让用户热爱品牌：Airbnb 的创始人布莱恩·切斯基说过：10 个人爱你，好过 100 个人有点喜欢你。这意味着我们需要时刻聚焦在忠实用户身上。在我们建立初步的品牌用户心智后，就需要在产品、运营、营销多方位聚焦，持续地加强聚焦人群、聚焦需求、聚焦业务。"以用户为中心"不是一个空泛的概念，而是处于新时代能成功的基准。千万不要从我们自己所拥有的技术和资源出发去构思我们的发展方向，而是问自己如果要让用户爱上我们的品牌，我们应当做什么。我们不应该推出平平淡淡的产品功能、普普通通的运营活动、不咸不淡的营销声音，而应该将工作中大量宝贵的思考时间用于探寻真正能让用户喜欢我们品牌的事情。产品经理在构思每个功能的时候，需要和运营、营销人员一起思考讨论，如何能在后续的运营中让用户产生热爱之情？如何能让用户将这种热爱表达、传播出来，从而影响更多的人？我们每天所做的日常运营、营销活动，是否聚焦于我们当前的定位，是否在反复不断地加强定位？要让用户爱上品牌，一定要超出用户的预期，能让用户有"Aha"[1] 的时刻。无论是在产品、运营还是营销过程中，我们都应当专注于思考、研究能让用户"Aha"的点子，这样才能达到让用户爱上品牌的效果。这是与从我们自身或竞争对手出发的思考逻辑完全不同的思维方式，可以称之为逆向思维。专注于学习、积累并实践超出用户预期的想法，是我们提高这种思维能力的不二法门。

运营人员持续地与核心用户沟通：承接上一条，热爱品牌的用户是我们非常重要的资产。他们一个人的能量可以抵得上成百上千个人的能量。在品牌占据一部分核心用户的心智之后，我们希望这些用户更多地参与到品牌中来，我们不仅希望公司的员工是品牌的主人，还希望一部分用户视自己为"品牌的主人"（当然这个程度要把握好，过度则会变成灾难）。这点在社区和平台产品中尤其重要，因为存在很多与用户共建的地方。在运营人员的日常工作中，会花费很多时间与这些核心用户沟通，这个过程也是在不断地传达品牌的过程。在网易云音乐团队中，我们有全民客服的传统，很多员工都会对用户的反馈进行回复与处理。这点与 Amazon 很像，Amazon 优秀的客服体验令用户津津乐道，甚至成为互联网上大家传播的段子。而网易云音乐的员工与用户间的互动也被用户截图发在微博、知乎等社交媒体上发酵传播，例如，我们有"无所不能的 Android 开发组""云音乐 iOS 开发组""傲娇的 PC 开发组""忧郁深沉的 WP 开发组""高贵冷艳的 Mac 开发组""空虚小编""潇洒小编""云音乐 VIP""云音乐小秘书"等账号与用户沟通，很多员工也会用个人账号与用户沟通、交流。对品牌的热爱是一点一滴形成的，我们不要小看每一个与核心用户沟通的机会，正是这些涓涓细流最终才汇聚成了江河。

1　Aha 是一个情绪表达的拟声词，形容产品给用户留下了足够强烈的第一印象，让用户喜欢上了产品。

营销的自我思考与传播：如果说产品经理设计产品品牌定位，运营建立核心用户的品牌用户心智，那么营销则在大众层面上更广泛地建立起品牌用户心智，最终实现量变引起质变的效果（没有大量用户作为基础的品牌用户心智是很脆弱的，达不到存续久远的效果）。在做品牌营销传播之前，我们需要对品牌做一个自我价值的探索，这个过程会存在两个鸿沟：产品经理设计的品牌定位与核心用户心智之间的鸿沟、核心用户心智与大众用户心智之间的鸿沟。前者相对容易解决，因为运营人员对核心用户做过充分而有针对性的沟通，但对大众用户无法做到这样，而且核心用户心智的传播点与大众用户的往往也不同（小众与大众的区别）。品牌在不同的发展阶段需要重新进行自我价值的探索，然后将更新后的品牌价值加入用户心智中，从小众跨往大众的过程就属于此。以网易云音乐为例，最初我们分析，对于音乐爱好者而言，发现没有听过的高品质的音乐具有很好的价值，恰恰符合他们的心智，强调"发现"。然后在面对大众用户时，我们发现大众对于"发现"这个价值并不感兴趣，"发现"并不是大众用户直接而根本的心智模型。但我们后来思考、挖掘出大众"懒"的特点，这是所有人都有的特点，我们重新梳理了网易云音乐的品牌价值：它是一款能帮助你在几秒之内就听到喜欢的歌曲的音乐产品。我们将"发现"藏在了背后，将 UGC 歌单、个性化推荐算法、社交分享藏在了品牌价值的背后，因为它们是支撑而不是最直接的能建立品牌用户心智的东西。但我们可以肯定，要做到在几秒内就让用户听到喜欢的歌曲，依靠的其实就是背后这些"发现"。此后我们就围绕更新后的品牌价值不断地对大众用户进行营销宣传，最终网易云音乐高效、懂我的价值深入人心，而歌单、算法、社交这些发现音乐的元素也随之为更多的大众用户所津津乐道。我们可以看到，品牌用户心智必须直击用户，它必须用一句话就能说清楚，必须是用户马上能明白并传播的语言，要么让用户产生精神上的共鸣，要么让用户觉得有利。在传播过程中，我们的营销团队还会考核用户的主动传播量，这是因为除了投放一些媒体外，我们追求在互联网上制造话题，让更多的用户帮助我们在社交网络上传播、推广，很多网易云音乐在网上刷屏的传播事件就是按照这个思路要求给"逼"出来的。以 Amazon 的 CEO 贝索斯的话来说就是："我认为节俭驱动创新，就像其他限制驱动创新一样。从一个密闭的盒子里走出去的唯一途径就是创造一条道路。"最后强调一下，品牌用户心智的重新自我探索是贯穿品牌全过程的，在每个阶段都需要做。对于互联网产品而言，通常是在用户规模上了数量级或者产品业务有重大革新等情况下考虑的。但重新自我探索和建立一定是低频的，经常变动的品牌无法建立起用户心智。

品牌的边界思考：如本书在第 2 章"群体用户心理"一节中所描述的，越是性格分明还带点极端的品牌，越容易与外界划清界限，也就是说喜欢的人很喜欢、讨厌的人很讨厌。因为品牌用户心智一旦建立起来，想要更改是困难而漫长的事情，所以我们最好在初期就构思好我们的品牌边界是泾渭分明的，还是包容性强一些的。在互联网行业中，我个人更倾向于包容性强一些的品牌边界，因为互联网的特性是连接和规模化，同时行业变化太快，如今的泾渭分明三五年后可能就会导致品牌无法革新、进步而被淘汰。我们可以看到小米最初的极度强调性价比的品牌定位近几年也开始改变，因为小米公司是立志要做市值万亿元的公司，所以需要更广阔的品牌用户心智才能承载。品牌边界是辩证和动态的，只不过在如今中国的互联网上，大部分品牌都处于用户心智模糊不清的状态，还不太用考虑品牌过于性格分明这种"幸福的烦恼"。此外，我们还可以考虑多品牌战略。在业务发展壮大之后，我们很难用同一个品牌用户心智去承载过多的业务，这时就需要多品牌战略了，将用户认知区别较大的业务放在一个产品里是不合适的。有一个定性的判断方法可供参考，即当我们想扩张业务并考虑在同一个产品中实现时，可以重新对品牌用户心智进行思考和梳理，输出一个新的，看看这个新的品牌用户心智本身是否足够清晰，用户能否容易理解，还是说过于空洞、很难联想到具体的含义。这里的权衡、判断依赖于我们对用户心智模型的深刻洞察。

产品、运营、营销三者的关系，除了体现在架构思维、经营思维、品牌用户心智上外，它们其实都与用户洞察密切相关。产品经理懂运营和营销，也会从更多的角度来提高自己的用户洞察能力。实际上，从事运营的人比产品经理对用户更熟悉、更敏感，因为运营人员与用户接触得更多。如果产品经理能像运营人员一样，频繁地与用户打交道，那么自然也会习得这些。再加上产品经理更擅长总结和抽象，就能提炼出一些用户洞察经验。而营销人员在用户洞察上也有长处，一方面是更加接地气、更大众，因为营销的目标是传播，让更多的人知道，在用户洞察上考量得更广一些；另一方面营销更接近商业，因为营销很花钱，所以通常希望营销花出去的钱能很好地产生回报，直接或间接地带动营收。产品经理踏踏实实地协助做好每一个营销案子，甚至自己主导做一些营销活动，都会让自己对用户的洞察更有灵性，不是教科书般的"马斯洛需求层次理论"，而是更有场景感、更靠近大众、更靠近商业的用户洞察能力。网易云音乐出品的在朋友圈多次刷屏的 H5 营销活动，如"2017 年度听歌报告""生成你的人脸测试报告""测试你的内外人格"等，就是在产品优势本身的基础上增加了基于营销人员对用户的洞察而做出的传播玩法。这些营销活动在知乎上引发了比较广泛的讨论，感兴趣的读者可以详细看看。概括来说就是，人对自我的探索和表达是无限的，是永不停止的，如果让用户在玩的过程中能沉浸到探索和表达中，那么就会引发用户的共鸣，用户就会很乐意自发地分享。

在新的互联网时代，运营和营销更加重要了，产品、运营、营销必须紧密地配合，才能在从 0 到 1、从 1 到 10、从 10 到 100 的过程中存活下来。对一家公司而言，已经到了多条腿走路、多条腿都要强的阶段，单单只靠某一方面来驱动，很难形成整体集团军的作战能力。

对一个互联网产品的产品、运营或营销人员而言也如此，综合能力的要求越来越高。对产品经理的发展而言，懂运营、营销原来可能是一个充分条件，但我认为现在已经是充分必要条件，并且除了配合和亲自做一些运营、营销的工作外，更重要的是要融会贯通，理解运营和营销带给产品经理在思维层面上的帮助和提升。本章的内容只是抛砖引玉，总结了一些个人的认知，但我相信未知的还有很多。只要我们沿着这条路继续前行，保持最初的求知欲，未来我们的能力模型就会越来越全面，真正地做到一专多能，与大家共勉。

第 9 章

产品负责人的
三个能力

要具备什么能力，才能全局地把控一个产品？

如果说本书前面的章节在谈论一个产品经理的成长培养过程中提及最多的能力是用户研究与洞察的话（这是产品经理一切工作的基础），那么在他开始成为产品负责人，全局地把控一个产品的时候，所面临的问题就更加复杂了，所需要的能力也更加全面了。

做了多年产品经理，我始终在一线做产品。不管是自己做网易摄影、网易云音乐、网易美学，还是与同行交流、探讨他们做产品的想法，我一直深感产品负责人责任之重大、职位之关键、人才之难寻。从某种程度上来说，产品负责人是学前班时期的 CEO。在拥有产品驱动文化的团队中，这个人是一个团队中的重中之重。除了本书前面章节所描述的能力外，产品负责人还需要在下面三个方面逐步地培养、提升。

- **商业嗅觉及推理能力**：对产品扩张、商业化的敏锐感觉，以及推导出为何能获得更大的发展、如何能发展壮大。

- **业务架构及创新能力**：规划、实施复杂的业务架构，通过产品、运营、市场的多维度布局来打通用户对产品特性的认知。

- **善于沟通及领导能力**：鼓舞、带领团队向战略方向前进，克服非常之困难，完成非常之突破。

上面每一个方面都是对原有舒适区的挑战，要成长为产品负责人，除了不断挑战自己外别无良径。这些能力其实也同样适用于非产品岗位的业务负责人，在某种程度上，这些是负责整体业务所需的能力。

第 1 节　商业嗅觉及推理能力

什么是商业嗅觉？

我没有把商业嗅觉只理解成对商业模式的敏感程度，以及做一个产品最终如何赢利，我所理解的商业嗅觉包括商业模式，但总体来说，应该是对商业机会的嗅探、把握。互联网的一个重要特性在于规模化，我理解的商业嗅觉是一种对扩张和赢利的敏锐直觉。如果按照一般的营收业务和用户规模业务来区分，那么扩张应该是包含了这两者，无论是做用户规模业务，还是营收业务，都应该拥有对扩张的敏锐直觉，能够谋求更大的发展。

我们先分享两个产品案例，对扩张建立一些感性的认识。首先我们看看在营收业务扩张上网易云音乐的思考。

网易云音乐为什么做评论功能？除了在产品定位上发展社区 / 社交的考虑，其实还有一层商业营收上的考虑。我们为网易云音乐选择了广告作为收入来源之一，但基于我们对国内外音频产品的研究，音频在广告表现方面，无论是对广告素材的展现，还是其用户体验、收入，都比眼睛看到的图文、视频要差。

而一个产品的广告价值等于展现广告总时长与单位时长价格（这个价格通常与用户群、购买力、算法精准度等相关）的乘积。网易云音乐是从高端用户群切入的，那么问题就转化为如何能增加展现广告的时长？

对于一个用来听音乐的 App，用户听歌的时间肯定占大头，大部分音乐产品的这个时间都会占据 90% 以上。这可以理解，听音乐是一件伴随性的事情，可以边听音乐边刷微信、微博、看资讯、看书……这一方面是音乐 App 可以获取足够多用户的优势（与其他类型的 App 在用户时间层面竞争小），另一方面也是音乐 App 获取用户眼球的劣势——用户习惯在后台运行 App 来听音乐，而不是盯着一个音乐 App 来听音乐。

那么，有没有办法增加一个音乐 App 在用户视觉上的时长呢？如果按照听歌前、听歌时、听歌后来划分的话，听歌前在大多数情况下是不行的。如果让用户在听歌前花费很多时间，这将与用户需求相悖，因为用户就是希望能花最少的时间听到自己喜欢的歌曲，所以这不是我们首要考虑的情况。而在听歌时、听歌后，其实有空间可以挖掘。

音乐评论恰恰是能够拓展这个空间的功能。如前面的章节所述，网易云音乐成功地让用户养成了边听音乐边看评论的习惯，大大地增加了用户眼球停留在 App 上的时长：一首歌接一首地听下去，一条评论接一条地看下去。这样就给网易云音乐的营收业务拓展了新的土壤，而非像许多其他音乐产品那样在音频上加广告——这必然会伤害用户体验。有了不断增加的用户视觉上的停留时长，网易云音乐就拥有了更多的想象空间，在营收业务上也有了更多的结合点，最简单、粗暴的方法就是在评论区放置演唱会门票的售卖链接，这都是以前纯音频 App 所不可想象的。

整个思考过程就是在营收业务扩张上的商业嗅觉，敏锐地觉察到商业机会在哪里，这些机会往往也是当下没有被充分挖掘的，因此商业嗅觉才如此重要。我们再来看看用户规模扩张上的案例，我想举的例子是今日头条和微信，这是两个非常经典的案例。

今日头条在用户量飞速增长时做了什么？剖析它每一个阶段的策略，其实会发现打法很有规律：它在用户规模扩张时最强的一个手段是扩展领域。

如图 9-1 所示，今日头条的发展经历了：资讯个性化→视频→头条号（泛内容平台）→社交。每一个阶段其实都在打造不同的引擎、与不同的竞争对手争抢用户时间。这里有一个很重要的商业嗅觉，即利用资讯个性化 + 视频与其他新闻资讯产品竞争，这是高一个段位的打法。也就是说，当其他竞争对手在追逐今日头条的资讯个性化优势时，今日头条又增加了一个视频引擎，双引擎打单引擎。这在大局上就占据了上风，对于原有的资讯产品的用户，吸引力非常大，而对于视频产品，今日头条则能很好地避开直接竞争，因为视频产品现在的用户需求大量集中在电视剧、综艺节目、电影上，而今日头条上更多的是轻松、搞笑的短视频。

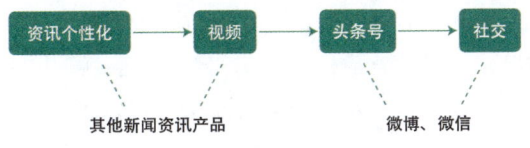

图 9-1　今日头条用户规模扩张的案例

　　同样，在通过视频增加引擎发展之后，今日头条瞄准了新的方向（或者叫新的竞争对手）——做头条号，把自己变成一个泛内容平台。这个动作其实是瞄准了微博和微信的定位，它在扩张时通过涉足更广泛的内容，吸引用户更多的碎片时间。当然，当今日头条的边界不断扩张时，总会和竞争对手发生交集，这样更激烈的竞争就产生了，也就必然意味着今日头条要在内容和社交领域有所拓展——接连推出好几个短视频产品。

　　如果把这里的商业嗅觉抽象出来，即在扩张用户规模时扩展领域，而非在原有领域上过多纠缠。这是一个很重要的产品思维，因为做产品很容易陷入眼前需要解决的众多问题中，而能做到抬头看又思考清楚的人则很少。

　　当然，本书不会讨论今日头条快节奏扩张的好坏，仅通过案例总结出在用户规模扩张上商业嗅觉的要点。另外，微信也如此，从 IM、附近的人、朋友圈，到公众号、如今的小程序，其扩张思路其实是相通的。但微信的节奏会更加稳健一些，不同阶段的基础积累也更加厚实。今日头条因为基础薄弱一些（资讯的城墙要比社交低很多），会相对更加快速。

　　上面所举的两个方面的案例都实现了扩张。那到底如何能嗅探到这样的机会呢？坦白讲，这一方面靠天赋（敏锐的直觉），另一方面要有强大的推理能力来做支撑。关于扩张，其实需要回答如下两个问题。

- 为何我能获得更大的发展？
- 我如何能发展壮大？

　　在这两个问题中，大部分人会直接思考第二个，但其实第一个问题才更关键。第一个问题是根源，第二个问题是方法。在互联网的历史上，我们可以看到很多扩张失败的案例，深究其原因，即没有深刻地理解清楚自己。

　　第一个思考根源的问题可以拆解为我们的产品核心是什么、产品的边界在哪里两个问题。这两个问题并没有教科书般的标准答案，而且不同时期产品经理思考的结果可能也不一样，对业务和用户的洞察与认知越深，对这两个问题的理解也就越深，而这刚好与产品扩张、发展的状态是一致的。以网易云音乐为例，在产品发展初期，产品的核心是让用户听到全世界的好音乐；而如今（网易云音乐发展了多年之后），我们所讨论的产品核心则会扩展到：与有趣的灵魂一起享受精神共鸣。在思考产品核心时，产品越往后发展，产品核心会越深入，越接近带给用户的本质究竟是什么。音乐表面上是一种内容，但本质上它是人类精神世界的产物，充满了创造力与艺术感，它带给用户的是精神层面的满足。在人类历史上，音乐造诣很高的艺术家通常还会在哲学、佛学、神学、社会学等领域造诣很高。此外，音乐同时也是一个载体，它自古以来就与图像、视频等其他媒介结合在一起，共同为人类提供精神食粮。这些深入的思考让我们洞察到，网易云音乐之所以踩准了用户精神层面的需求，是有一定的背景原因的，而产品之后往更多的精神层面扩张，也会水到渠成。

那么如何考虑网易云音乐的边界在哪里呢？这时我们考虑的是在如今网易云音乐的产品核心"与有趣的灵魂一起享受精神共鸣"外，产品能够延展到哪里。从精神共鸣上来说，有听和看两个场景，网易云音乐都有所覆盖，看的场景要少一些，只有音乐评论部分。除评论之外还有精神共鸣吗？答案是当然有。如本书之前讨论共鸣时所介绍的，不管是电影、电视剧、书籍，还是哪怕一个小小的内容片段，与人类情感相关的都有可能产生共鸣。因此在产品扩张时，很自然地就会考虑到内容形态的扩张。另外，考虑到音乐本身是一个载体，与视频、图文等形态可以很自然地结合，因此我们想，至少在精神共鸣这个核心点上，内容形态的扩张是很可能在网易云音乐产品边界之内的。而超出了精神共鸣，比如电商促销、财经要闻，则显然是在产品边界之外的。

实际上，关于扩张最重要的就是要明确产品的核心和边界。在回答如何能获得更大的发展时，就是在核心之上设计用户与营收增长的发展策略，也就是知道起点和终点（可能是模糊的终点）并逐渐明确中间路径的过程。我们仍以网易云音乐为例，来看看发展策略的思考过程。网易云音乐的发展策略如图 9-2 所示。

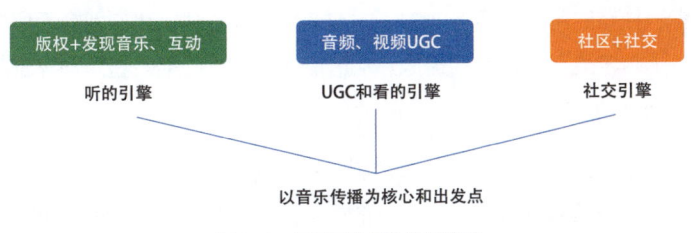

图 9-2　网易云音乐的发展策略

在不断地与网易杭州研究院院长陈刚和网易公司 CEO 丁磊的讨论过程中，我发现思考过程有如下两个关键问题。

- 要在发现问题之上的层面来解决问题（来自爱因斯坦精辟的总结）。

- 如何在复杂的业务架构上打造新的增长引擎？

对于第二个问题，我们会在本章的第 2 节"业务架构及创新能力"中详细展开。而第一个问题，其实在之前的今日头条、微信两个案例中已经表露了。爱因斯坦的原话是"The significant problems we face can not be solved at the same level of thinking we were at when we created them."，对网易云音乐来说也如此。当网易云音乐刚进入在线音乐市场时，我们用 UGC、算法、社交结合的思路去与传统曲库型产品竞争——这些也不在一个层面上。而当如今竞争对手几乎学习了网易云音乐所有的创新方式，我们想要谋求更大的扩张时，我们也不能只停留在当前的层面。

于是我们设计了以精神共鸣为核心的内容流与音乐结合，从更高的层面去获得新的发展。这其中的思考要点如下。

- 在内容消费、泛娱乐、精神消费等领域，音乐都与视频、图片、社交等类型的产品在用户的使用时间上有竞争。

- 网易云音乐活跃用户量级的下一个大规模的增长，很可能不是与愈发同质化的音乐产品竞争，而是寻求新的增长引擎。

- 网易云音乐目前用户使用时间虽长，但其中看的比重不高。人均每天听的时长已经可以说达到业内顶级水平，但在看的时长上仍有很大的发展空间。

- 从我们内部的数据分析来看，听和看的使用场景、时段并不冲突，两者其实是互为补充、促进的关系。

- 网易云音乐与很多视频、娱乐、社交产品的用户重合度较高，用户属性较为接近。

- 网易云音乐独有的用户群具备非常好的创造性、延展性。我们拥有很好的 UGC 基础，而这是一个内容型产品最大的优势。从这点上来说，网易云音乐与 YouTube 更类似，而非与 Spotify 类似。

- 在看的层面上，我们选择以短视频为切入点，这是一个处于快速增长中的需求，并且仍将持续很长一段时间，现有短视频的内容质量比较粗糙和传播程度不够广泛，对比国外类似产品，还有相当大的提升空间。

- 我们以自身以及行业的数据分析为基础，视音乐短视频为圆心，始终围绕着音乐传播来服务。利用视频的传播能力帮助音乐人的作品更好地传播。

这个新的增长引擎也将与原有引擎一起合力，为网易云音乐的产品核心和商业价值服务。这个过程可以概括为：听的引擎＋看的引擎服务于传播音乐这个核心，为所有与音乐相关的内容和品牌的传播、互动打造商业价值。

整个思考过程很复杂，但可以看到，每一个单列的思考方法仍是本书所介绍的关于用户、需求、竞争的思考方法。难点在于综合推理的过程，以我的水平还不能将"如何训练综合推理的思维能力"这个问题回答清楚。但在商业嗅觉和推理过程中，我会将我所感受到的直觉和逻辑相结合的体验分享给大家。这是一个很奇妙的过程，我做产品的满足感也来源于此。

下面来看一些与营收业务上商业嗅觉相关的方法。在思考运作一个产品的商业营收业务时，我通常会分两部分来思考，一个是已有的、有比较明确商业价值的营收业务，一个是还未明确的、有待探索的部分（即一个现金牛[1]业务，一个未来有潜力的业务）。我们就从这两部分来分别聊一聊商业嗅觉。

现在互联网上大部分产品明确的商业模式有广告、游戏、电商……在明确的营收业务中思考如何进一步提升商业价值，就涉及对这个业务影响因素的分解与分析，商业嗅觉就体现在此。下面以最常见的广告业务为例来探讨。

看看互联网广告市场的发展，从展示广告到效果广告，从 CPM 到 oCPM，发展趋势是更高效、精准地利用流量。概括地说，平台的广告收入 = 广告单价 × 曝光（或点击）流量，因此要提高广告收入，我们就需要从单价和流量两方面入手。

互联网广告交易和社会上的市场交易一样，是一个供需市场。想要让广告主出更高的单价购买广告，也就需要让广告主对广告效果更加满意，通常需要更多的点击流量或更高的品牌溢价。假设曝光流量维持不变，而想让点击流量更多，除了一些优化素材、吸引用户眼球的方法外，最重要的其实就是让曝光更加精准——让每个用户都能看到他更想看、更倾向于点击的广告。同样的 1000 次曝光，如果只有 10 次点击，与有 100 次点击相比，最终对营收的影响就相差 10 倍。而互联网产品的流量要增加 10 倍，其难度非常大。因此在广告业务上的商业嗅觉，最重要的就体现在对广告精准曝光和点击的理解与设计上。

在以前的网站门户时代，没有广告精准曝光一说。到了 Google 开始做广告业务的时候，其利用用户大量的 search query（搜索词条）形成了一定的用户画像，广告开始进入精准曝光时代，这是很大的进步。之后，Google 更有商业嗅觉的做法是搭建了一个广告交易平台——Adwords 和 AdSense，利用对搜索关键字和网页相关数据的积累，一方面服务广告主，让他们可以为精准的曝光流量出价，相比以往则拥有了更好的转化效果并获得了更多的流量，广告主数量大大增加；一方面服务网站主，让他们可以在自己的网站上出售广告曝光流量。访问这些网站的用户的浏览器中记录了很多搜索记录从而可以产生用户画像，网站主通过使用 Google 提供的服务无须自己搭建用户画像就能获得精准的效果广告收入（绝大部分网站都没有能力自己做用户画像，从而无法搭建效果精准的广告系统，因此 Google 的广告业务才拥有了巨大的机会）。这里面的商业嗅觉在于，不仅直接通过用户画像提高了广告单价，而且把

1　现金牛，来自于波士顿矩阵模型，指那些在成熟市场上已经取得可观市场份额、利润丰厚且稳定的公司。（摘自百度百科）

用户画像能力提供给交易市场上的供需双方，从而撬动了更多的流量和获得了更多的数据。此后，越来越多的大流量平台开始自建广告交易系统，并且逐步完善广告交易生态中的各个环节，在广告主竞价交易平台的基础上，Google、Facebook、百度、腾讯、今日头条等均推出了oCPM、oCPC等更加智能化的方式。这是因为以往广告竞价平台的模式要求广告主持续优化广告投放效果，这是一件相当专业和需要经验的事情，而绝大部分中小广告主并不具备这样的能力——例如，一个电商商家、一个游戏开发者……而oCPM这样的系统能够让广告主设定一个目标投放价格，系统根据算法自动匹配相应的流量来实现广告投放并达到最佳转化效果，其中机器学习能力可以让优化广告投放的技术门槛显著降低，从而吸引大量的中小广告主。而大量广告主带来的旺盛需求则进一步促进了整个广告交易生态的繁荣，交易数据更多、用户画像更精准、曝光流量转化率更高、单价更高、平台收益更高，如此形成了一个正向循环。这里的商业嗅觉在于，充分认识到数据对于交易生态的指数级影响作用，将每一次用户有效点击广告的行为视为一次交易，那么这个交易数据的数量级会是整个广告营收生态的关键驱动指标。为提高此值需要不断地优化广告主的体验，从而让更多的广告主参与进来，并不断地优化用户体验，让用户每次点击广告均可获得非负向的感受（为此发展了诸多广告去重技术、控制曝光技术等）。我们可以观察到，在广告模式不断发展的过程中，驱动业务增长的关键部分越来越细致、越来越深刻，这也就意味着商业嗅觉需要越来越灵敏。

对于绝大部分互联网产品的广告业务而言，流量是更头疼的问题——头部寡头集中了绝大多数流量，能以此发展广告交易平台，而流量欠缺的产品则很少有这样的机会。对于商业流量的挖掘，一样需要好的商业嗅觉，即便在现有功能上开广告位也需要一定的功底（如何保证流量充足同时不影响用户体验），例如，网易云音乐的评论区广告对用户的影响显著低于在播放页上开放广告，另外这其中最好的例子是信息流中的原生广告（Facebook率先推出）。传统的广告展示原则是，希望在页面背景中突出广告，以达到吸引用户注目、点击的目的。而原生广告则恰恰反其道而行之，广告的展示与原生内容一样，而且这也与手机上信息流的流行关系密切。究其原因在于，信息流非常适合手机屏幕，也培养了用户在流中持续、快速地消费多个内容的习惯，如果广告是突出的，那么用户反而会很快速地略过广告，因为继续浏览后面内容的成本非常低；而原生广告则更符合用户的内容消费习惯——快速而沉浸式的体验，当然广告内容本身要吸引用户，能让用户看下去，从而引发进一步点击的兴趣。即便广告无法吸引用户，但用户能够快速关掉广告，使之不再出现，这也能减小对用户体验的影响，整体可控。虽然这是一个看似简单的改动，结果却带来了移动端广告市场巨大的增长，这其中就体现了极其出色的商业嗅觉：在巴掌大小的手机屏幕上，实现了超越电脑屏幕上的广告市场规模（传统广告的逻辑是屏幕越大，广告展示空间越大，收入越高）。用户在手机上浏览消费内容的流式模式与电脑上的链接层层跳转模式已完全不同，这是嗅探到这个商业机会的前提所在。

互联网广告是比较成熟的商业模式，感谢前辈们做出了如此好的基础和表率，我们只需要学习并继续思考，就能领略其中商业嗅觉的精彩之处。而商业模式中有待探索的部分，则是更难的。接下来就一起探讨这方面的商业嗅觉。

电商，用户有明确的购买诉求；对于大流量产品，至少有明确的广告业务可以做；对于内容付费产品（如视频、文学、音乐等），用户也愿意为之买单。如果我们不具备这些明确的条件，应该如何考虑商业模式呢？游戏的变现方式能给我们很好的启示。在我们手上没有用户理所当然愿意为之付费的东西的时候，我们可以考虑利用用户的注意力。游戏最早是按时间收费的，后来创造出了按道具收费的商业模式。而原本用户不会买单的按道具收费方式最终形成了更大的市场规模，远远超过了按时间收费方式。玩家依靠大量的时间投入和高超的游戏技能克服重重困难来获取一些道具，在游戏机制中，这些玩家会在游戏世界里称王称霸，引得很多人羡慕与竞争。而另一群没那么多时间但很有钱的玩家，则可以投入金钱来购买道具以达到差不多的效果，这样就利用了众多玩家的注意力，让原本用户认为不应该收费的道具变成了营收来源（当然这其中需要考虑公平与平衡）。这个变化给以前只能按时间收费的游戏带来了巨大的发展潜力，除了一些影响游戏竞技的道具收费外，还有越来越多的利用用户注意力的方式来进行收费的项目，例如《阴阳师》和《神都夜行录》的妖灵角色、《王者荣耀》的皮肤等。这里给我们的启示是，一个东西原本没有用户愿意为之买单，但如果越来越多的用户把注意力时间花在上面，就会产生让用户付费的可能。这和前面所介绍的群体心理有关，看的人多了，大家就会觉得它挺有价值的，而羡慕、攀比等心理也会让它升值。

这个商业嗅觉背后的本质是，将用户注意力时间转化为商业价值（其中有一些心理学的运用）。实际上，很多商业模式的背后都有对用户注意力、时间的深刻洞察。搜索引擎的排序广告便是如此，大量用户通过搜索来获取信息，网站若在某个搜索关键词下排名靠前，就会获得更多的流量，这吸引了大量网站做关键词优化。当越来越多的网站重视搜索关键词的排名时，这其中就孕育出了商机，网站可以付费购买关键词排名，用金钱达到和投入大量时间、精力的 SEO 相似的效果。在越来越多的网站购买排名的时候，则会出现竞价——这也是注意力经济的体现。

我们在运用用户注意力时间来形成商业模式的时候，有以下几点需要考虑。

注意力时间的价值。这个模式让不愿意付费的用户花时间，让愿意付费的用户花钱。核心在于让用户付出的时间产生价值，并且这个价值能获得花时间和花钱用户的认可。首先，我们可以通过倒推来思考价值是怎样的，例如，地位、炫耀、个性、群体认同等，这些都是亘古不变的价值点，从 QQ 靓号开始直到现在的直播打赏，这些商业模式都是从中挖掘出来的。

其次，要想让用户花的时间产生这样的价值，那么用户花的时间就必须集中在大家都能看到的地方。因为如果没人看到，上面所述的这些价值点也就不存在了。最后，要让花时间产生的价值不断积累，越来越大，最终量变达成质变，勾起愿意花钱用户的心。我们需要让大量用户都在集中的地方花时间，只有这样价值才能不断积累，而不是分散。如果用户的时间分散在产品各处，我们就需要想办法把它们集中起来；如果用户的时间分散在一天之中，在某个时段内用户的数量不够多，我们就需要想办法让它们集中在一小时内爆发。在这些集中积累的时间价值展示出地位、炫耀、个性、群体认同等特性后，就会吸引没时间但愿意花钱的用户，这些用户希望能用金钱买到类似的价值。做到这一步，我们就完成了将用户时间转化为商业价值的过程。

价值货币化。在我们设计用户花时间产生价值的策略的时候，请务必将货币化考虑进去。货币化可以大大提高用户对价值的认知，降低未来真正付费的门槛。在游戏、直播产品中都有免费道具，而这些免费道具也是用"货币"标价的——这些"货币"可以免费获得（有的产品可以同时通过免费、付费方式来获得道具，有的产品只能免费获得道具，这是因为经济系统的设计不同，并且要将通货膨胀、货币贬值等考虑进去）。这是因为"货币"的数字表达能够很直观地衡量时间价值的大小，同时在未来可以与真实的货币通过"汇率"进行方便的转换。这就能在原本免费的产品中，逐渐培养用户的付费意识，显性地告诉用户所花的时间是有价值的。在游戏中，玩家投入时间打怪升级、做任务……获得免费的游戏货币，这些货币可以用来购买免费道具让玩家角色更加强大。人民币玩家不想花时间赚取免费游戏货币，这时就可以用金钱购买游戏货币，再用游戏货币购买免费道具。很多互联网产品有积分系统，其实与游戏类似，用户在产品上活跃、完成任务获得积分，而关键在下一步，这些积分的消费场景是什么。如果没有好的消费场景，积分就会通货膨胀，价值就会越来越低，也就不可能促进用户持续对积分感兴趣，更不用说用金钱来兑换积分了。因此在我们没有想清楚消费场景的时候，切忌不要盲目地做积分系统来促进用户活跃，通常这只会产生短期效应。

消费场景。用货币来衡量用户投入的时间价值，最关键的是货币需要有消费场景。除了前面提到的，要运用好用户的心理因素（地位、炫耀、个性、群体认同等）外，我们需要思考在产品里用户所做的高频事情中，哪些有转化为消费场景的潜力，并且用户在其上投入的时间多而集中。这些产品中的原生用户行为一旦能转化为消费场景，其差异化特色、竞争壁垒会非常高，是其他流量变现方式所无法比拟的。下面以网络游戏中用户刷喇叭为例来学习一下。游戏此前都是按时间收费和按道具收费的，按时间收费不必细说，而所购买的道具通常用在玩家角色身上，产生对角色外观、能力的影响。另外，在网络角色扮演类游戏中，玩家之间的互动交流也是很重要的一环，但这一环节此前并没有收费，玩家可以免费地在游戏世界中社交。后来发生了改变，玩家仍然可以在全服务器上说话，所有人都能看到，但说话的人太多会造成某个玩家的话瞬间被淹没。而人民币玩家则可以花钱购买喇叭，用喇叭说的话会在游戏屏幕中间滚动显示——所有人都可以说话，但付费玩家说的话更醒目，这就将原来用户的高频行为转化成了消费场景。这个场景恰好能与地位、炫耀、个性、群体认同等都结合在一起，例如，不停地刷喇叭显示了玩家很有钱，某项游戏比赛获胜了刷喇叭庆祝可显示玩家在游戏世界中的地位，两派人起了争执以刷喇叭的方式吵架，某个团体按照设计好的格式集体刷喇叭以显示成员的群体归属感……只简简单单地在电脑屏幕中间显示一行字，就能产生非常丰富的消费场景。我们可以看到，在运用用户心理因素和高频用户行为时，社交场景是重中之重，而在网络游戏的世界中社交无处不在、非常重要，值得我们深入地研究和学习。

二八原则。在注意力时间的商业价值成形之前，绝大部分用户是不会愿意为其付费的。在思考哪些用户会为此付费的时候，我们只需要思考整体用户中的一小部分人即可。实际上，在游戏、直播、QQ 等社交产品的收入分布中，也是少数"土豪"玩家贡献了大部分营收。这些产品一开始的注意力时间的商业变现也是从一小部分用户开始的，这是符合二八原则的——80% 的用户贡献时间，20% 的用户为时间价值付费并贡献 80% 的收入。因此我们要思考怎样能让注意力时间对 20% 的付费用户来说价值更大，使他们愿意投入更多的金钱，通常的做法是让炫耀、攀比、个性的因素更加突出。但我们需要平衡贡献时间用户的感受，不要竭泽而渔。如果贡献金钱用户的感受太好，就会影响普通用户，那么生态平衡就会被打破，普通用户投入的时间会减少，生态所产生的价值会减少，付费用户投入的金钱自然也会减少。在注意力时间的商业价值成形之后，除了在健康的生态中让付费用户贡献更多的金钱外，我们还需要思考如何逐渐提高付费用户占比。这很重要，因为高付费用户人数有限并且随着时间会逐渐流失，如果付费用户占比小，那么这个商业模式就不够稳固，容易被釜底抽薪。如果在一个注意力时间的商业模式中有 30%~50% 的普通付费用户、5% 的高付费用户，那就是比较健康的，可以持续地在普通付费用户中挖掘高付费用户，增强"自我造血"能力。

不同领域的产品因其用户高频使用操作的行为不一样，所构建的注意力时间的商业价值也不一样。其中共通的部分是对用户心理的运用以及上面这些要点的把握。注意力时间转化为商业价值的模式可以结合很多场景来构建商业模式，例如，粉丝打榜、赞赏、社交交友的付费权益等，很多虚拟商品的付费模式都与注意力经济有关。

商业嗅觉一方面来自天赋，但我们绝大多数人都不具备；一方面也可以后天锻炼、培养。作为产品经理，需要在平时的工作和生活中多去钻研大大小小不同的商业模式，分析其中的逻辑，找到其中有共性的部分，然后在实际工作中不断地思考应用来培养自己的商业嗅觉。这对产品负责人十分重要，否则只能在产品商业化上做追随的事情，无法有大的突破。

第 2 节　业务架构及创新能力

有一个宏大的想法，但不知道从何处下手该怎么办？

这几乎是产品负责人最头疼的问题。不管产品发展到哪个阶段，当要创新、扩张之时，所涉足的新方向的产品规划仍然是一个从 0 到 1 的过程——只不过这时的 0，不是用户基础、市场占有率的 0，而是业务架构的 0。

而这个问题最关键的部分，仍在我们是否足够深入地了解用户、了解市场之上。所以可见一个产品经理的基本功是多么重要，同时在一个领域涉足得足够深入的产品经理，才有可能做好这件事——否则宏大的想法很可能无法落地。

能同时做好战略和战术的人百里挑一，能同时做好不同领域的人堪称天才。而一个壮大的企业有多个领域，它势必需要思考企业战略的人才、在多个领域思考战略的人才、在单个领域思考战略和战术的人才，只有这样，才能做好、落地战略和战术（这也是产品经理往后发展的可选方向）。业务架构和创新能力就属于战术部分，是产品负责人的关键能力——老板的大想法总归要你来做落地。

关于架构这个话题，我们前面已经讨论过信息架构、产品架构、业务架构，并且延展地讲到了这三个架构之间的关系。现在我们先来想一想，什么是业务架构。产品发展到中期，业务开始变得复杂，同时关注的目标会多起来（当然仍可以归纳为一个大的产品目标），业务架构就是梳理清楚各个业务之间驱动轮和从动轮分别是什么、如何协同、如何输入 / 输出、如何将各自的目标完成并且共同服务于大目标。清晰而合理的业务架构能让业务 1+1 大于 2，而不合理的业务架构则会各自为政、无法形成合力，反而不断内耗。总体来讲，业务架构大致包含如下两方面。

- 目标的拆解与分析。目标之间的依赖关系是什么样的，是如何协同的，哪个目标是重中之重。

- 各业务是如何服务各目标的，业务之间的依赖关系是什么样的，输入 / 输出是什么，哪个是驱动轮业务，哪个是从动轮业务，如何构建一个清晰合理的业务架构。

我们以网易云音乐在构建 UGC+ 算法 + 社交的发展引擎时的案例来讨论做业务架构的方法。首先来看目标，如之前所介绍的，在线音乐行业的竞争本质就是音乐的传播与互动，网易云音乐有一个重要的长期产品目标：构建新的音乐传播与互动平台，以引领在线音乐行业未来的发展。

图 9-3 就是网易云音乐的产品架构布局。这个过程包括两种思考方式，一种是自上而下的，从目标到业务架构；另一种是自下而上的，从某个业务怎么做到发散开来。这两种思考方式都很重要，最终它们会在中间相遇、结合，形成一个整体。

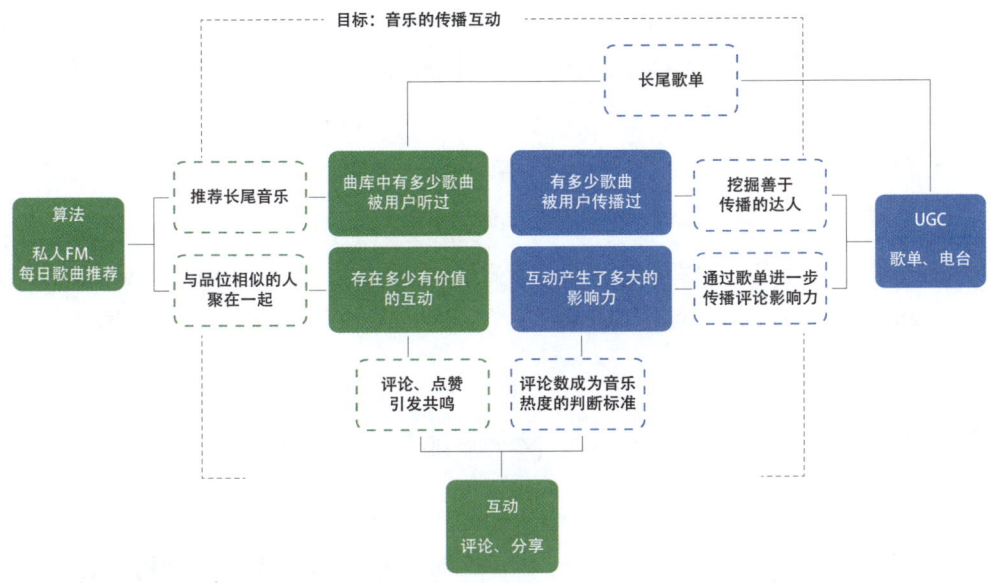

图 9-3　网易云音乐的产品架构布局

从自下而上来讲，歌单这个业务的特点是 UGC 和长尾，因此可以想到，歌单对整体产品的帮助中有一点非常重要：曲库中有多少歌曲被用户听过？每天的歌单数量和播放量是多少？这两个数字其实只是表面上的结果，真正的歌单价值的本质在于通过 UGC 激活了原本很多躺在曲库里无人问津的歌曲。传统的音乐产品会宣传自己的曲库很大，有数百万、上千万首歌曲，但他们不会说曲库中有多少首歌曲是真的被用户听过的。而自网易云音乐主打歌单起，我们就在内部监测这个数字。2015 年，丁老板让我们去美国拜访 Spotify、Pandora 等产品，期间我也问过美国的同行他们曲库中有多少首歌曲被用户听过，答案让我们欣喜——在这个维度上，我们与国际领先的产品处于同一水平。

再往上想一步，曲库中很多长尾歌曲被听过有什么好处呢？这就会让更多的歌曲有了传播的可能，对于一首具体的歌曲，只要有五个人听过（这个数字大致准确），就能够利用推荐算法的力量推荐给更多的人。是否有一种牵一发而动全身的感觉？这就是自下而上、串联起大目标和其他业务的思路。

而从自上而下来讲，我们可以根据音乐的传播与互动来拆解目标，分别是曲库中有多少首歌曲被用户听过、有多少首歌曲被用户传播过、存在多少有价值的互动、互动产生了多大的影响力。然后思考 UGC、算法、社交这三个业务是如何支撑目标的、它们的输入 / 输出是什么、它们如何协同。

- 算法推荐，能让品位相似的人听到同一首歌曲，这样就有喜好相似的人写评论、赞评论，从而放大互动的价值。

- 评论数能成为歌曲热度的判断标准，用户会做一些诸如"评论 999+ 的优质英文歌"的歌单并受到欢迎，这进一步放大了评论的价值。

- 歌单 UGC 业务，能够激发起那些善于做歌单传播的达人，而不只是最受欢迎的达人。这样一来，我们就能利用算法推荐歌曲给这群人，让他们更多地做歌单并传播歌单。

    ……

我们再从歌曲传播路径的角度剖析这个架构中业务彼此之间是如何协同的，如图 9-4 所示。

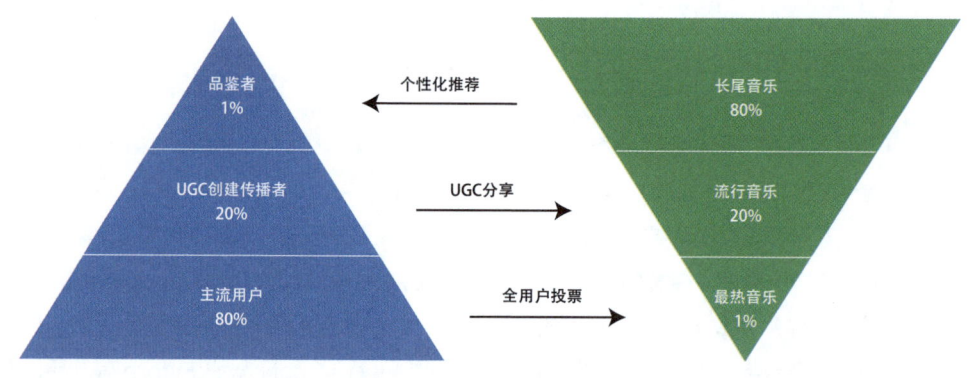

图 9-4　网易云音乐的歌曲传播路径

这个业务架构通过 UGC+ 算法 + 社交的方式，为冷门音乐提供了在产品内部流转传播、逐渐火起来的通道。在我们把这个业务架构付诸实现之后，可以观察大目标中的几项小目标的数据情况、各个环节的数据情况、用户的评价反馈，从而判断这个业务架构最终的效果如何，并对它进行不断的优化、迭代。网易云音乐在这方面运营多年，的确在挖掘、传播长尾音乐上具有优势，这也成为网易云音乐的一个有力的竞争手段。未来这个业务架构还可以不断扩展，产生更大的影响力，最终朝着影响音乐行业的目标不断努力。

如果把产品的业务抽象成 UGC、算法、社交这样的模式，会发现互联网世界里大部分社区、内容或社交产品都可以这样抽象。但显然，每个产品的具体表现和运营情况又是很不同的。一个产品的业务能否成功，其最关键之处在于是否满足了用户真实的需求、是否具有差异化。业务架构的思考方法是使这些成功获得更多的放大、更好的结合、更快的增长。所以，在挖掘业务深度的阶段（通常是产品从 0 到 1 的阶段，或者是拓展新业务的阶段），产品经理不能过于依赖这些业务架构的逻辑思维，还是应该先深入业务，再运用架构思维，以达到最好的效果。

上面所提到的自下而上和自上而下两种思考方式的结合，是我认为在思考战略和战术时很重要的一环，产品经理要避免战略无法落地、战略和战术脱节，甚至没有战略的情况，使这两种思考方式在路径的中间结合。其实不单是产品经理个人，在团队中也应鼓励这样的思考方式。现在的企业越来越鼓励年轻的一线员工提出创造性的想法，要做到这一点，一方面依赖团队环境，另一方面也依赖自下而上的想法能否与高层的战略结合起来并产生实际的价值。但显然，很多时候我们做得还不够好，并没有将这些新鲜的创造性想法运用起来，而且还会抱怨说员工为什么都没想法、没创新，其实此时应该反思一下团队的环境氛围，以及我们是否做到了将自下而上和自上而下两种思考方式相结合。自下而上和自上而下的思考方式如图 9-5 所示。

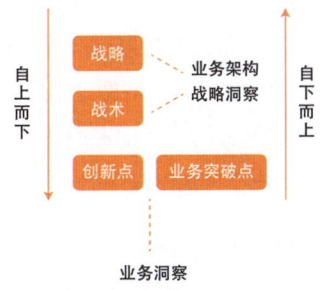

图 9-5　自下而上和自上而下的思考方式

下面接着说说创新能力。其实从前面的描述中也可以发现，从产品形态上讲，互联网世界里几乎不存在绝对的创新——哪怕是美国出现了一个新的产品形态，也会在两三个月内出现于国内。在互联网圈内，很多人可能会觉得在国内做产品没什么创新，就像"程序员鄙视产品经理设计产品只是把别人的 App 拿过来抄一抄"这样的段子不管何时都会引起共鸣。但我们这里要谈的创新，更接近《定位：有史以来对美国营销影响最大的观念》一书中所谈到的概念，而非发明、创造——事实上，哪怕是发明、创造，近代的科学进步成果大部分也不是创新洁癖者所谓的 100% 创新。所以，我对互联网的产品创新有如下两个方面理解。

- 联想、借鉴、举一反三，善用他山之石形成自己产品的创新，这是前面所提到的产品经理的四个素质之一。

- 让用户形成对产品新特性的认知，这接近《定位：有史以来对美国营销影响最大的观念》一书中谈到的概念。

联想部分在前面已有介绍。而让用户形成对产品新特性的认知，也是很重要的一方面。因为我们做创新，并不是为了在互联网产品圈内博一个好名声——实际上，不少产品可能都犯了这个错误，简单来讲叫不接地气。只有真正能让用户买单，我们的创新才有价值。因此，用户是否觉得这是一个吸引人的新玩意，是一个很重要的判断标准。

有时候用户想得很简单，哪怕只是一些微小层面上的改动也可能对他们的体验产生很大的影响，这些小小的心思在他们看来就是创新；有时候用户也会很难搞，我们绞尽脑汁设计了花样迭出的产品特性，在他们看来可能和别人的并没有不同。他们不会可怜我们消耗掉的脑细胞，因为我们所谓的创新并没有打动用户。

这里我们需要注重的本质就是用户的认知。用户看到的、触摸到的、听到的……这些感受会影响认知。也就是说，我们要在实际场景中通过体会用户的感受去思考创新能否击中用户，而非我们自己造出来的概念。网易云音乐的评论功能就是非常典型的击中用户认知的创新。评论和点赞都是非常普通的功能，绝大部分的互联网产品都具备，但网易云音乐的评论功能却是独特的，如前面所讲，是能让用户在音乐和情感上产生共鸣的。当用户看到这些评论时，所引发的感受是与看新闻评论、看微博评论、看朋友圈评论很不一样的感受，做到这点就是给予用户新的认知：看音乐评论，产生精神上的共鸣。

想要给用户不同的感受，就需要一些打破常规的思维方式，而这对于偏理性和逻辑思维的产品经理而言，是一个比较难的工作。有一些培训课程可以帮助我们，比如"水平思考""概念扇"……有一些实际工作经历可以帮助我们，例如，与市场营销人员、段子手、设计师一起工作，他们的"脑洞"通常会更大一些。要跳出产品经理惯性的思维方式是很难的，但只要持之以恒、不断实践，同时多看多想、举一反三，还是能具备超过平均水平的创新思维的。

让用户形成新的认知，除了"脑洞"，也与产品经理本身的知识储备有关。这与前面所介绍的培养用户洞察能力是一致的。足够多的知识储备意味着需要足够宽广的心胸和视野，能够吸收不同的想法、意见。这其中存在矛盾，产品经理本身需要有自己的意志和取向，同时又需要吸收足够多不同的东西。太独断则目盲，太兼听则寡断，其中的平衡点会随着自身的经验和阅历增长而逐渐清晰，这是一种人生经验，也适用于产品之道。但无论如何，一个人不可能习得所有的知识、平衡所有的矛盾、洞察所有的用户、用创新取悦所有人，因此既然自己已经走在某条路上，那就让这条路走得更宽些，心里清楚总会有边界就可以。

让我们回头看看网易云音乐评论功能的例子。这一创新给了用户新的认知，这是只来自产品的作用吗？

其实不是的，它来自产品、运营、营销多维度共同作用。用户之所以会在网易云音乐上看到很多打动人心、引起共鸣的评论，是因为网易云音乐聚集了这些原本分散在全国各地的内心细腻、感情丰富的可爱用户。而这个结果源于网易云音乐持续几年、不断坚持的运营：坚持做歌单、坚持做长尾音乐、坚持让用户不断发现全世界的好音乐、坚持做社区、坚持让每个有好品位的用户都能在社区中有影响力……在积蓄了这么多有才华的用户之后，网易云音乐的评论功能才能够喷薄而出。也就是说，社区运营的力量给网易云音乐的评论打上了深刻的烙印。

那么为何网易云音乐能迅速地让几乎所有听音乐的用户都产生、接受了音乐评论引起共鸣这个新认知呢？这其实与网易云音乐的市场推广非常相关。首先，得益于产品在知乎、微博等社交媒体上的"自来水"[1]。知乎上有很多关于网易云音乐评论的问答，这产生了很好的用户内容素材（知乎的高质量用户也得益于其自己的运营），引发了非常多的二次传播，在核心用户圈中形成了很扎实的用户认知。其次，网易云音乐官方也不断地做活动推广，例如，微博平台上 ROI 非常高的史诗音乐歌单 + 评论传播在学生群体、二次元群体中形成了网易云音乐评论很有特色的认知。更为公众所知的案例应该是音乐地铁专列的营销活动，在杭州的地铁上铺满了精选出来的网易云音乐评论，这非常打动人心，瞬间引爆线上、线下几乎所有媒体，让整个互联网用户都知道了音乐评论引发共鸣。现在网易云音乐已经被打上了评论的标签，这即市场营销带来的效果。因为用户的认知是会受影响的，所以当有大量意见领袖都传播这个认知时，大众也会产生这样的认知。知乎上网易云音乐评论的问答、微博上的传播、音乐地铁传播如图 9-6 所示。

1　自来水用于形容互联网上某个产品或人的自发的忠实粉丝，与"水军"对应，意为"自愿的水军"。

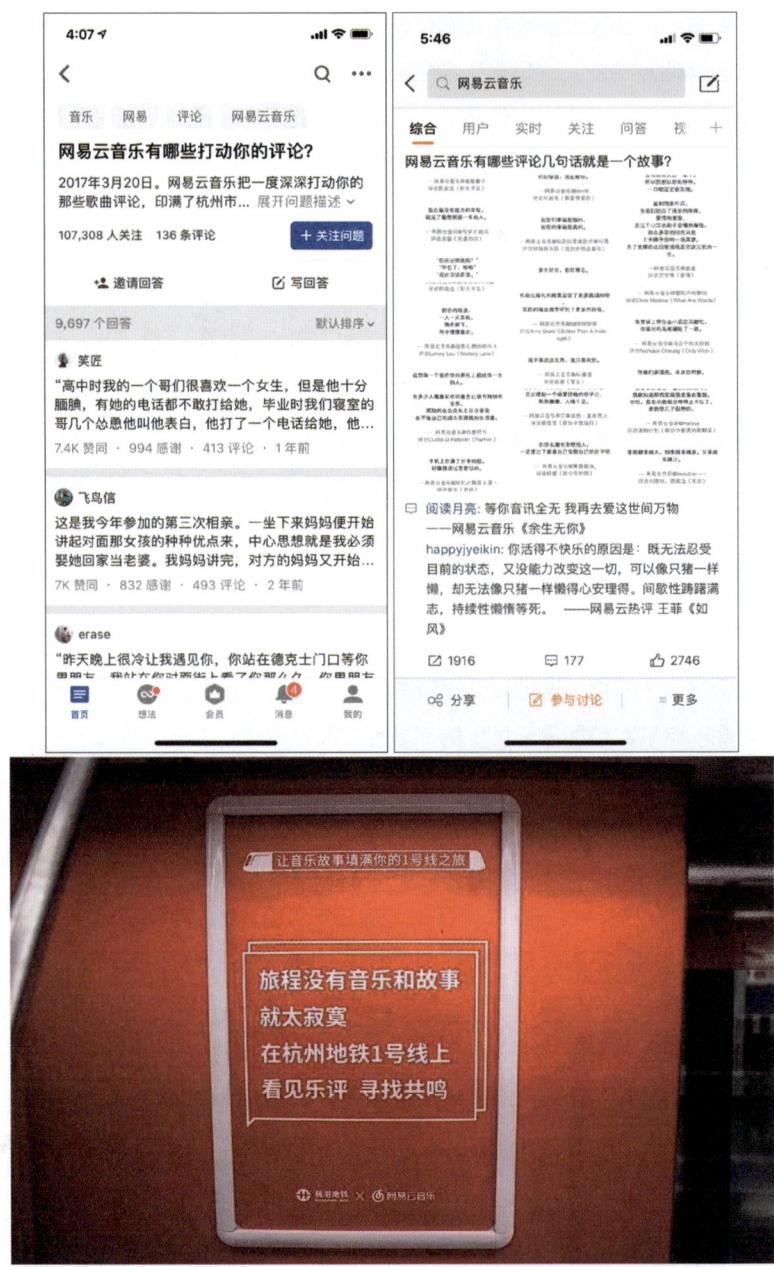

图 9-6　知乎上网易云音乐评论的问答、微博上的传播、音乐地铁传播

也就是说，如今我们在思考让用户形成新的认知的时候，不能只从产品层面考虑，而应该结合产品、运营、营销多维度一起考虑。而实际上，从给用户建立认知这个事情上说，产品、

运营、营销本质上是同一种角色，只是在具体做的事情上有一些区分而已。只有三个维度通力协作、布局，形成合力，才能更好地打通用户认知。

创新按不同的对象来分会有多种：营销创新、产品创新、平台创新、底层创新……但万变不离其宗，我们只需要明白创新是基于深刻的用户洞察和行业洞察而产生的即可。除了联想、发散等方法上的学习外，我们需要不断地加强自己的洞察能力，加强对底层逻辑的思考能力，方能做出影响面更大的创新。

第 3 节　善于沟通及领导能力

就算你足够厉害，你带领的整个团队也很厉害吗？

个人能力很强的人往往都有较重的英雄情结，但其实古往今来，所有成功的事业都依靠的是厉害的团队，而孤胆英雄只存在于刺客传说、小说及电影中。在互联网这样强调碰撞与协作的氛围下，好的团队更是非常重要。那么作为团队主心骨的产品负责人怎么才能让团队更厉害呢？

我们要认清一个现实，领导力与一个人的管理职位、管理级别是没有关系的。在组织中仅依靠自己做事情，这是个人能力；而团结大家向一个目标努力，完成一项任务，则需要领导力。如果在一个组织中，依赖管理者发号施令才能让团队协同作战，那么这个团队的能力会大打折扣。

产品经理由于是业务的核心成员，因此基本上都需要具备一定的领导力。而产品负责人则更不必说，需要有对整个团队的领导力（产品负责人并不一定具有很高的管理级别，这视每个团队的具体情况而定）。领导力在管理课程中有介绍，在这里我不会做全面而深入的探讨，毕竟我不是这方面的专家，我将针对产品领域分享一些自己对领导力的思考与实践。

首先，我们列举一下产品负责人的领导力所要达到的目标。

- 产品负责人要规划业务发展，设定业务目标，需要团队认可目标、行动一致。因而，需要发挥领导力，让目标统一。

- 互联网产品是很强调想法碰撞的，一个互相信任、充分交流的团队是成功的基石。因而，需要发挥领导力，让各个角色都能在大目标下充分地交流与碰撞想法。

- 产品负责人为结果负责，光有想法不行，必须要有好的团队执行力。因而，需要发挥领导力，让团队保持一个高昂的状态，加满油全力以赴。

关于业务规划发展，在本书中已有过很多讨论。本章我们会围绕沟通来谈如何能发挥领导力，以达到上面的三个目标。接下来看看在和团队沟通的过程中要注意的关键点。

- 每种职能的驱动力不一样，甚至每个人的驱动力也不一样。如何找到每个人的驱动力并激励大家，是领导团队发展中的重点。有的人拥有很强的自我驱动力，有很多自己的想法，那这时就需要给他空间，在定好大的方向后，让他更多地自主发挥，他便能获得很好的激励；有的人是目标驱动的，那么需要一个远大且让人激动的事业愿景，让他追随这样的领导力；有的人是自我实现驱动的，那么需要为他勾画在产品发展的过程中他自身能获得什么；有的人是利益驱动的，那么便加大激励中的利益部分；有的人是关系驱动的，那么就要为他提供一个让他感到舒适的团队关系。无论是哪种驱动力，都需要相应的激励方式去满足，这样才能让团队动力满满。

- 一个互相信任的团队能形成合力、减少内耗。很多大团队中的小团队之间是封闭式的，他们之间的连接低效、彼此沟通少、合作很累。好的团队应该是开放式的，彼此之间能够互相倾听、互相理解。在互联网上，大家普遍都是结果导向的，这是很好的，只有拿到结果，业务才能发展。但在团队信任方面，这几年我的认知发生了一些改变。过去我的想法是，你做出了成绩，那么我便充分信任你，因为我们大家都拿结果说话。但后来我对团队信任有了新的看法，团队之间应当先建立信任关系，再拿结果。这需要团队拥有强大的同理心、同情心，每个团队、每个个体在每天的工作中都会遇到困难、痛点，都会有情绪低落、士气低下的时候，我们是否真的了解彼此的困难、理解彼此的痛点、知道彼此的需要，这对建立信任关系很重要。

- 很少有业务的发展是一帆风顺的，团队总会遇到大的挫折和困难，而此时需要向团队传递正能量。正能量并非心灵鸡汤，而是基于产品负责人对战略方向、业务规划、竞争环境、困难和挫折应对的深刻理解，形成清晰的思路，通过强烈的事业成就动机，自然而然地发散出来的。这样的正能量会吸引同样有强烈事业成就动机的人，扛住压力，应对困难；也会传递给整个团队，恢复信心，鼓舞士气。这其中，产品负责人的演讲能力是比较重要的。这种能力有天赋的成分，也有后天的努力成分，当然历史上大部分伟大的领导者天生就拥有强大的演讲能力。

除了沟通中的关键点外，产品负责人还需要与核心团队建立良好的关系，需要很好地管理上级预期，需要能协调组织、协调资源，需要借助各方力量达成目标……这些都离不开沟通及领导力。概括地说，产品负责人自身的业务能力是保证实现业务目标的基础，而领导力则是除团队整体的管理体系外保证业务执行力的重要方式。

那么如何提升我们的沟通与领导力？除了管理与领导力课程中通常都会讲到的一些方法论——这些属于术的层面（有很多优秀的管理课程能帮我们打下良好的基础，同时多与高手交流也能学到好的方法与习惯），道的层面会更加重要，会改变我们的认知。在沟通与领导力层面，我总结的三点是聆听、提问与赋能。

互联网行业在社会上是一个欣欣向荣的行业，吸引着越来越多的人才。尤其是移动互联网在人们生活中的渗透，使越来越多不同背景的人有机会加入这个行业，这就意味着我们团队成员的背景越来越复杂。另外，互联网行业中的人才都是比较优秀的，相对传统行业中的岗位，互联网行业中的岗位对人的要求更高。更多优秀的人意味着团队成员更有主见，而不只是执行命令，也就意味着需要更多的沟通，否则大家各想各的、各做各的。而随着移动互联网逐渐进入流量红利消失期，各个互联网产品比拼的不仅是产品占据入口的能力，而且要比拼业务综合能力，需要更多不同角色的优秀人才一同发力（这与前面所提到的产品、运营、营销、研发、销售等角色齐头并进的意思是一样的）。也就是说，互联网产品越来越依赖多个角色的协作，并且这些角色会更多地并行工作，而非串行。

以上这些都给我们带来了更大的沟通与领导力的挑战，让我们必须提高自己的情商。首先，从聆听开始。

我们要先认清一个现实，沟通是非常难的。在沟通中，要保持信息在传递过程中不会发生变化和损耗，这几乎不可能，人类的语言通常难以表达真实的信息。在工作过程中，因为沟通不到位而理解不一致，进而出现状况，这几乎是每天都会遇到的事情。我们如何能让一些重要的沟通尽量不出现信息的变化和损耗呢？答案是，我们要学会聆听。

请大家做一个实验，三人一个小组，其中一位同学利用 1~3 分钟讲述对自己比较重要的事情，其他两位同学不要打断、用心聆听。讲完之后，其他两位同学轮流复述第一位同学所讲述的事情，并谈谈自己的感受，同样也不要打断。最后第一位同学分享一下自己在听到他人复述时候的感受，以及他人是否准确复述了自己想表达的东西。

这个实验其实提醒我们在沟通中如何做到真正的聆听。沟通中最大的问题就是信息传递时的变化和损耗，如果我们能在聆听的过程中更加准确地接收信息，那就能很好地避免这个问题。第一，我们不要粗暴地打断对方正在说的话。在优秀的团队中，有主见的人会比较多，很多人都想表达自己的想法，为产品业务贡献自己的力量，如果大家都争相表达、频频打断他人的话，那么沟通的效果基本是 0，甚至是负数。第二，我们可以有意识地在团队沟通、协作中锻炼复述能力，复述一方面会让我们每个人都聆听得更加仔细和用心，另一方面可以与表达者进一步对齐信息，发现那些变化、损耗掉的信息，并在这个环节中进行弥补。当然，这很消耗时间，主要作用于还没建立起默契沟通的团队，但还是很值得的。在默契沟通建立起来后，双方熟悉了彼此的表达习惯、特点，信息传递的质量和效率就会提高很多。

其次，就是提问，这是在沟通过程中运用领导力的重要技巧之一。即便心中有答案，与人沟通中提问也比直接告诉对方答案的效果要好很多，好的问题永远比好的答案重要。同时，提问其实对领导力提出了更高的要求，比起陈述答案多了一个用问题来引导思考、沟通的过程。善于提问的人通常自身对某个问题已经思考得比较清楚，同时具有比较强的同理心和换位思考能力——这是好的领导力所必备的素质。

要养成提问的习惯，最关键的是认知问题，即我们需要深刻地认识到提问的必要性。通常在吃过几次亏之后，聪明的人会感悟到这点，从而进行有意识的改进。我们在与沟通对象产生观点分歧的时候，可以采用提问的方式。如果沟通双方只是围绕分歧点讨论，很容易各说各的，大家只是在表达自己的观点，从而很难形成结论。这时候我们需要往深想一层，这个分歧点的背后是什么？出于什么业务目的使我们各自产生了不同的想法？不管是否知道答案，我们都可以提问，或双方一起放下当前的分歧来思考深层次的原因，或引导对方进行思考。这样一层层探讨，我们总能在某一个层面达成一致——至少产品业务的大方向目标得达成一致。然后回过头来，从这个达成一致的点询问对方的思路，从而真正地让彼此听懂对方想表达的东西，这将有利于解决分歧，而非演化成争吵。当然，这一过程很花时间，与上面的聆听是一样的道理，但在还没有产生默契沟通和成熟领导力的时候，这些可能是必经之路。

此外，在我们想让沟通对象理解自己的意图并且引发对方思考的时候，非常需要提出好的问题。此时，一定注意要提开放性的问题（what、why、how），而非封闭性的问题（yes或no）。是否能提出好问题，一方面取决于我们在业务上的专业领航能力，能否思考得足够透彻，从而引导他人；另一方面取决于我们的提问态度与技巧，要换位思考，考虑对方可能需要往什么方向思考，这时才能做出有的放矢的引导。在这个过程中，提问一定比陈述答案要好，因为既然需要长时间思考才能得出答案，那么光靠在短短的沟通时间内平铺直叙，如何能让对方充分地理解呢？毕竟我们自身花了不少时间来思考。同时，多个问题带来的持续沟通能带给双方更多的信息反馈，从而增进对彼此掌握信息程度的了解，最终我们一定能找到引发对方有效思考的问题。这些提问、引发思考的过程对双方的成长是很有帮助的，有时候就是由于没意识到或者没想通一些关节，而导致自己遇到了成长瓶颈。同样，我们也可以养成自己给自己提问的好习惯，不管是在业务上还是在个人成长、发展上，多给自己提问题，这将有助于打破思维惯性，不让自己停留在舒适区。

最后是赋能。以前在讲领导与管理时一般会说到放权，而如今赋能这个词被更多地提及，它的确是愈发重要的领导理念。如前面所说，移动互联网的人才井喷，事业宏大，非常需要紧密的团队作战能力。赋能除了让团队成长外，同时也是重要的平台化思想，将自身作为提供能力的平台，并形成与多方连接的纽带。下面从团队领导上探讨一下赋能。以往的放权指的是将业务中的决策等权力进行不同程度的下放，让团队有更多自主的权力。而赋能，不仅包含了放权，而且把视角放在了如何为团队提供能力上。

在团队赋能中，我们要从能力、环境氛围、机制等几个角度去思考，如何为团队提供平台化的能力。

首先是能力部分，也就是团队的专业能力培养、梯队建设。从产品经理这个岗位来说，大部分公司都没有建立起完善的产品经理培养制度，在能力培养上缺乏成形的经验和方法论。因此，产品负责人需要更多地肩负起这个责任，为团队搭建完善的能力模型与成员梯队。在能力赋能上我们需要考虑下面这几点。

清晰的能力模型和标杆能够帮助我们打造学习型组织，给团队专业能力赋能。看看知乎上关于产品经理应该怎么成长的相关问题，就可以知道这个职业的成长发展现状了。很多产品经理在职业发展的各个阶段，都需要一个清晰的能力模型来引导，并且最好有标杆能够具象地学习与影响自我。本书中所描述的能力模型可供参考，它更偏向 C 端的产品经理能力模型（但大部分与 B 端是共通的）。在这个能力模型中，我将产品经理的能力发展大致分为三个阶段（1~3年基础期、3~7 年资深期、7 年以上顶级期），每个阶段都有各自的侧重点。在 1~3 年基础期阶段，我会格外重视对产品经理基本功的培养和打磨，这些是支撑产品经理长远职业发展的基石，如果这个阶段基础打不扎实，后续将很难弥补。在挑选年轻、潜力大的人才方面，基本功部分是充分必要条件，而在洞察、商业和逻辑思维上的天赋则是加分项；在 3~7 年资深期阶段，我会以逻辑思维、思维方式、业务综合能力为基准来引导产品经理的成长发展，这期间很多产品经理的成长遇到了瓶颈和困难，产品负责人要格外关注团队中的这部分人群。不同的人有不同的成长诉求，也有不同的问题，在这个阶段我们要有针对性地突破，切忌贪大求全、拔苗助长。本书所描述的能力模型，在 3~7 年资深期阶段所涉及的内容相当多，但这并不意味着每一块都要熟练掌握，而需要因人而异、发挥个体独特的优势，达到一专多能的目的。在 7 年以上顶级期阶段，则更多的是道的学习和领悟，这非常依赖于以往多年工作中的日积月累，并不能在一朝一夕间顿悟。这也是为什么我特别看重在基础期阶段对基本功的要求，希望能培养产品经理好的工作习惯，这对他们以后的职业发展益处无穷。7 年以上顶级期阶段的洞察、商业思维、战略设计能力，就是从基础期开始逐渐"能力升级"而来的。产品经理技能树如图 9-7 所示。

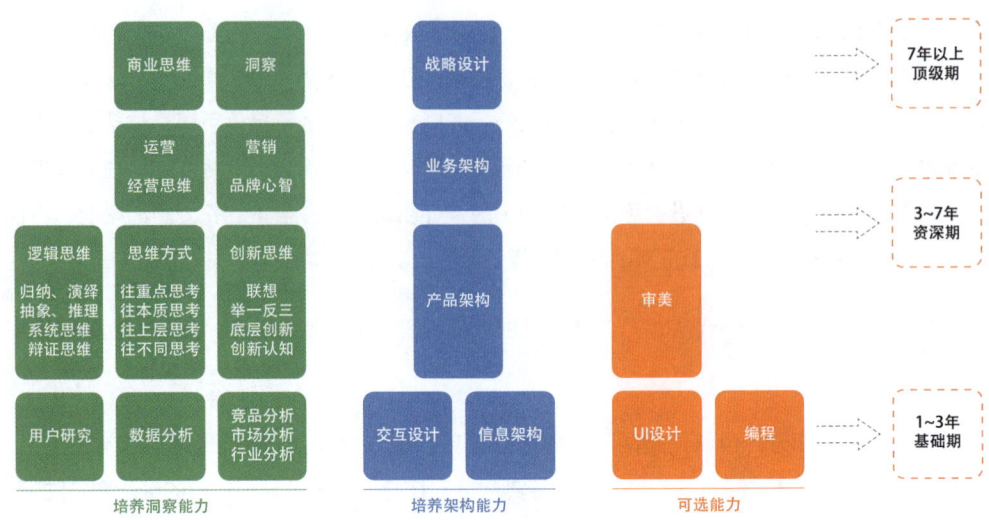

图 9-7　产品经理技能树

标杆的作用就是让这些抽象的能力模型更加具象，更容易学习、模仿。在我个人的成长过程中有很多标杆，从各行各业的高手身上都能看到自己的诸多不足，默默地以他们为榜样鞭策和引导自己前进。当年俞军的《十二条产品军规》和张小龙的《微信公开课》让很多产品经理找到了榜样，他们所做的产品以及他们传递出来的产品思想和方法，让我们都收获良多。好的标杆就是这样的，让我们想要学习的那些能力体现得更加具体，不必枯燥地研读一些抽象概念，而是可以去看标杆怎么做。在给团队能力赋能的过程中，我们需要树立大大小小的标杆，以匹配不同的能力提升诉求（当然所有的标杆都需要和组织内倡导的价值观保持一致，即便是专业能力赋能）。有大的标杆，可以把如俞军、张小龙等非常优秀的产品经理前辈作为道的层面上的标杆；也有小的标杆，如团队里、公司里的资深产品经理，他们在某个能力上有突出的表现，日常接触机会多，能更近距离地交流、学习。

团队能力互补与梯队建设能让整个产品团队的能力没有明显短板，彼此之间能形成高效的协同，并且突出的能力能有效传递。以往我在培养产品经理时走过弯路，希望团队中的每个产品经理都能力全面（满足我所描绘的能力模型中的每项要求）、独当一面，未来都能成为优秀的产品负责人。但这个想法忽略了个体特点与团队特点，是一个空泛的想法。古人很早就明白了"因材施教"的道理，用在产品经理的赋能发展上也是一样的。即便都是产品经理，每个人的特点也不太一样，有人细腻入微，善于洞察用户的需求；有人思维发散、跳跃，经常产生不一样的想法和"脑洞"；有人逻辑缜密，善于推导一个严密的产品方案；有人视角宽广，观察和思考得都比较全面……不论从业务还是团队来讲，我们追求的都不应是一个个十项全能的产品经理——即便真有那样的人，一个团队里有一个也就完全足够、不能再多了。在赋能的过程中，我们需要像思考业务架构一样，思考每个人（业务）的特点，他们的输入和输出接口分别是什么，如何能让他们很好地互补（转动）起来。听上去这是一件不难的事情，但实际上很多产品经理在发展领导力时，都会或多或少地遇到团队赋能的问题，即如何能让一个团队能力最大化。因为这是在感受每个具体的人，与产品经理日常擅长的业务分析工作、用户需求分析工作都不一样，所以缺乏这样的认知和经验积累。我们要做的首要是观察，从感受每个人的优缺点、差异之处开始，并试着搭配不同特点的人互相配合，共同完成一个项目，逐渐在实际工作中观察是否产生了化学反应，能力是否发生了传递，整体是否形成了 1+1 大于 2 的效果。在互补之外，我们也需要重点地做梯队建设。梯队的存在，首先是赋能给不同梯队的角色不同的职责范围和发挥空间。在业务和团队做大之后，很难让产品经理从头到尾地参与每件事情，一般需要有战略层、战术层、执行层等各个层面的梯队来相互配合运行。如果让战略层、战术层的产品经理过多地做执行层的事情，则是浪费；如果让执行层的产品经理做战术的事情，则多半会方向跑偏。其次，在梯队里，我们还需要关注信息的流动和能力的传递是否顺畅。梯队分层的存在能够使团队成员各司其职、提高效率，但久而久之，也可能造成信息上下、水平传递受阻，从而引起梯队脱节、整体效率下降等结果。因此，我们需要赋能给战略层、战术层的产品经理一定的领导力职责，纵向、横向地打通从战略层到执行层的信息和能力的传递，尤其是不要只是通知执行层应该做什么事，而是要从能力培养的角度花更多的时间做能力传递、培养梯队的事情。对已经成长为战略层、战术层的产品经理，应鼓励和培养他们向更全面、更专家的能力图谱发展，并使他们已经习得的一系列能力在团队内得到充分的发挥与分享，带动整体团队进步。对执行层的产品经理，应让他们明确自己能力成长进步的路径与标杆，帮助他们在团队内建立网状（横向加纵向）的学习渠道。

接着是环境氛围部分，这是一个比较微妙、难以掌握的因素。在大部分积极进取的互联网团队中，大家都是结果导向的，压力都挺大，这样才能跑得够快。而对一些需要深度思考和创造力的岗位来说，节奏太快有时候会造成负面影响，比如，做业务的产品、运营和营销人员。因此问题就变成了，我们如何在压力大的结果导向的整体条件下，创造一个同样利于深度思考和创新的环境氛围，赋能团队。这个问题包含两个方面，一方面是产品负责人自身如何既能扛住来自业务 KPI 和公司高层的压力，同时也能将这些压力转化为团队的动力；另一方面是产品负责人在团队内部打造合适的环境氛围。

对于第一个方面，产品负责人除了自身责任心强、勇于承担外，还需要适度地将压力传递给团队，形成动力。完全感受不到压力的团队的执行力肯定很差，压力太大的团队也不容易出成绩。这其中需要产品负责人对战略和 KPI 进行层层分解，在战术层面形成策略和目标，并且这个过程需要让团队一起参与，以共创的形式（有一些不错的工作坊可以实践）使团队在战略、战术、KPI 层面进行对焦。这个过程有团队成员充分参与，而不是简单、粗暴地上传下达，因此能更顺利地将压力转化为团队的动力。在有了这个基础后，在日常工作中不断地加强巩固，周期性地进行团队总结和反思提高。我们挑选的产品经理都是有创业精神、责任感强的，因而需要搭建一个舞台，让团队成员主动思考这些上层信息，发挥他们的主动性。

对于第二个方面，我们需要想想深度思考和创新需要什么样的环境氛围。我通常会在独处的时候留一段比较长的时间放松大脑，将脑袋里那些紧张的东西都释放掉，这时可以进入深度思考或者创新、联想的状态。在这个状态中，我可以思考一些很花时间的问题，这些问题通常不能在一两天内就找到答案，或者它们会引出更多的问题，但我知道这样的思考是非常重要的。在我做网易云音乐的过程中，大部分重要的产品决策都是在深度思考的状态下得出的。对我而言，每天的上下班开车时间、洗澡时间、上厕所时间、周末休息时间……都可以进入这样的状态。但产品负责人需要注意，我们无法要求团队里的每个人都把所有独处空闲时间利用起来，事实上，很多产品经理都受困于大量时间消耗在沟通、项目推进等任务之中，而缺乏足够多的时间来思考、发散思维。作为领导者，不能简单地把这个问题交给团队成员自己，而需要从环境氛围上考虑如何给团队成员赋能。产品经理对业务最核心的贡献是什么？不管是什么级别的产品经理，都应当以产品的想法和创意为主，构建对业务有重要促进作用的产品形态。沟通、项目推进等任务也需要，但它们不能体现产品经理最核心的价值，不应该本末倒置，不应该占据产品经理日常工作的重要时间。因此在团队中出现这类情况时，我们可以考虑这么解决：寻求项目经理的支持帮助、让项目组中产品经理与设计、研发、QA 等人员的沟通更顺畅、让项目组中的项目管理任务能够自运行……这些都能为产品经理减少日常工作中的压力，空出一些独处思考时间。我们还需要帮助大家养成深度思考的习惯，产品负责人可以直接向团队的产品经理提问自己正在思考的重要问题，让大家也思考，并安排互相交流、学习的环节。通过这些措施，关键是让团队自己能意识到深度思考的重要性以及所需的环境氛围。除了我们为团队引导、建设这样的环境氛围外，团队自身在日常工作中也要有意识地改变环境氛围，让其更适合思考状态，从而进入一个良性循环。很多时候我们一边给予团队过大的压力，一边又期望团队能很有创造力，这真的是在碰运气。深度思考和创新能力是培育出来的，而非压迫出来的，希望每个领导者都能牢记在心。

同时，我们应该有意识地引导团队共同创造氛围。领导力最终需要作用于团队上，而非个人上。除非是天才，否则我们应当更加依赖一个有创造力和深度思考能力的团队。在日常工作中，我们需要定期组织这样的共创活动。很多人都在用头脑风暴，但我观察其可能存在误区。召集一群人，在一两个小时的头脑风暴中你来我往地讨论意见，很难指望能得出真正有意思的创意。我们应当仔细挑选参与的人，然后让每个参与者事先独自思考一段时间，在产生了一定的想法之后再来参与共创，然后在共创的碰撞和思考中激发更多的创意。我倾向于推荐这种独处思考与共创组合的方式，尽量把各自的优点充分发挥出来。同时在此过程中，也更容易观察到哪些成员拥有更好的深度思考特质、哪些成员能更好地运用发散思维，并把大家的特长结合起来。关于深度思考的更多内容，大家可以在类似《穷查理宝典：查理·芒格智慧箴言录》等"非成功学"的书本上获得；而关于共创的更多内容，互联网行业中已经有很多相关的工作坊，大家可以自行参加并吸取精华，但要注意避开那些华而不实的内容。

最后是机制部分。其实机制是产品负责人应当花最多的时间思考的事情，因为它是团队赋能的底层框架。不过要设计好的机制，首先需要熟悉和实践赋能的一些典型表现（能力、环境氛围等），然后在此基础上讨论机制——即螺旋式上升，所以我把它放在最后。下面从解析赋能的目的开始，它是为了赋予团队能力/能量来解决团队本层遇到的问题，甚至上层的问题，是为了适应未来越来越不确定的环境，让组织能更敏捷、灵活地解决问题。在以往传统的管理模式下，团队更专注于解决本层的问题，上层的问题必须得到上层管理者的批准。而现在及未来，本层的问题与上层的问题的关联将越来越紧密，难以流程化地解耦。这就是赋能的初衷。

产品负责人作为领导者，始终关注业务和团队两个部分，而如前面所述，要想打造赋能的组织，信息（沟通）、能力、氛围等是不可或缺的，在设计机制时，我们需要考虑这些因素。以一个拥有多个业务板块的复杂产品组织为例，下面探讨一下赋能的机制，如图 9-8 所示。

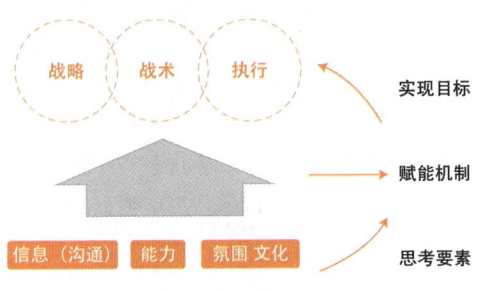

图 9-8　赋能的机制

业务：通常我们将业务划分为战略、战术、执行三个环节。本书中有不少篇幅都在讨论这三者的实现。需要注意的是，三者是需要上下关联的，不能脱节。团队、信息、能力、氛围等都是围绕着业务目标来设计的。在战略到战术、战术到执行的过程中，我们需要额外地关注以保证产品团队的执行力。在业务上，产品负责人需要有意识地将战略设计和战术设计连接在一起（即业务架构部分），并指导团队将战术设计和执行连接在一起。我们可以制定一个设计流程并明确不同环节的产出，在运转过程中对这些产出进行评审，通过这种机制来确保关键环节是完整、有效的。

团队：在拥有多个业务板块的复杂产品组织中，我们可以围绕业务在整个产品层面建设三个团队——战略团队、战术团队、执行团队。需要注意的是，这三个团队并不一定是实体，更多的会是虚拟组织——我们可以让每个业务板块的主产品经理组成战略团队，赋予他们讨论及影响战略的权责；让每个业务板块下业务线的主产品经理组成这个业务板块下的战术团队，赋予他们讨论及影响战术的权责；执行团队则是本身业务板块就具备的。同时，战略、战术、执行三个虚拟团队也是有交集的，战术团队的成员同样可以有选择地参与到战略团队中，执行团队的成员也可以参与到战术团队中。我们需要注意团队的信任与协作关系，通过虚拟组织让团队中的关键成员有更多的互动机会，团结一致来解决战略、战术上的问题。另外，跨部门调动资源也能不断地提升团队的整体信任和协作水平。

信息：我们需要在整个产品组织内共享信息——即便是那些关键信息，我们也要比以往更多地共享。因为信息是赋能生效的基础之一，信息不对称经常会导致决策失误。在战略、战术和执行三个团队间，需要共享的信息包括：业务目标（大、中、小不同层次）、业务数据、用户洞察、市场竞争情况等。以往组织中常见的问题是，某个层级的团队只知道本层级的信息，对上一层的信息几乎完全不知情，因而其在本层级所做的很多决策无法顾及全局情况，只能依赖上一层级的纠正，这样反反复复会导致效率低下、团队配合不默契，士气也会受到影响。我们需要和团队明确信息共享的机制，包括信息邮件同步、重要信息会议同步等，还有一个有效的办法是，提出一个重要命题让团队思考解决，在这个过程中自然需要了解很多信息，可以发现现状中信息流通不畅之处，然后逐个解决。最忌讳的一点就是，产品负责人成为所有信息汇集的终点，然后由他来分发各种信息，这是极其低效的（但很遗憾，这种情况很常见）。相反，我们应当构建网状的信息传递机制，包括同一个业务板块团队内的信息传递，不同业务板块团队之间的信息传递，战略层、战术层、执行层之间的信息传递等。在我们构建这样的网状结构时，请务必公开地进行，团队将理解产品负责人的意图，我们也可以将这样的使命传递给团队，大家一起共建——这也是赋能的一种方式。

能力：能力部分参照前面详细的讨论。此外，我们需要结合业务的阶段总结来帮助团队提升能力。这在业务和团队上包括了执行、战术、战略层面，产品负责人可以设计定期的业务总结机制，引导团队来进行不断的闭环、提升。这些总结可以在整个产品团队内公开进行，但需要注意避免成为邀功会或者批斗会，而应该是坦诚、踏实的业务总结会。我们关注短期结果，但更关注长期结果，因此需要用总结会提升团队能力，而不是让它变味。

氛围：赋能组织非常需要相匹配的文化氛围。与传统的以奖惩为主的管理手段相比，赋能强调的是激发团队的主观能动性，自发地创新，而非受奖金、职位驱动完成工作。因此只有团队真正参与公司业务的经营管理并且组织中提倡相应的文化，大家才有兴趣和动力挑战更高的目标——毕竟在同样的激励手段下，赋能让大家做的事情更多了。我所从事的工作很强调不断地学习与创新，我也希望自己带领的团队能够充满这样的能量，因此我一直在探索打造什么样的文化氛围能有利于这样的产品团队成长。优秀的文化氛围一定会有所提倡、有所坚持、有所反对以及以身作则，下面我提供自己的思考与实践供大家参考。

下面是我们提倡和坚持的。

热爱自己从事的工作并发展成兴趣。有很多可以让我们提升工作动力的因素，但其中最大、最持久的一个一定是兴趣。它可以激发我们自身的潜能，追求创新与卓越，让我们更加专注，不被其他杂音干扰，并且提供给我们持之以恒的能量。我们提倡因自己的兴趣而工作，为获得远大的成就而努力，奖赏自然而然会到来。

大局观。我们希望培养具有大局观的产品人才。局部即便做到最佳，也未必能达到整体产品最佳，甚至有时候会削弱整体产品。在一个强调大局观的团队中，大家更容易开诚布公地团结、协作，更容易形成合力完成产品的长期目标。

脚踏实地。我们强调大局观，但不希望眼高于顶。即便有长远的产品规划与想法，也需要脚踏实地、一步一步地实现每一个产品功能、体验优化和改进，并且在大的产品变动和升级上，步子不要迈得太大。大胆假设、小心求证一直是我坚持的创新观念。

心胸宽广。这看上去是一个道德要求，但我很重视这点。心胸宽广才能听得进去他人的意见，才能善用领导力带领一个产品团队，才能结合更多人的力量做成一件事，甚至在更高的层面上，才能赋能行业生态伙伴，推动整体产品取得更高的成就，使整个行业进步、发展。

喜欢学习。我们不仅要善于学习，更要喜欢学习。求知欲应当是我们发自内心的意愿，而不是功利的。我特别推崇那些终身学习的人，也特别喜欢一个充满终身学习氛围的组织。我尤其会给团队的骨干们强调，即使有一天我们走上了管理岗位，也不要忘记与自身专业相关的学习。"Stay hungry, stay foolish."是值得我们一生追随的座右铭。

无私分享。在交流、分享自己所学所得上，我们应该是无私的。一方面交流、分享会让自己进步，而且会进步得很明显（如果是真正认真地进行分享的话）；另一方面每个人都有自己的长处和短处，在一个组织中充分地分享能让大家互相看到长处、弥补自己的短处。我从不认为将自己的知识和经验藏起来会有利于自身的发展，我相信我们每个个体的价值会体现在我们的终身学习、持续不断的进步上。无私分享会与喜欢学习相得益彰，让整个组织进入学习成长氛围的良性循环中。

下面是我们不提倡和禁止的。

强烈的等级观念。我们希望组织内更平等，这有利于创新。过多的等级观念会让组织内的成员束手束脚，催生官僚主义，会让互联网企业逐渐失去活力而僵化。很难想象喜欢创造与积极进取的年轻人会喜欢等级观念，我们应当让产品组织尽量扁平，给更多人发挥才智的空间，而不是只能听领导的话行事——实际上，我不希望团队中有领导的称呼，那些现在看上去怯生生的年轻人在五年之后说不定会创造出伟大的产品，我们应该保持平等和平常心，鼓励大家充分发挥自己的能力。

故步自封。取得一时的成就易，持续的进步难。不论是个人还是产品，在取得一定的成绩后，容易陷入舒适区，这是人性。当我们是一个新组织、新产品时，我们敢于突破、创新和挑战，而当我们是一个大组织、大产品时，我们也不能失去原有的锐意进取的精神。

害怕失败。我们不可能总成功，大多数时候都是从失败中学习的。而害怕失败和故步自封是埋葬创新精神的坟墓。我们在团队中鼓励创新，容忍失败（当然需要设计影响范围）。在正确的方向上，产品组织需要不断地探索、试错，最终更高效地找到正确的路。我们应当视失败为一步步排除选项，用低成本的失败换来经验，这样就可以为正确的路投入更多的资源。

过于看重个人利益。首先，人都会看重自身的利益，这是人性。我们需要让组织的利益尽量匹配团队成员的个人利益，这样才能形成正循环。同时我们也需要意识到，过多的个人利益会危害组织，尤其是短视的个人利益。我们不能要求大家都做圣人，我们同样不能在团队还在奋斗不息的时候就允许分蛋糕的行为存在，很多激励机制上的延时满足就是引导团队看远期的成果而非短视的个人利益，避免对团队造成危害。我们需要强调一定的奉献精神、团结协作与集体利益。

缺乏雄心。生于忧患，死于安乐，古往今来很多组织重复验证着这个道理。在互联网飞速变化、前进的环境中，如果组织没有雄心，那么很快就会耽于安乐。人都有惰性、想享受，这是人性，但组织需要营造雄心壮志的氛围，以激励团队始终向前，最终才能形成不断开拓进取的团队。好的氛围会在个体打盹儿的时候提醒他，帮助他补充精神能量，始终望着目标而不断前行。

团队的文化氛围无声地影响着每个人，这是会扩散和传递的。作为产品负责人，我们唯有以身作则，将这样的正能量不断地传递给身边的团队成员。在团队成员的日常行为和思想中都散发出这样的光芒的时候，我们团队的文化氛围也就建成了。

第 10 章

产品之路时学时新

产品的学习之路有终点吗？

我们看不到终点在哪里，甚至没有终点。就算我们精通、掌握了产品经理的知识结构（这通常需要十多年）（见图 10-1），也经常会发现新知识。至少，互联网在不断地发展、变化着，新一代用户也别具特点，哪怕掌握了全部知识，我们还需要了解更多新用户。

在产品这条路上，走多久，我们就需要学多久，因为这条路本身会变化、会延长，甚至没有终点。而它时而充满荆棘，时而一马平川，往往在攀登完高峰之后，眼前一片开阔，策马疾驰。最难的是，我们有时不知道是否该往前走，或者看不见路在哪里。

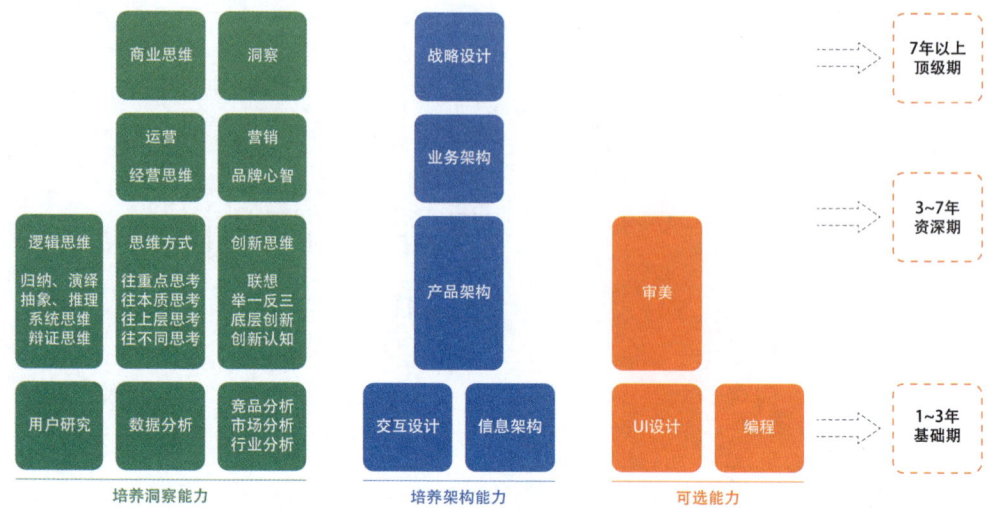

图 10-1　产品经理技能树

这其实是学习上的两个难处：

- 缺少镜子，看不见自己应该学习的地方。
- 瓶颈难破，需要跑马拉松那般长久的耐力。

我并非学习上的专家，本章将分享从我自身的经历以及互联网上那些做出了不起产品的人身上观察分析而得出了一些经验总结。希望这些经验总结在帮助我自己学习的同时，也能引发大家的思考。此外，人有自知之明也是非常重要的一点。对自己有通透、开放的认知，可以让自己成长得更持续、更长久，即古人所说的"自省"。终身成长并不是遥不可及的事情。

第 1 节　我们的镜子

每个人都能有自己的魏征（见图 10-2）吗？

古人的智慧无穷，我们就以唐太宗李世民的传世名言来展开这段讨论："夫以铜为镜，可以正衣冠；以史为镜，可以知兴替；以人为镜，可以明得失。魏征没，朕亡一镜矣！"

以人为镜，
可以明得失

图 10-2 魏征

学习最怕不知道自己应该学什么，所谓的不知道自己不知道。唐太宗的三面镜子中，尤以人镜最为重要。因为铜镜、史镜都是一直存在的，放在那里的，只要有主动意愿，就能去观看、对照，从而知晓、弥补自己的不足。正如产品之路上的学习，我们可以与很多竞争对手、伟大的产品、伟大的企业对照而学习。

而人镜最为难得。唐太宗文韬武略何其伟大，然而终其一生，只对魏征一人有此评价。我们凡夫俗子又哪里能得到魏征这样的人镜呢？哪里又有对自己知根知底、观察入微、直言不讳、满腹学识、一针见血之人呢？

在我们如今所处的时代，想要以人为镜，更多地需要我们自己打开自己，辩证地看待自己，我们没办法得到一个魏征，但有办法在漫长的自我学习之路上得到很多小魏征的帮助。他们的点滴之力汇聚江河，一样能起到镜子的作用。

- **打开自己**：首先要有一个积极开放的心态。有很多成语可以表达这个意思：兼听则明、忠言逆耳……人都喜欢听好话，这是人性，但若一味地听好话也不行，有很多成语形容这种情况：阿谀谄媚、好戴高帽、巧言令色、曲意奉承……听上去很可怕，但其实离我们并不远。他人直截了当地指出自己的不足，的确会让人感到刺痛，自尊心会条件反射般地自我保护。如果没有一个开放的心态，他人越是直言，自己的保护外壳就越会坚硬，自我防御机制就越会激烈反抗，甚至会伤及他人，久而久之，就没人愿意对我们直言不讳了。当我们感到自尊心受到威胁时，不妨提醒自己，试着多听一听、等一等、想一想。自己若是海绵，就能吸收善意之水，打开心态就会有人镜愿意接近我们。

- **多人之镜**：我们可能无法像唐太宗和魏征那样，但在我们的工作和生活中是不缺乏人镜的。作为产品经理，我们的用户、老板、同事、朋友等都有可能成为我们的人镜。本书第 2 章介绍的用户研究，其实就是从用户身上反照出自身的不足之处，不管是昔日对电子音乐的了解，还是如今去熟悉嘻哈文化，都是因为用户带给了我最直接的刺激。在做网易云音乐的过程中，网易公司 CEO 丁磊、网易杭州研究院院长陈刚不但对我言传身教，而且我也从他们身上看到了很多自己的知识盲区，有时一两个问题即可让我意识到："你有没有想过，未来如果没有版权租赁会怎样？""我们的核心能力如何构建成一个发展范式，从而继续扩大？"诸如此类、不胜枚举。而我的同事，网易杭州研究院的项目经理雷蓓蓓，她则充当了"教练"的角色，让我对着镜子更清晰地认识自己、看到自己的不足。她说过一段让我记忆犹新的话："一个人过往的成功越耀眼，光环下的阴影面积就越大，固有认知通道就越顽固，认知盲区就越多。一旦环境发生变化，这些在大量的经验中习得的思维习惯反而更有可能让人深陷泥沼。面对这个不确定世界的风云变迁，我们如何在认知大战中弯道超车？"人镜就是让我们认知升级。一个产品负责人自己的边界才是产品真正的边界。

- **辩证地看待自己**：每个产品都有自己的独特之处，每个人也都有自己要走的路。人镜不会告诉我们应该往哪里走，人镜只会帮助我们看到。当我们看到的那一刻，改变就开始发生。所以如何思考我们看到的是不是应该看到的？这其实是一个很艺术的问题，没有标准答案，或者说答案在每个人的心中。我和雷蓓蓓在讨论这个话题时，想到了一个比喻来形容：当我们通过镜子发现了自己的不足时，哪些采用，何时采用，如何采用？这些信息会经过我们的大脑 CPU 处理并最终作用到我们的学习之路上。而每个人的 CPU 运算速度不同，这也就决定了每个人判断不知道自己不知道的那部分信息对自己而言是真是伪的效率不同。此外，在 CPU 这个核心处理器外还有一层更加重要——愿力，这个愿力小到每一个我们希望在产品上实现的价值，大到我们一生要走向哪里，对冥冥之中指引我们的东西都会产生影响。其实我们可以从很多自己的喜好中发现，我们偏向做什么样的产品，吸引什么样的用户，怎么样获得利润，这些都可以从中找到线索，更多地了解自己也就能更多地知道自己的愿力。在这个愿力愈发清晰的时候，就能愈发辩证地看待自己——镜子中的自己。

但无论怎样，我们都需要明白一点，镜子只是帮助我们看到，我们每个人都是独特的，全听圣人之言依然过不好一生。其实，打开自己和辩证地看待自己也是矛盾与和谐之间的一种统一。何时调整自己，何时坚持自己，古人的智慧总结得挺明白"尽信书不如无书"，就相信我们自身的愿力和 CPU 吧，沉下心来，静静而深入地思考这些我们看不见的地方，思考其是否是属于我们自己的路。另外，也不必怕走错，当我们走错之时，只要有开放而辩证的心态，不管是自己还是镜子，都会让我们发现、调整并继续前进。

从微观上的日常工作来说，这也一样适用。我们做很多的用户研究、数据分析、市场分析，但分析不代表决策，决策是产品经理的综合判断。其中的道理和方法也是一样的：打开自己、多人之镜、辩证地看待自己。所以我们要做什么样的产品与我们在产品之路上如何学习，本质上其实是一样的，甚至与我们要做什么样的人也是一样的。

第 2 节 我们的瓶颈

当我们遇到瓶颈时，瓶颈到底在哪里？

在每个人漫长的职业生涯中，我们都会遇到一些瓶颈——它们通常是由困难带来的。这些困难有工作技能上的、有岗位本身的、有工作环境的、有自己的、有团队的……怎样面对这些困难、瓶颈，需要我们自身去修炼。当我们遇到瓶颈时，从我的经历来看，也要从自身去思考，只需探求我们的内心即可。是否要突破这个瓶颈？如何突破这个瓶颈？答案都在我们的心中。而探求内心就是一场马拉松，需要相当大的耐力和精力。

我曾经遇到过以下瓶颈。

- 最早我是一名设计师，在想转型做产品工作时遇到了瓶颈。

- 在从只负责自己工作的产品经理到负责产品整体设计时遇到了瓶颈。

- 在从做一个百万量级用户的产品到打造一款亿级用户大产品时遇到了瓶颈。

- 在从 0 开始组建团队、管理团队时遇到了瓶颈。

- 在思考商业模式、战略布局时遇到了瓶颈……

我在产品之路上从 0 起步，这些瓶颈是不同阶段的我所遇到的挑战。它们之中，有职业选择上的困难、有工作能力方法上的困难、有管理上的困难、有认知模式上的困难……其中的纠结、困苦现在可能都不太记得了，但如今回过头来审视自己面对这些瓶颈时的过程，发现其实有规律可循。

这个规律是遇到瓶颈→观察当前现实→感知其他信息→放下纠结→内心的自然流现→接纳自己的改变→创造新的想法→形成新的行动→突破瓶颈。这个规律非常接近于 U 型理论（奥拓所写的书《U 型理论：感知正在生成的未来》[1] 中有详细描述，我看完之后结合自己的思考，将我过往的经验规律具象化），如图 10-3 所示。U 型理论与儒学经典著作《大学》的思想几乎如出一辙："知止而后有定，定而后能静，静而后能安，安而后能虑，虑而后能得。"接下来，我想通过一个自己的经历来分享突破瓶颈的过程。

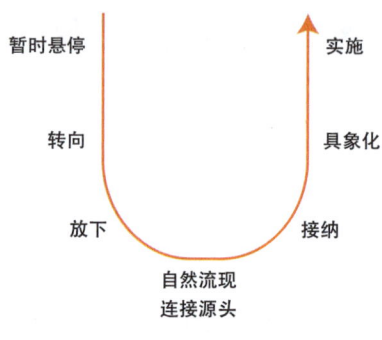

图 10-3　U 型理论

在做网易云音乐之前，我做过百万量级用户的产品——网易摄影。它是从一个日活跃用户数几万的产品，经过调整定位、优化迭代、持续运营，做到了日活跃用户数超过十万。然而，在日活跃用户数超过十万之后，我们发现增速就变缓了，这时我通过研究行业和竞争对手，发现整个摄影行业的产品日活跃用户数都不高。一年之后，我负责网易云音乐产品，在经过初期的歌单切入之后，日活跃用户数也发展到了数十万的水平，然后同样遇到了增速变缓的问题。在 2013 年、2014 年，还没有增长黑客一说，但当时大家用的增长方法其实和现在的差不多。然而在我们从数据入手时，各项指标（包括留存率）其实都已达到不错的水平（当然离现在网易云音乐非常高的留存率还有差距），所以并不太清楚为何日活跃用户数增长得很慢。那时候，互联网行业做大用户量用得最多的方法是通过手机预装和刷机渠道，几块钱获得一个用户，几亿元人民币砸下去，用户量就起来了（现在大家肯定很怀念这样的流量获取方式）。

这时我遇到了一个几百万用户量、日活跃用户数数十万的产品迈向更高用户量级的瓶颈。此前我所掌握的方法论是基于市场分析、用户研究等寻找切入点的打法，自己没有爆发式增长产品的经验。那时我其实心里会很着急，网易云音乐虽然拥有了很好的口碑，有很多音乐爱好者喜欢，但我们的用户量级距离行业巨头还很遥远。与此同时出现了一些声音：我们的歌单模式是否太小众；我们的高品质设计会不会不是主流用户所喜欢的；我们的产品形态是不是只能服务于高端小众用户，大众用户只会喜欢其他音乐产品……

1　奥托·夏莫（C.Otto Scharmer）著，邱昭良、王庆娟、陈秋佳译，《U 型理论：感知正在生成的未来》，浙江人民出版社，2013 年。

产品方案在我们应该继续坚持高端路线，还是向大众妥协之间摇摆。在一两周没有明显进展之后，我冷静了下来，想了想几件明确的事实。

- 音乐是普罗大众的广泛需求，人民群众都喜欢听音乐，它不可能小众。

- 音乐是全世界人共通的需求，其他国家与网易云音乐定位类似的产品（比如 SoundCloud）已拥有大量的用户。

- 用户量上不去，是我们自己的问题。

这一步可以看作往后退了一下。我从陷入某个具体的产品功能是否要做、是否要修改的纠结之中先往回退，找到了一个立足点——音乐一定是大众需求，网易云音乐一定要发展更多的用户。然后，我开始思考如何获取更多的用户。在这一点上，我不能再走之前的路径：从纯数据的角度去分析留存率应该如何进一步提高等，因为这样没结果，是一个死胡同。

我开始思考用户听音乐的本质。我还记得那个时间点自己的思考是一种自然流现，它并不是通过严密的逻辑推理得来的（虽然之后用逻辑思考来验证也通过了）。在几年后的今天，我觉得可以用一个词"洞察力"来描述当时为什么能形成思考。

我想到自己听音乐时，是怎么爱上听音乐的、是如何开始有自己中意的音乐风格的。就像书中前面章节所述，我在高中时期通过身边的朋友、女朋友接触到欧美摇滚、金属风格的音乐，然后逐渐形成了一生的爱好。在大学毕业、开始工作之后，自己喜欢的音乐风格就比较固定了，新喜欢上的歌曲数量比起之前少了很多。那么我的情况在人群中是否有共性呢？其实是一定会有共性的。人的青少年时期是各种精神层面的审美观、价值观、世界观等逐渐形成的时期，音乐就是其中之一。而在这个时期过了之后，精神层面的状态得以形成，再想发生改变是很难的，除非身边有朝夕相处的人来影响自己。然后我又进行了一些用户访谈来验证结论。

后来灵感突然就来了，如果网易云音乐去主抓大学、初中、高中用户，在用户音乐口味形成的时期让他们用上网易云音乐，这就恰好可以让他们在最需要接触到各种各样音乐风格的年纪遇到拥有最长尾、最丰富音乐推荐的产品。而网易云音乐则可以避免过早地撬动音乐口味已经形成、因为习惯不愿意改变的用户。如此思考的话，网易云音乐获取新用户的成本、门槛将会降低，而用户也更容易认同网易云音乐的特点，进一步在人群中分享、传播。

这个想法产生以后我很激动，然后立即就顺着思路与团队成员一起思考详细的策略方法，比如，如何接触到学生群体？学生群体有什么样不同的音乐需求？如何让学生群体分享、传播……

之后的过程就顺其自然了，最重要的是我们找到了发展学生用户群这个路线。那是 2014 年，我们第一步先做了大学生用户群（因为他们和网易云音乐最初的白领用户群年龄接近）。在用户量增长到几千万之后，我们更进一步地做了高中生、初中生用户群。到现在，年轻的学生群体已经是网易云音乐的主流用户，在网易云音乐从百万级到亿级用户量的发展过程中，主打学生群体是一个至关重要的决策。

如今，我在网络上看到过关于音乐口味和年龄之间关系的研究（这些研究多半具有社会学的基础），有些结论与我们所想的类似：青少年时期是人们音乐口味逐渐形成的时期，往后人们喜好的音乐风格不太会变化；女性对已经形成的音乐喜好的变化要比男性更小，这也从一个侧面解释了为何追星族更多的是女生。然而，我想表达的重点其实并不是研究或者想法本身（通常情况下，我们的工作条件不允许我们经常进行基于社会学的用户研究），而是产生这些想法的过程——也即我遇到瓶颈之后的面对过程。

瓶颈的妙处就在于它始终存在——无论我们跨越过多少个瓶颈。也就是说，它本身就是生活的一部分。从表象上来看，当我们遇到瓶颈时，也许尝试一下暂停硬冲的念头或者往后退一步，往往会有不错的效果。从本质上来说，这样的行为其实是我们探索自己内心的表现。如果我们所做的领域是自己熟悉、了解的，那么从自身的思考和想法出发就能得到一些思路和洞察。做产品绝不是完全依赖于研究和数据分析的。

尤其是在如今快速变化的互联网时代，当我们遇到瓶颈时，既往的经验与方法、内心的焦虑与急切都有可能会蒙蔽我们的双眼。我们通常会在瓶颈面前感到害怕，越是害怕、放不下，就越容易依赖既往的经验与方法。而现如今市场、环境变化极快，在瓶颈面前我们很难从过去、经验中获得突破（并不是说经验总结与方法沉淀不重要，而是各有用处），这时候我们更多地需要从未来、从未知中寻找机会。人的天性就是会对未知感到害怕，突破瓶颈实际上是在与我们的天性做对抗，让自己从害怕失败和未知的心理中跳脱出来，放下既往的经验和认知，重新感知周围的环境并思考未来会如何。当这样的心流涌现时，我们就会有新的想法和新的行动，而突破瓶颈就成为顺其自然的事了。

我在工作的头几年内遇到了一些瓶颈，诸如职业转型、接触从未实操过的工作、工作职责扩大等，当时的我并不知道 U 型理论等，只是凭着一些潜意识和"不管不顾"的想法来驱动自己。而如今即便我学到了更多的理论知识，思考了更多深层次的内在联系，但当我面对瓶颈时仍旧会有焦虑感、害怕失败。只是知道了这些之后，我能更好地感知瓶颈，有意识地提醒自己从困局中跳脱出来。最后以一句老话结束本节：忍一时风平浪静，退一步海阔天空。

第 3 节　我们的自省

我们如何才能持续不断地成长，乃至终身成长？

我对学习成长这件事情的思考，大致包含两部分。第一部分是对学习对象的研究思考；第二部分则是对学习成长本身的思考。自省是一个非常精妙的词，来自曾子的"吾日三省吾身"，圣人的思想精华能让人受益匪浅，但其中的门道是什么？如何能让每个人都从中受益，而不是知道很多道理却过不好这一生？我一直在思考如何能让自己真正做到自省，下面让我们从相对容易理解的第一部分（对学习对象的研究思考）开始吧。

我们每个人学的东西很多、不尽相同。即便把范围缩小到互联网领域，也有产品、运营、技术、市场、设计、商业、组织管理、战略等很多门类。这些学习对象有没有共性？从入门到精通是怎样的过程？为了能更好地理解其中的规律，下面将抽象学习对象，并且把它分为从入门到精通的四个递进的状态（见图 10-4）。

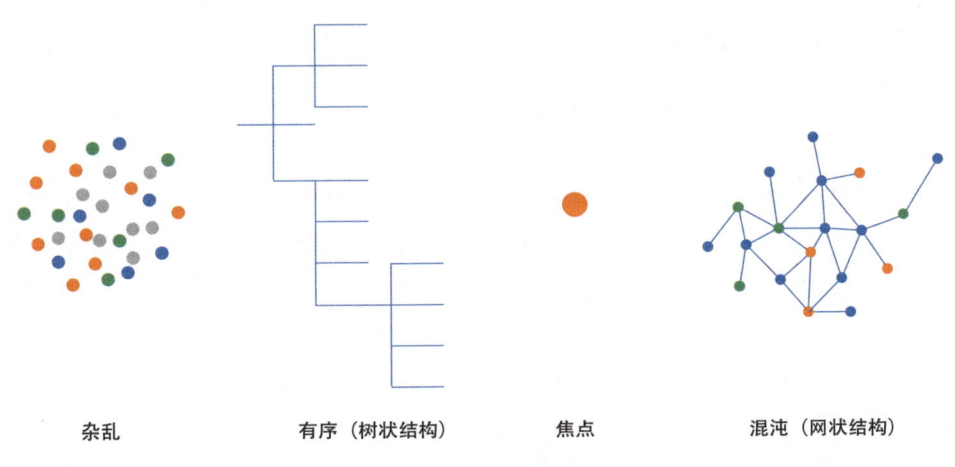

杂乱　　　　　　有序（树状结构）　　　　　焦点　　　　　混沌（网状结构）

图 10-4　从入门到精通的四个递进状态

杂乱：在刚开始接触一个学习对象不久，它呈现在我们面前的状态是杂乱的。有很多的信息，彼此之间的脉络关系不清楚，不知道应该从哪里入手。逻辑思维非常强的人可以迅速地理清体系，找到入口开始学，而大部分人需要一段时间来适应，尤其是对于完全陌生的领域。例如，在产品领域，初学者会看到很多名词：用户体验、需求分析、竞品分析、交互、架构、市场……扑面而来，但不用担心，我们每个人都可以通过坚持不懈的努力来逐渐熟悉、找到入门的路、理清脉络。后来，我们学会的东西越来越多，在面对新的学习对象时，就能更快地度过杂乱的状态。

有序：通过逐渐掌握知识，我们能系统地学习对象，进入有序的状态——通常是人类擅长的树状结构，将知识分门别类，理清主干和枝叶。在互联网行业中，技术、产品、运营、市场等很多职能都已经有了知识图谱，很多互联网公司也有岗位和能力对应的体系，这些都是有序状态的表现。到了这一层，意味着我们对这个领域内的知识已经熟练掌握，什么时候该用什么知识了然于心，并且对继续学习的方向有了清晰的认识。但这并不是终点。

焦点：从有序到焦点是境界的提升，需要浸淫其中，大量的经验积累能够帮助我们悟到一个学习对象的本质，也就是说我们在这个领域内所掌握的知识能最后汇聚成一个点，这个点代表它的本质。在互联网产品领域，我总结出来的焦点是洞察与架构，即产品经理所有需要掌握的重要能力都可以归纳为洞察与架构。本书提到多次的产品经理技能树即阐述了这个理念——洞察与架构两棵技能树，产品经理不断修炼各式各样的技能，从而不断地加强洞察与架构这个焦点核心。焦点存在于各种领域之中，难点是我们怎么悟到它、掌握它并形成自己的认知。从个人经验上来讲，有两点影响因素：一是悟性，这有相当部分取决于各人的特点和天分；二是勤奋，唯有在领域内坚持不懈地努力，才有可能让悟性发挥，量变引起质变。王阳明在探求"格物致知"时就是如此，他龙场悟道的经历非常值得我们学习。

混沌：我曾经认为焦点是最终的状态，因为运用起来的确得心应手，成长很快。但之后我隐隐感觉到，焦点是聚焦的最终形态，但它缺少了发散。在焦点状态下，我们虽然能将诸多知识通过对本质的认知而汇聚在一起，但难以发现、捕捉新的可能性。从焦点到混沌则又提升了一个境界，而且这次提升比之前的所有提升加起来还多。初看起来，杂乱和混沌比较像，没有明显的秩序感。但混沌之中充满了连接，孕育着创新。在混沌状态下，除了对知识的脉络了然于心，能够用本质去理解诸多的知识外，还能够保持非常开放的心态，连接更多乃至无穷尽的知识，产生新的理解和感悟。从杂乱到焦点，是吸收信息和知识之后逐渐聚焦为本质，而从焦点到混沌，则是本质孕育出无数个触角去主动触达更多的知识、未知、可能性。以互联网为例，我所理解的产品的焦点是洞察与架构，以此出发，在用户体验和审美层次上连接设计与艺术，在市场分析、用户洞察和品牌上连接运营与营销，在营收和架构上连接商业与战略……让各个节点都保持着自由的状态，吸收对自己而言新的知识，迸发出创新的火花。这是一个带有理想主义色彩的状态，但它确实是最高级的形态，值得我们毕生追求。

如果我们从右往左来看图10-4——从混沌，到焦点，到有序，到杂乱，会发现它和道家的理论有点接近：道生一，一生二，二生三，三生万物。只不过我们是从浩如烟海的信息和知识中求索，逐渐进阶的。我们在这里虽然只用了互联网行业作为例子来说明四个递进的状态，但我相信它们适用于很多领域，不管是德州扑克，还是养儿育女。

第二部分则是对学习成长本身的思考。我们的学习和成长从何而来？我想这也分为三个阶段：向外界的一部分学习、向外界的全部学习、自省（由内而发的学习），如图 10-5 所示。这三个阶段同样是递进的，彼此之间也有关联。当然，有高人能在很早的时候就具备自省能力，这是非常让人羡慕的状态。我则试图思考适合所有人的、可以达到自省境界的方法。

向外界的一部分学习　　　　　向外界的全部学习　　　　　自省（由内而发的学习）

图 10-5　向外界的一部分学习、向外界的全部学习、自省

向外界的一部分学习：这是最常见的状态，有明确的学习方向和目标，然后向外界寻找合适的部分来学习。在我们从小到大成长的过程中，也有被动的情况，例如家长、老师要求我们学习，领导、老板要求我们学习等。不管是小时候学习数学、英语，还是工作后学习互联网产品、运营，抑或是向自己所钦佩的人学习，都可归为此类。我们确定外界的部分是我们所不知的，或是比我们好的，因此选择它们来学习。其他的我们认为是已知的，或是不比我们好的，则不必学习。开始工作之后，这种状态会更加明显（因为随着时间的积累，自身掌握的知识越来越多，可向外界学习的部分"似乎越来越少"），我们会向我们的上级学习、向业界大牛学习、向各个领域有专业背书的人学习等。可是我会想，如果只有这样的学习，那岂不意味着我们可学习的部分越来越少，我们自身掌握的知识越多，再成长的空间就越小？于是就有了下面的思考。

向外界的全部学习：我在工作中时常遇到同事们问，感觉自己最近成长得有些慢、有些迷茫，不知道进步的方向在哪里，应该怎么办。我通常会用一个信息输入的模型（见图 10-5）来跟大家分享关于扩大学习范围的思考。我们学会一个东西的过程可以抽象为学、思、习的闭环——接收到信息，经过自己的思考处理，实践产生结果并总结，之后循环往复。接收到信息是第一步，上面那些我们经常遇到的问题的症结就在于此。如果我们只向外界的一部分学习（通常还只是我们认为比我们自身优秀的那一部分），那么获取信息的扇面就被我们自身限制了。我们可以递进地思考几个问题：我们所认为的不如我们的、不用去学习的那部分就真的不如我们吗？即便真的不如我们，就真的没有学习价值吗？首先人各有所长，每个人身上都有自己的特点、闪光之处。其次，获取信息的关键点在于更多信息的碰撞，而不是人为地屏蔽掉大部分信息。我们能不能除了向领导、老板学习，也向我们的同僚、下属学习，甚至向很多互联网新人、非互联网人，以及生活中平凡、普通的人（我们都是）学习？我想后者才能被称为谦逊好学。

这是很重要的认知。我发现自己所钦佩的所有优秀的人身上都有这个优点，他们能极大地扩大自己的学习范围。事实上，在开启了这个认知之后，工作中和同事、下属的交流就不再只是对他们的指导，还有了交流过程中的收获，甚至有些时候收获会远超出自己的预期，如恰好触发了一些自己平时没有注意到的盲区。我的一位下属曾和我说过一句让我印象非常深刻的话："你总是往前跑得那么快，有没有回头看看大家是否跟上了呢？"当时的场合其实是在探讨产品方案，我介绍了自己的思路，但这些后来全都不记得了，只有这句话一直记到现在。

这个认知能够极大地扩展自己的信息获取面（前文已讲过信息输入和自身的 CPU、操作系统对学习的影响，它们之间是乘法关系，这里不再赘述），但更重要的是它是打开自省的关键一步。我们对周遭世界接纳得越多，我们对自己打开得就越多（去除了那些无形的屏障），我们就越能通透地看待自己、了解自己，从而进一步达到自省的状态。

自省：如果能依靠自己的内心流现而非外界输入来驱动自己的学习成长，这无疑是让人怡然自得而终身学习的状态，而不是被迫的。自省状态的前提条件是通透的自知之明，如果没有自知之明，即便我们进行自省，也会省不出什么来，那样只是形式主义。上面所提到的，向外界的全部学习，加上不断地对自身进行探究，可以加快我们拥有自知之明的速度，让我们能开始自省，它们之间是相辅相成的。我并非自省方面的专家，只是受益很多，忍不住想和大家分享，希望对大家有所帮助。下面想从三个方面来分享我对自省的认识：有意识地做、方法和工具、愉悦的状态。

有意识地做：曾子讲"吾日三省吾身"，希望世人（其实是当时的知识分子）能主动地、有意识地修身养性。自知之明和自省并非一日之功或者天生具备（可能极少数的人会天生具备），因此唯一的路就是后天不断地刻意练习。很多文章已经介绍过"一万个小时"的道理，本书不再赘述，我仅分享一下如何为自省的练习设定标准。在我们刚开始练习时，很难做到每日三省：一是没有养成习惯；二是即便三省，也很难有什么产出，因为此时我们对自身的认知没那么通透，这样只是形式主义，没有实际的价值。所以，在我刚开始工作时，我给自己设定了一个明确的目标，那就是每个月都必须进行一次个人总结，看看这个月有没有发现自身的不足、有没有进步。如果没有，我应当感到焦虑，问问为什么没有。在每次这样的总结反思中产出实际的价值，再进一步应用到自身，让自己对自省更有感触、更加熟练，使自己更有自知之明。这就是自省练习的标准，适合绝大部分人。经年累月这样迭代下去，即便人的悟性有高有低，但在勤奋和坚持面前，我相信每个人都能最终将自省融入自己的潜意识，成为自身的一部分。在各种分享场合下，我也始终和大家强调自省学习的观念，但实际情况是，真正能坚持"一万个小时"的人仍是人群中的少数。

　　方法和工具：在接触 U 型理论之前，我一直用操作系统 +CPU+ 信息获取的模型（见图 10-6）来比喻人的成长模式。我们的思维方式就像操作系统，在此基础上可以搭建出各式各样的应用（能力和方法），通过调取 CPU 计算资源（人的脑力）来解决各种各样的复杂问题，信息获取得越多，计算资源开发得越多，能解决的问题就越复杂，从而人的脑力得到了充分的锻炼和释放，也会沉淀和学习到更多的思维方式。通常来说，思维方式是最难突破、迭代的，因为我们这几代人从小受到的教育中关于哲学、美学、心理学的很少。另外，思维方式本身就属于我们日常工作和生活中很难意识到的部分，偏人的底层部分，在大部分情况下我们都是通过潜意识在运用、输出思维方式的。因此，在这个模型中，我们能够得到大量进步的是脑力、能力与方法，而底层的思维方式则难以更新、迭代。

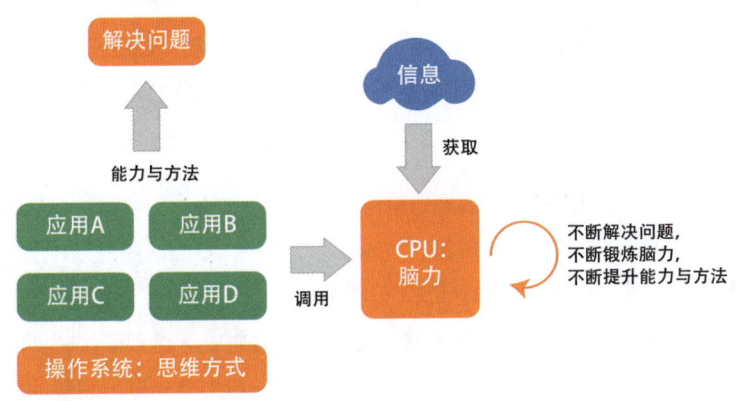

图 10-6　操作系统 +CPU+ 信息获取的模型

　　其实在接触 U 型理论之前，我还没有意识到思维方式的运作：我有什么样的思维方式？它们有哪些优势、有哪些不足？还有哪些思维方式应该学习？当时自知之明的程度还不够，还不能在更深的层次上探索自己、了解自己，因而也就很难在这个层次上有所自省。通过一个很偶然的机遇，我接触到 U 型理论，期间网易的项目经理雷蓓蓓给了我莫大的帮助。在此之前，我会认为这些都是神神道道的东西，内心很排斥（说明人如果不够开放，会错过很多东西）。那是某次我在工作上尽显疲态，雷蓓蓓作为我的项目经理和合作伙伴在反复几次暗示我可以试试改变无果之后，提出约我做一个 3D 雕塑的实验。我们彼此互相信任，尽管我不知道实验会带来什么，但还是积极地响应了这件事。结果是两个多小时的 3D 雕塑实验带给我的震撼是过去一两年都未曾有过的。这个小工具其实很简单：一个安静的房间、一些乐高玩具、一个有经验的教练就可以。通过乐高玩具，我把工作或生活中自己的想法具象地表达出来，然后在教练的引导下，从前、后、左、右、上五个方位来观察自己所摆出的画面，用心感受这些画面，期间教练准备了一些问题帮助我更细致地感受画面，同时记录下来。如果当场有所感悟，可以将最新的想法用乐高玩具再次摆出来，并进行前后对比。最后，与教练一起总结整个过程并交流内心感受。

在用乐高玩具摆放完自己的想法，开始从不同的方位观察画面时，我就立刻感受到了不同。原来从不同的角度看自己内心的想法会有如此多新鲜的感受，那是自己此前完全没有意识到的。我的意识其实一直都只有一个角度、一个方向。从大道理上讲，就是钻牛角尖了，表现到现实之中就是我在面对瓶颈时自己在和自己较劲。更让我感受深刻的是，我发现从上方往下俯视自己摆出的画面和蹲下来以水平的视角看画面完全不同，这带给了我很大的冲击。我突然意识到自己一直以来所认为的"客观""自知之明"，其实只是从俯视角度获得的。在与教练交流感受之后，她引导我认识到，我一直在以"上帝视角"——那个从自己身上抽离出来的"我"——看待自己、看待事情、看待周围的人，虽然很客观、很理性，但是这个"我"和自身缺乏连接，有意地屏蔽了很多自身的感受、情感。自然而然，也会和周围的人缺乏连接，没有用心感受周围的人。久而久之，所谓的"上帝视角"其实也就失去了客观和理性，因为它把相当多的信息屏蔽掉了。

如果没有这次 3D 雕塑实验，我很难想象自己可以依靠自身之力打破这层认知局限。因为我以往的成长很大程度上依赖的就是自己的"客观""理性"。打破认知局限并没有直接帮我提升自己的思维方式或者达到自省状态，而是一种更多地、更深入地了解自己的方法，这正是自省的前提。唯有我们能够自省，才能够提升自己的思维方式（否则即便有外部输入，也会被内部屏蔽掉）。3D 雕塑能够将自己的思维方式—思考—行为这一过程完整地展现出来，让我们不只看到了自己的行为和思想，也看到了自己的思维方式。只要看见了，我们就能感受、理解、分析，就能提炼、升华与丰富。3D 雕塑与认识自己、深度思考的关系如图 10-7 所示。

之后我花了更多的时间去了解与 U 型理论相关的知识，同时也做了更多的实验，整个过程对我最大的帮助就是使我越来越了解自己，除了以往完全依赖自己的脑力，通过逻辑、理性来分析外，开始能够用心感知周边的情绪，这对我自身来说是巨大的进步。强烈推荐 U 型理论，这是一个能够帮助我们更好地了解自身的工具——自省的前提。

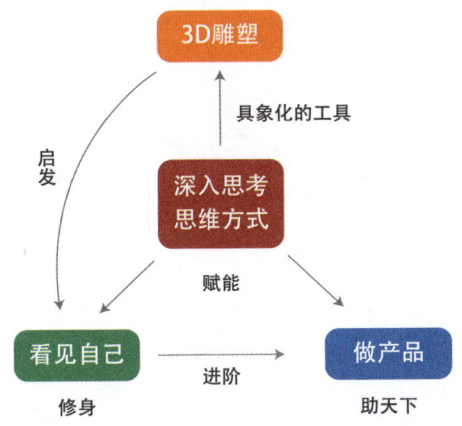

图 10-7　3D 雕塑与认识自己、深度思考的关系

除了 3D 雕塑外，U 型理论中所谈到的 U 型过程也很适合互联网从业者练习自省，前文已有介绍，这里不再赘述。值得一提的是，随着我们对自己的了解越来越深入，自省的效果也会越来越好——当有自省发生时，我们收获的灵感更多，自省发生的频率也更高。直到最后，我们进入了一种愉悦的状态。

愉悦的状态：我们的焦虑状态是终身成长中最好 / 最终的状态吗？以前我不置可否，现在我很笃定地说不是。在缺乏自省时，我们常常会焦虑（如果渴望成长或被外界刺激的话），这时焦虑感会在一定程度上驱动我们求知、进步。但随着焦虑感的累积，我们会更经常地遇到瓶颈。适当的焦虑感可以给我们警醒，触发我们自省；而过度的焦虑感则会束缚我们更多地打开自己，让自省缺乏合适生长的环境。在经历过 U 型理论的熏陶，对自身的认知加深之后，我体验到自己更通透、自省更通畅的愉悦感。诚然以我现在的水平，没法将这种愉悦感以及如何达到这种愉悦感描述得条理清晰，但我真切地感受到了。适当的愉悦感和焦虑感组合在一起，则是目前我认为的好状态。自身成长带给自己更多的愉悦而非焦虑，这样形成正循环；而适当的焦虑则会让我们紧一紧，保持动力，避免过分愉悦而自我膨胀。

说了这么多，总结起来其实就两点。

- 终身成长是每个人都可以追求并达到的。
- 终身成长有适合普通人习得的方法，即便我不知道方法的全貌，但以自己浅薄的水平也能总结一二，窥见一斑。只要我们持续探索，一定能达成。

最后，用一句话来结束全书："正心、修身、齐家、治业、助天下"，与君共勉。

扩展阅读书目

1 《穷查理宝典：查理·芒格智慧箴言录》

2 《定位：有史以来对美国营销影响最大的观念》

3 《失控：全人类的最终命运和结局》

4 《设计心理学》

5 《情感化设计》

6 《用户体验要素：以用户为中心的产品设计》

7 《社会心理学》

8 《精益数据分析》

9 《界面设计模式（第 2 版）》

10 《信息架构：超越 Web 设计（第 4 版）》

11 About Face 系列

12 《点石成金：访客至上的 Web 和移动可用性设计秘笈（原书第 3 版）》

13 《从 0 到 1：开启商业与未来的秘密》

14 《跨越鸿沟：颠覆性产品营销圣经》

15 《参与感：小米口碑营销内部手册》

16 《疯传：让你的产品、思想、行为像病毒一样入侵》

17 《竞争优势》

18 《U 型理论：感知正在生成的未来》

反侵权盗版声明

电子工业出版社依法对本作品享有专有出版权。任何未经权利人书面许可，复制、销售或通过信息网络传播本作品的行为；歪曲、篡改、剽窃本作品的行为，均违反《中华人民共和国著作权法》，其行为人应承担相应的民事责任和行政责任，构成犯罪的，将被依法追究刑事责任。

为了维护市场秩序，保护权利人的合法权益，我社将依法查处和打击侵权盗版的单位和个人。欢迎社会各界人士积极举报侵权盗版行为，本社将奖励举报有功人员，并保证举报人的信息不被泄露。

举报电话：（010）88254396；（010）88258888

传　　真：（010）88254397

E－mail： dbqq@phei.com.cn

通信地址：北京市万寿路 173 信箱　电子工业出版社总编办公室

邮　　编：100036